Alfred Heinrich Ehrlich

Kunst und Handwerk

Ein Roman vom Verfasser der Abenteuer eines Emporkömmlings - 1. Band

Alfred Heinrich Ehrlich

Kunst und Handwerk
Ein Roman vom Verfasser der Abenteuer eines Emporkömmlings - 1. Band

ISBN/EAN: 9783743630987

Hergestellt in Europa, USA, Kanada, Australien, Japan

Cover: Foto ©Thomas Meinert / pixelio.de

Weitere Bücher finden Sie auf **www.hansebooks.com**

Kunst und Handwerk.

Ein Roman

vom Verfasser der

„Abenteuer eines Emporkömmlings."

Erster Band.

Frankfurt a. M.
J. D. Sauerländer's Verlag.
1861.

1. Capitel.

Paris im Jahre 1854. Zwei deutsche Musiker.

Das Jahr 1854 hatte begonnen. Vom Glanze der Neuheit umstrahlt, schimmerte das französische Kaiserthum im vollen Schmucke der Hoffeste, officieller Receptionen, finanzweltlicher prunkender Bälle und Gastmahle. — Paris prangte wieder als Beherrscherin der Mode und des Luxus, war wie ehemals das Mekka aller Genußsüchtigen, das Commisionslager für deutsches Lustspielrepertoire, die tonangebende Stadt für alles Aeußerliche in Literatur und Kunst. Die pomphaften Ankündigungen neuer Bücher und Romane, die unzähligen Concertanzeigen, die hochtrabenden bombastischen Recensionen waren ganz geeignet, den Pariser und auch den mit den Verhältnissen weniger bekannten Fremden zu überzeugen, die Seinestadt sei das Athen der Jetztzeit, der Schauplatz der modernen olym=

pischen Spiele, in welchem die Würdigsten, besonders aber die Tonkünstler, um die Palme ringen.

Denn in Deutschland hatte sich das Musikleben in eigenthümlicher Weise entfaltet. Mendelsohn war seit mehreren Jahren todt, der edle Schumann ging seinem fürchterlichen, tieferschütternden Schicksale entgegen. Die Hauptrepräsentanten der großen Virtuosen-Epoche waren vom Schauplatze abgetreten oder verschollen. Liszt hatte seit Jahren den Concertsaal verlassen, Thalberg war abgethan, Ernst, immer kränklich und leidend, erschien nur mehr als ein Schatten jenes Mannes, der einst Tausende durch sein feuriges, tiefleidenschaftliches Spiel hingerissen hatte. Eine Menge Geiger und Klavierspieler rissen sich um die Erbschaft dieser großen Virtuosen; hie und da gelang es dem Einen oder Andern, einen Lappen des Ruhmes zu erhaschen; aber viel weiter konnte es Keiner bringen, wer nicht schnell den günstigen Moment benutzte, dem lief ein Neuankommender den Rang ab.

Der Antheil des Publikums für die Leistungen der Virtuosen hatte sich verringert, seitdem diese neben der Musik auch andere Mittel anwandten, um sich geltend — allenfalls auch um Geschäfte — zu machen; auch war es durch ein wichtigeres Ereigniß im Musikleben angeregt worden, das nach und nach eine allgemeine, fast nationale Bedeutung gewann. Es war dies der Kampf zwischen der Partei der Zukunftsmusiker und jener der Vertreter der sogenannten klassischen Musik, des „überwundenen Standpunktes." Da dieser Kampf allein auf deutschem Boden begonnen hatte, und auch nur dort auszufechten war, so ist es leicht erklärlich, daß Paris dabei ganz unberührt und unbetheiligt blieb. Aber auch ohne diese deutsch=nationale Bedeutung hätte die französische Kaiserstadt sich nicht darum bekümmert. Das Paris, von dem einst der äußere Hauptimpuls der romantischen Schule ausgegangen war, lag jetzt in gänzlicher Gleichgültigkeit gegen alle höheren Kunstbestrebungen versunken. Man kaufte noch gern Billets und Bücher, wenn es etwas Neues, besonders Pikantes, zu sehen oder zu lesen gab. Man ging noch in die ersten Vorstellungen neuer Opern, bezahlte hohe Preise für Sitze und Logen, besonders wenn die Dekorationen und Ballette ungewöhnlichen Reiz boten; man nahm sogar noch Concertbillete, wenn man nicht anders konnte, oder wenn das Programm den Anstrich von Classicität bot, welchen ein gewisser Theil des Publikums als Mode angenommen hatte, d. h. wenn die vorzutragenden Compositionen altberühmte Namen trugen. Im Uebrigen waren alle künstlerischen Verhältnisse tief gesunken. Die ehemaligen großen Dichter waren Politiker geworden, die Politiker Abenteurer; die Künstler waren verschwunden, die Handwerker geblieben.

Es war eine helle, milde Januarsnacht. An der Madeleinekirche hatte die elfte Stunde geschlagen. Die Theatervorstellungen waren beendet; der Menschenstrom, der den ganzen Abend hindurch auf den Boulevards auf= und abgewogt hatte, verlief sich nach und nach; die Kaffee=

Häuser füllten sich immer mehr; aus den Cabinetten der maison dorée und des café anglais, wo die Priester und Priesterinnen des Gottes: Genuß, sich einfinden, drangen Lichtglitze durch die dichten Vorhänge, und helles, übermüthiges Lachen schallte heraus. An den meisten Häusern der zwischen dem Boulevard des Italiens und dem Faubourg St. Honoré liegenden Straßen, der rue Lepelletier, rue du Helder, Chaussée d'Antin, Louis le Grand, Caumartin u. s. w. deuteten die glänzend erleuchteten Fenster, die daran vorüberschwebenden Schatten auf versammelte Gesellschaft; lustige Tanzweisen erklangen aus manchem Stockwerke; und diese Anzeichen aufgeregtesten Lebens in den Häusern contrastirten seltsam mit der Stille und Leere auf den Straßen.

Zwei junge deutsche Künstler lustwandelten auf den Boulevards. Der Eine, der vielleicht achtundzwanzig Jahre zählen mochte, mittelgroß und stämmig gebaut, bot das Bild eines ernsten, in sich versunkenen Norddeutschen; die nicht hohe, aber breite und fest ausgeprägte Stirne, der ruhige, freie Ausdruck der fast strengen und doch nicht unangenehmen Gesichtszüge, der fest geschlossene Mund beurkundeten den Mann des klaren Gedankens und der folgerichtigen That; nur der träumerische Blick des dunkeln Auges, der manchmal auf dem Boden haftete, manchmal sehnsüchtig suchend in die Ferne zu schweifen schien, deutete auf jenen innern Kampf, in welchem der Drang der Gefühle mehr verlangt, als die Wirklichkeit zu geben im Stande ist.

Sein Begleiter, der um Weniges älter sein mochte, bot in seinem ganzen Wesen einen entschiedenen Contrast zu dem eben Beschriebenen; er war fast eben so schmächtig und schlank, als dieser stark und kräftig; ebenso beweglich und lebhaft, als dieser ruhig und gemessen; seine ziemlich scharf ausgeprägten Züge zeigten jenen wechselnden Ausdruck, der auf eine leicht erregbare Natur schließen läßt. Das geistvolle, feurige, braune Auge, die hervortretenden Stirnhügel über denselben beurkundeten schnelle Fassungskraft. Aber der untere Theil des Gesichtes trug die unverkennbaren Zeichen geistiger und körperlicher Erschlaffung; um den feingeschnittenen Mund zuckte es öfters höhnisch, auch schmerzlich. Das ganze Wesen zeigte offenbar das, was die Aerzte einen nervösen Habitus nennen. Ein von der Unfehlbarkeit seiner Wissenschaft eingenommener Physiognomist hätte vielleicht erklärt, daß bei dem zuerst beschriebenen Künstler ein Kampf der Ideen vorausgesetzt werden könnte, seine Thaten aber immer klar und von bestimmten sittlichen Grundsätzen geleitet sein müßten, während die Ideen des Andern geistreich und klar, die Thaten hingegen mehr vom Eindruck des Momentes bestimmt erscheinen müßten.

Selbst die Kleidung der Beiden trug das Gepräge der inneren Verschiedenheit; bei dem Einen war sie nachlässig, fast schlotterig zu nennen; aber es war leicht zu erkennen, daß diese Nachlässigkeit keine absichtliche sei, sondern daß der Träger seinem Anzuge unbewußt keine Aufmerksamkeit zuwandte, ohne daß seine Haltung, sein

Anstand darunter litt; bei dem Andern war ein gewisses Streben nach modischer Eleganz bemerkbar, und doch konnte der Beobachter gewisse kleine Unregelmäßigkeiten entdecken, welche auf Unruhe in der Haltung und im Wesen schließen ließen.

Die beiden Künstler kannten einander schon aus der Knabenzeit; sie waren beide Oesterreicher, hatten ihre musikalischen Studien in Wien begonnen, theilweise vollendet; von dort waren sie fast zu gleicher Zeit abgereist; eine Reihe von Jahren ging vorüber, ohne daß Einer vom Andern mehr als dunkle, vorübergehende Kunde vernahm; da trafen sie unerwartet in Paris zusammen. Der zuletzt Beschriebene, Albert Horst, Klavierspieler, war nach vielfältigen Reisen im Herbste des verflossenen Jahres aus Rußland nach der Seinestadt gekommen, um daselbst bleibenden Wohnsitz zu nehmen. Er fühlte sich auch bisher ganz behaglich, im Gegensatz zu seinem Collegen, dem Geiger, Julius Ewalt. Dieser lebte schon seit einigen Jahren in Norddeutschland, dem großen Publikum wenig bekannt, aber von allen Künstlern hochgeschätzt; er war erst seit etwa zwei Monaten anwesend, mehr um das Leben und Treiben der großen Stadt kennen zu lernen, als um musikalisch zu wirken. Zwar war er, von einigen Freunden und Verehrern gedrängt, zweimal öffentlich aufgetreten, und seine außerordentlichen Leistungen konnten nicht verfehlen, Sensation zu erregen; aber sein Ruf ging nicht über einen gewissen Kreis hinaus, und da er alle die Mittel verschmähte, durch welche man in Paris, und auch großentheils in Deutschland, zu einem weit verbreiteten Ruhme gelangt, so war es gewissen Kritikern nicht schwer, den „genre trop sérieux" de Mr. Ewalt — und für viele Franzosen ist sérieux und ennuyeux gleichbedeutend — als einen mehr für die „connaisseurs du contrepoint" als für die „amateurs d'une musique belle et suave" zu bezeichnen und diese Meinung in dem größten Theil des Publikums zu verbreiten. Den jungen Künstler, der seinen Weg ruhig und entschieden verfolgte, beirrten weder die Kritiken, noch der dringende Rath zu Concessionen, welchen wohlmeinende Freunde ertheilten. Wohl aber berührte ihn der Gedanke, von wem und wie die Kritik in der Seinestadt gehandhabt wurde, unangenehm. Das französische Salonleben wirkte auf ihn, der fast immer in Norddeutschland gelebt hatte, drückend und erschlaffend. Er war schon seit einiger Zeit Willens, wieder fortzugehen, aber noch fesselte ihn ein geheimes, mächtiges, theures Band; in diesem inneren Zwiespalte und in der starren Abgeschlossenheit, in der er sich gegenüber dem lärmenden, oberflächlichen Musikleben hielt, war es ihm höchst willkommen, den Bekannten aus der Kinderzeit, der ihn gleich nach seiner Ankunft aufgesucht hatte, wiederzufinden, und es entwickelten sich vertrautere Beziehungen zwischen ihnen, als vielleicht unter andern Verhältnissen zu Stande gekommen wären. Ewalt verzieh dem Freunde die französischen Manieren, das ihm unangenehme Abspringen vom Ernstesten zum Frivolen, um der unverwüstlichen Gutmüthigkeit, und besonders um seiner hohen Begeisterung willen, die in Albert bei jeder Gelegenheit für die Kunst zum Durchbruche kam. Aber die Verschiedenheiten der künstlerischen Grundsätze und Ansichten waren doch so groß, daß sie sehr oft lebhaften Meinungsstreit erregten; ein solcher sehr ernster und für unsere Geschichte sehr wichtiger, entsprang auch an jenem Abende, aus einem ganz unbedeutenden Anlasse.

Die Beiden waren eine Zeit lang schweigend, Jeder seinen Gedanken nachhängend, neben einander her gegangen. Als sie an der rue de la Chaussée d'Antin vorüberkamen, blieb Horst plötzlich stehen und wies nach einem hellerleuchteten Hause, aus dessen erstem Stockwerke Tanzmusik erschallte. „Horch," begann er, „heute ist ja Ball bei dem Herrn Vicepräsidenten! Dort ist ja auch unser Mäcen, der admirateur de la chaste musique allemande, Herr Heymann oder Aiman, wie er sich nennt, seitdem er ein französischer Unterthan und membre du corps législatif geworden ist! Ich wette, daß er sich bei all' seiner Passion für die keusche Musik heute mehr ergötzt an den schnellen Tönen dieses scheußlichen Hörnchens, das sie hier zu Lande cornet à piston nennen — mir kommt's vor, wie eine verbesserte Kindertrompete — als vorgestern an unserer Beethoven'schen Sonate!"

Ewalt, der im Anfange nur zerstreut zugehört hatte, entgegnete nach den letzten Worten mit ruhigem Lächeln: „„Ah, Sie denken noch an diese widerliche soirée? ich hatte sie bereits ganz aus dem Gedächtnisse verloren.""

„Ich bewundere und beneide Sie," meinte Horst mit

leiser Ironie in der Stimme, „ich meinestheils habe ein empfindlicheres Gedächtniß; mir schweben noch all' die gelangweilten Gesichter vor, die uns umgaben."

„„Nun, mir können sie freilich nicht vorschweben,"" erwiderte Ewalt ganz ruhig, „„,weil ich die Gesichter überhaupt nicht betrachtet habe. Uebrigens sagte ich Ihnen das Resultat unserer musikalischen Produktion voraus, ich kenne diese Leute, trotz meines kurzen Hierseins und meiner geringen Aufmerksamkeit für französischen Geschmack und Sitten, besser als Sie, und wollte daher nicht zu Herrn Heymann gehen. Sie haben also kein Recht, sich über Unangenehmes zu beklagen, was Sie voraussehen konnten, und doch nicht vermeiden wollten.""

„Ich sehe die voraussichtliche Nothwendigkeit des Unangenehmen nicht ein; hätten wir den Leuten Etwas geboten, was in Bereiche ihres Verständnisses liegt, ihrem Ersuchen, ein Duo von Ernst oder Lafont vorzutragen, Folge gegeben, so würden wir Dank und Beifall geerntet haben. Dazu waren Sie aber nicht zu bewegen: ja nicht einmal die Gounod'sche méditation über Bach's Präludium, ein Tonstück, dem Sie selbst einigen Werth zugestehen, wollten Sie spielen, bestanden auf den Variationen aus Beethovens Kreuzer=Sonate! und gar auf der Romanze von Berlioz, dessen Compositionen die Leute hier zu Lande fürchten, wie eine griechische Tragödie; und ich mußte, um nicht quasi gegen Sie zu demonstriren, auch ein Beethovensches Adagio anstatt des gewünschten Capriccio meiner Composition vortragen! Wie gesagt, ich beneide Sie darum, daß Ihnen der Anblick der langen Gesichter entgangen ist. In Deutschland hätte mich dergleichen weniger unangenehm berührt. Dort gibt's eine solche Masse langweiliger Physiognomien, daß ein plus oder minus gar nicht in Betracht zu ziehen ist. Aber wenn eine Versammlung eleganter Pariser und lebhafter Pariserinnen uns die lebendige Abwandlung des Zeitwortes je m'ennuie, tu m'ennuies, ils m'ennuient darstellt, so ist das ein Anblick, der Einem lange im Gedächtnisse bleibt, besonders wenn man den Schullehrer dabei abgegeben hat."

„„Sie wissen, daß ich keine Salonstückchen spiele!"" entgegnete Ewalt ziemlich lebhaft. „„Meine Weigerung, in Bezug auf Gounod's Composition, die ich gewissermaßen interessant finde, hat einen tieferen Grund; ich wollte nicht, daß jene Leute Bach aus einer französischen Ueberarbeitung, in einer Art von sauce piquante kennen lernten; ich komme immer auf die Bemerkung zurück, wir hätten die Einladung des Herrn Heymann nicht annehmen sollen.""

„Das konnten S i e allenfalls thun; Ihr Ruf ist hier bereits festgestellt. Sie können nunmehr beachten oder ignoriren, wen Sie wollen. Ich aber, der hier erst eine Stellung anstrebe, dessen Verhältnisse mehr als schwankend sind, darf so etwas nicht wagen, am wenigsten einem Manne gegenüber, dem ich empfohlen bin, der mich freundlich und dienstfertig empfing. Ganz aufrichtig gestanden, ist mir Ihre exclusive Richtung auch vom rein künstlerischen Standpunkte nicht recht erklärlich, ja sie scheint mir in mancher Hinsicht eine unrichtige, den Zweck verfehlende; Sie selbst werden mir eingestehen, daß es vielleicht eher im Interesse der Kunst und der Künstler liegt, einer Gesellschaft politischer und finanzieller Parvenus, wie die vorgestrige war, keine klassischen Werke vorzuführen, und ihnen dabei zu erklären, daß es aus dem Grunde geschieht, weil sie diese Werke nicht zu würdigen wissen, als daß wir ihnen gerade durch das zu Gehör=Bringen der edelsten Schöpfungen unserer Kunst Gelegenheit geben, sich ein Urtheil anzumaßen."

„„„Sie haben einigermaßen Recht,"‟‟ meinte Ewald, „„„sobald Sie einen anderen Grundsatz als den der künstlerischen Pflicht gelten lassen, wenn Sie überhaupt im Hinblick auf Aeußeres, Momentanes, immerdar Wechselndes handeln; aber von dem Augenblicke an, wo Sie nur das im Auge behalten, was das reine wahre Kunstgefühl gebietet, müssen Sie mit mir übereinstimmen. Glauben Sie auch ja nicht, daß Ihnen die Concessionen an die Modegesellschaft, zu denen Sie so sehr geneigt sind, etwas nützen werden. Um die Protektion der Leute, mit denen Sie vor der Hand noch so viel verkehren, auf die Dauer erhalten zu können, dazu, lieber Horst, sind Sie doch noch zu sehr Künstler; früher oder später tritt der Moment ein, wo sich Ihr Gefühl gegen die Mittel sträubt, ohne welche die Erhaltung dieser Protektion nicht denkbar ist: gegen die Bereitwilligkeit, jedes Romanzen= oder Quadrillen= Motiv aus einer neuen Oper auf Befehl oder auf freundliche Bitte eines Protektors, wenn Sie's so nennen wollen

— vorzutragen, die elendste Arie von Verdi zu begleiten, in irgend einer Soirée mit den Musikern in Concurrenz zu treten, die Sie auf's Tiefste verachten, und was eben die Bedingungen des hiesigen Musiklebens — wenigstens in den eleganten Kreisen — noch sind; Sie werden sich sträuben, verweigern und dann mit einem Male Zeit und Mühe verloren haben. Seien Sie auch versichert: diese Leute fühlen oder ahnen wenigstens ziemlich sicher, wie Sie von ihnen denken, und schon darum werden sie nie etwas Ersprießliches für Sie thun; denn um ein Paar elende Concertbillete zu placiren, ist's doch wahrlich nicht der Mühe werth, sich im Umgang mit ihnen abzunutzen."'"

„Ob die Leute in ihrem Eigendünkel wirklich unsere Gedanken über sie ahnen," entgegnete Horst, „weiß ich nicht, aber daß ich ihre Protektion, von der Sie leichthin reden, nicht entbehren kann, so lange keine Aenderung in meinen Verhältnissen eingetreten ist, steht fest. Sie wandeln bereits mit festem Schritte auf der Bahn zum hohen Ziele, sind von Ihrem ersten Schritte in die Kunstwelt geleitet und geschirmt worden. Die Hand der Edelsten schützte Sie vor feindseliger Berührung des Gemeinen; während ich — doch das gehört nicht hierher, meine Geschicke brauchen Sie jetzt noch nicht zu kennen, — genug, ich bewege mich noch auf schwankendem Stege. Einst wird es mir mit Gottes Hilfe gelingen, den Ruf eines wackeren aufrichtigen Künstlers zu erlangen, Sie wissen, es fehlt mir hierzu weder an Befähigung noch an der

innigen Liebe zu unserer Kunst" — Ewalt nickte freundlich=
zustimmend — „aber in diesem Augenblicke kann ich den
Pfad, der mir nach jahrelangen bitteren Leiden, nach müh=
seligem Ringen endlich die Aussicht auf eine bessere Existenz
eröffnet, nicht unberücksichtigt lassen, weil ich vielleicht
irgend einem eiteln, unwissenden Banquier darauf begegnen
werde, dessen Mäcenatenthum nur durch Zugeständnisse
zu erlangen ist; oder soll ich es thun, soll ich Paris ver=
lassen, wo ich bisher die günstigste Aufnahme fand, wo
sich mir die angenehmsten Aussichten bieten, und nach Deutsch=
land gehen, um daselbst inmitten ästhetischer Katzbalgereien
und im keuschen Kunstkultus den Lektionenhändler abzu=
geben für fünfzehn Silbergroschen per Stunde?"“

„„Ja!"“ antwortete Ewalt; er sprach dies eine Wort
mit solcher Entschlossenheit und Lebhaftigkeit, daß Horst
betroffen und ergriffen stehen blieb. „„Hören Sie mich"“
fuhr der Andere in ruhigem Tone fort, „„ich will offen
und ernst zu Ihnen reden, ich thue es, weil ich Ihre
Befähigung und ihre Liebe zur Kunst kenne. Bevor Sie
sich auf den schlüpfrigen Pfad begeben, den Sie für einen
bequemer zum Ziele führenden halten, gehen Sie mit
sich zu Rathe. Es ist leichter, ihn nicht zu betreten,
als ihn zu verlassen. Sie sind ein deutscher Künstler
trotz Ihren undeutschen Aeußerlichkeiten. Auf keinen ihrer
Söhne aber hat die deutsche Nation ein größeres Recht,
als auf ihre Künstler, und vor allem auf ihre Mu=
siker, denn sie allein können die Einheit, die ihr fehlt,
geistig vertreten. Der Politker kann die freiheitlichen

Zustände anderer Länder vergleichen, und, in Verzweiflung über die elenden Zustände des Vaterlandes, durch freiwilliges Exil eine bessere Heimat suchen. Der Gelehrte, der Forscher wird sich vielleicht dort behaglicher finden, wo sein System zur Geltung gelangt ist, seinem Wissensdrang Unterstützung geboten wird. Der Kaufmann, der Industrielle wird vor Allem seine Interessen zu fördern suchen. Diese Alle können fremde Gebräuche und Sitten annehmen, und wir dürfen sie leider darob nicht entschieden tadeln; denn sie haben erst Bedeutendes erreicht, als sie das Vaterland aufgaben; was aber kann der deutsche Musiker Höheres erreichen, als daß er ein würdiger Vertreter deutscher Tonkunst sei, und als solcher überall wirke? Freilich muß er kämpfen und ringen, um erkannt und gewürdigt zu werden; er wird vielleicht dem immer wechselnden Modegeschmacke gegenüber hier nur schwer durchdringen, vielleicht gar nicht zu dem gelangen, was man réputation nennt. Aber er erfüllt seinen Beruf, seine Pflicht, und es kann ihm auch nicht fehlschlagen, daß er zuletzt doch eine vielleicht bescheidene, aber geehrte und ihn selbst befriedigende Stellung finde. Und besser ist's, ein bescheidenes Loos selbst gewählt zu haben, als sich in Widersprüchen zu quälen, um im glänzenden Elende zu prunken und doch nichts zu erreichen, wie es Ihnen bevorsteht. Oder glauben Sie wirklich, daß es Ihnen gelingen könne, den Widerspruch zwischen Ihrer besseren Ueberzeugung und den Anforderungen Ihrer Eitelkeit zu versöhnen? Glauben Sie, der Künstler könne das Ideal, das er in der Seele trägt, zeitweilig verlassen, der Menge fröhnen, und dann wieder mit derselben Weihe und gediegenen Frische zu dem Ideale zurückkehren? Sie, der Sie sich zu kontrapunktischen Arbeiten hingezogen fühlen, wollen Phantasien und Capricen schreiben, wie die Leute hier sie zu hören wünschen, ohne die Quelle, aus der Sie die besseren Gedanken schöpften, zu trüben? Enttäuschen Sie sich! Das geht nimmermehr! Vielleicht war es möglich in der Zeit des naiven unmittelbaren Schaffens und Wirkens, als der Tondichter jeden Gedanken, der sich ihm darbot, niederschrieb, weil er eben gekommen war; in einer Zeit, wo seine Stellung überhaupt eine isolirtere, seine Kraft nicht zersplittert war. Aber in unserer Zeit der Reflexion, der immerwährenden Selbstbetrachtung und Prüfung darf der Künstler, d. h. der es sein will, nur mit seiner inneren Ueberzeugung vollkommen übereinstimmend handeln. Und wenn Sie der wackere Künstler werden wollen, zu dem Sie die Fähigkeit in sich fühlen, dann müssen Sie es aus und durch sich werden; der Gott, von dessen Hülfe Sie faseln, wird nichts für Sie thun, Ihnen nicht die Weihe verleihen, zu der Sie sich nicht erheben, und Sie nicht aus den Widersprüchen retten, in denen Sie sich bewegen und zuletzt untergehen müssen. Das bedenken Sie."'

Während Ewalt so in immer ernster werdendem Tone sprach, schien Horst mächtig ergriffen; selbst als Jener geendet hatte, schwieg er noch eine Zeit lang — offenbar gegen den Eindruck der Rede ankämpfend. Plötzlich bekam sein Gesicht den höhnischen Ausdruck, den es bei der Bemerkung über den Ball — beim Beginne des Gesprächs gezeigt hatte; und um die Lippen zuckte es unheimlich, während er äußerlich eine stoische Ruhe zu affektiren suchte!

„Sie meinten früher," begann er, „ich hätte in meinen Behauptungen Recht, sobald ich ein anderes Prinzip als das der Pflichten gegen die Kunst gelten ließe; ich werde Ihnen jetzt entgegnen, daß S i e Recht, von dem Augenblicke Recht behalten, als sie idealistische Theorien und bestimmte Grundsätze für gleichbedeutend annehmen. Aber mein Verehrtester, die Möglichkeit, die Ausführbarkeit, die gegebenen Verhältnisse sind auch ziemlich maßgebende und zu berücksichtigende Dinge, die freilich bei Jedem verschieden sind, und auch so beurtheilt werden. Sie z. B. haben in Ihrem innern Leben, in Ihrer Künstlerlaufbahn nie einen Widerspruch kennen gelernt, Sie haben nie gegen Ihre Ueberzeugung gehandelt, weil Sie nie in die Lage kamen, es zu thun, und es Ihnen nie zugemuthet wurde. Deßwegen fanden Sie auch den Gott immer in sich. Wenn Einem Nichts mißglückt ist, wenn er nie Fehltritte begangen, die ihm das Leben verbittern, dann ist's ihm auch sehr leicht, alles Gute auf sich selbst zurückzuleiten, als sein Eigen zu erklären. Wer aber vom Leben gerüttelt worden ist, gleich mir; wem sein Bestes, seine Ueberzeugungen und reinen Gefühle, geraubt wurden von den Menschen, dem thut ein Anhaltspunkt außerhalb seines Ichs, ein Trost im Höheren Noth; auch Sie wer=

den dieser Stütze einst bedürfen. Sie schütteln ungläubig das Haupt? Sie halten sich vielleicht für einen Stoiker, der das Unglück, wenn je ein solches nahet, geduldig und stark ertragen wird? Nun, bis auf einen gewissen Punkt bin ich auch ein Stoiker, und habe Elend genug ertragen, ohne zu murren; nur meine schönen Träume sind darüber verflogen. Ich habe noch keine angenehme Stunde erfahren in meiner Laufbahn als Künstler." —

„Weil Sie es vielleicht nie aufrichtig waren" — meinte Ewalt.

„Unterbrechen Sie mich nicht," fuhr Horst heftig und ungeduldig fort, „ich habe es genug und mit dem Aufwande aller Kräfte versucht, bin aber durch die elendesten Verhältnisse immer aus der Bahn geschleudert worden; und wenn man dreißig Jahre alt geworden ist in Widersprüchen, so kann man nicht mit einem Satze in's consequente Handeln überspringen, seine Natur und Gewohnheiten, wie sie sich im Laufe des Lebens entwickelt haben, umwandeln. Freilich sagt ein Sprüchwort: „Ein jeder ist der Schmied seines Schicksals;" man muß aber auch schmieden gelernt haben, und das ist Ihr Fall. Erziehung, Aufmerksamkeit und Theilnahme der Besten haben Sie nicht vom rechten Wege abkommen lassen, während ich im Dunkeln den rechten Pfad suchte, und von Irrwischen umgaukelt wurde. Das bedenken Sie! Doch horch, es schlägt Mitternacht! ich muß nach Hause! Das Töchterchen meines Portiers geht erst um diese Zeit zu Bette, und ich möchte den kleinen Schelm noch einen

Augenblick sehen; das ist ein prächtiges Mädchen voll Geist, Liebenswürdigkeit und Tücke. Wer weiß, welch' großen Herrn die noch einst in ihrem Netze fangen wird; dann ist ihre Protektion eine ebenso ersprießliche und jedenfalls angenehmere, als die aller Pariser Banquiers; und nun gute Nacht, Mann der deutschen Nation!" Mit diesen Worten verschwand er in eine Nebengasse.

Betroffen blickte Ewalt dem Dahineilenden nach. Halb unwillig, halb bedauernd schüttelte er das Haupt. „Er wird, er muß sich doch noch zum Bessern wenden," sprach er vor sich hin; „sein Herz ist gut, nur sein Geist getrübt durch Unglück und irrige Ansichten." Dann seufzte er, versank in düstere Träumerei und ging langsamen Schrittes nach seiner bescheidenen Wohnung in der rue Boursault.

Der Andere war hastig nach dem eleganten Hôtel garni, wo er in der unmittelbaren Nähe der Boulevards wohnte, geeilt; heftig zog er an der Schelle, warf dem aus der Portiersloge lauschenden reizenden Mädchen kaum einen Blick zu, sprang in schnellen Sätzen über die Stiege, wobei seine Kerze verlöschte, entkleidete sich im Dunkeln, nachdem er vergebens nach Feuerzeug gesucht hatte, und warf sich in's Bett. Schlaflos wälzte er sich eine Weile hin und her; unwillkürlich murmelte er manchmal die Worte: hoher Beruf — Pflicht — sollte er wirklich Recht haben? „Bah!" rief er zuletzt spöttisch, „was hilft alles Nachdenken! ich muß, — und damit hat das Grübeln ein Ende! Habe ich einmal hier Ruf erlangt, dann findet auch die deutsche Nation von selbst, daß ich ein ihrer würdiger Künstler sei. Jetzt handelt sich's vor Allem darum, nicht Hungers zu sterben, und Schneiderrechnungen zu bezahlen." Nach diesen Worten, mit denen er wohl nur sein aufgeregtes Gewissen beschwichtigen wollte, grub er den Kopf tief in die Kissen, und suchte nach anderen Gedanken; es überkamen ihn wirre Träume; bald vermeinte er wunderbare Melodien aus der Ferne ertönen zu hören, bald umgaukelten ihn frivole Bilder; erst gegen Morgen sank er in tiefen Schlaf.

2. Capitel.

Ein neues Bild. Ein dritter Held tritt auf den Schauplatz.

Zur selben Stunde, als die eben beschriebene Scene in Paris stattfand, entrollte sich ein anderes Bild in einer großen deutschen Residenzstadt. Dort sahen wir einen Künstler, den künstlerischer, schlecht geleiteter Ehrgeiz, Umgang mit oberflächlichen Menschen und eigenthümliche äußere Verhältnisse vom Pfade, den ihm die Kunst angewiesen, auf Irrwege ableiten, wo auch sein Talent in der Entwickelung aufgehalten werden muß. Ein Freund, ein hochstrebender Künstler warnt ihn, doch vergebens! Hier werden wir einen Musiker vorführen,

2*

dem konsequenter Ehrgeiz, oberflächliche Menschen und eigenthümliche äußere Verhältnisse den Weg zum Ruhme und zur höchsten Entfaltung seines Talentes bahnen, während ihn jene aufhielten, von denen er zuerst Anerkennung und Unterstützung hoffen durfte: der Musiker und der Verleger.

In dem prächtig, ja luxuriös eingerichteten ersten Stockwerke eines großen Hauses hatte die erste Sängerin des Hofoperntheaters, Sophie Herbold, einige Verehrer und Freundinnen zum Abendessen versammelt. Sie war seit drei Jahren von Wien nach der Residenz, in welcher die Handlung jetzt spielt, berufen worden, und befand sich in der höchsten Blüthe ihres Talentes und ihrer Schönheit. Das runde, feine Gesicht, die vollen, schwarzfeurigen Augen, der üppige Wuchs und die vollendete Grazie ihrer Bewegungen versetzte alle Cavaliere und reiche Banquierssöhne bei ihrem jedesmaligen Erscheinen in Extase, die sich in Blumenkränzen und reichen Geschenken kundgab, und von ihr immer mit freundlichster Anmuth und genauer Berechnung hingenommen ward; sie genoß eine ziemliche Zeit den Ruf einer strengen Tugend, und selbst, als sie freiwillig diesen Ruf aufzugeben sich bewogen fand, that sie es mit so vielem Anstande, wußte dabei die „dehors" so zu wahren, daß sie dadurch nichts von ihrer Beliebtheit einbüßte, und selbst die größte Gesellschaft ihr nichts anhaben konnte: denn sie wählte ihre Verehrer nur unter den höchstgestellten und geachtetsten Herren; auf vorübergehende Launen ging sie nicht ein, und blieb den glänzendsten Anträgen gegenüber unnahbar, wenn sie einmal ein sogenanntes festes Verhältniß geschlossen hatte. Ihr nunmehriger freigebigster und begünstigster Verehrer war der Graf von Starkenhof, der zu den reichsten und elegantesten Cavalieren der Residenz zählte. Obgleich verheirathet, hatte er die Gewohnheiten seines Junggesellenlebens nicht aufgegeben; aber da er alle jene Gesetze einhielt, welche die Gesellschaft, die sich die gute nennt, als für die Sittlichkeit unerläßlich betrachtet, da er sich nie öffentlich mit seiner Mätresse zeigte, nie in seiner Equipage vor ihre Wohnung fuhr, keine Schulden machte, seiner Gemahlin immer die größte Aufmerksamkeit widmete und sie überall hinbegleitete, wo sie beide eingeladen waren; da auch die Gräfin eine Dame von unendlich feinem Takte war, die ihrem Manne nie einen Vorwurf über seine kleinen Seitensprünge machte, immer freundlich und gleichgiltig blieb, und zufrieden, daß er sie in ihren Arrangements und Gouts nicht störte: so war die Ehe als eine musterhafte angesehen und gepriesen, und der Graf genoß überall der höchsten Achtung. Zum ersten Male seit seiner vertrauteren Bekanntschaft mit der Sängerin hatte er ihre Einladung einen ganzen Abend, und auch nur unter der Bedingung angenommen, daß sein Freund, der Baron Holström, Attaché bei der schwedischen Gesandschaft, von der Gesellschaft sei, die außer einem Sänger, dem Herrn Süßmann, nur aus Damen bestand, die zu den Freundinnen der beiden Cavaliere gehörten. —

Das Souper war von dem ersten Restaurant der Stadt besorgt; die Weine hatte der Graf aus seinem Keller zuerst, um die dehors zu wahren, zum unverheiratheten Barone gesendet, der sie von seinem Diener nach der Wohnung Sophien's bringen ließ; feuriger Burgunder wechselte mit lieblichem Mosel, schäumender, prickelnder Champagner mit gluthreichem, geschmolzenem Golde gleichendem Tokayer. Die Gesellschaft war überaus lustig, und ihr Lachen klang ebenso hell und übermüthig, als es die beiden einsamen Wanderer auf dem Pariser Boulevard zur selben Stunde aus den kleinen Kabinetten jener Genußtempel erschallen hörten.

Drei Stockwerke höher in einem Dachstübchen saß ein junger Mann an einem dicken, fast vollgeschriebenen Notenhefte in eifrigster Arbeit.

Die bleichen, etwas eingefallenen Wangen zeigten von großer geistiger Anstrengung; auch zog sich die Stirne manchmal in düstere Falten, um die Lippen zuckte es leise; aber aus den Augen des jungen Tondichters blitzte feurige Energie, in seinen Zügen war nicht der Ausdruck des Unmuthes oder des Hohnes zu lesen, sondern heiterer Muth; und wenn er manchmal vom Tische aufstand, und nachdenkend in dem käfigartigen Zimmerchen auf- und abging, so war in jeder Bewegung, in jedem Schritte das Gepräge elastischer ungeschwächter Jugendkraft zu erkennen; nach wenigen Minuten Unterbrechung setzte er dann die Arbeit mit erneuerter Thätigkeit und Rührigkeit fort.

Gegen Mitternacht schien er an ein befriedigendes Ziel gelangt zu sein, er schloß das Notenheft und blickte mit Wohlgefallen darauf. „So wäre denn endlich dieses Concert fertig geworden," begann er fröhlich, „und in einigen Wochen wollen wir damit hervortreten; es wird seine Wirkung nicht verfehlen. Diese kontrapunktische Durchführung, diese harmonischen Kombinationen sind neu, und unter meiner Hand sollen sie zur Geltung gelangen. Mögen auch die Herren Romantiker sagen, daß Fugen nicht in ein Concert passen, und die Klassiker behaupten, ich kokettire mit den Zukunftsmusikern, weil ich mir einige gewagte Uebergänge erlaubte — Thor, der ich war, jemals diese Leute zu befragen! — wenigstens können sie mir nicht vorwerfen, daß ich nach der Schablone arbeite. Was werden wohl die Herren Klavierspieler sagen, sie, die mich immer nur als ein vormaliges Wunderkind gelten ließen, wenn sie entdecken, daß ich nicht blos mein Instrument ebenso gut zu behandeln weiß, sondern auch Besseres und Gediegeneres componire denn sie? was die Verleger, die mir noch vor einem Jahre zumutheten, ihnen Phantasiechen und Notturnetti à la Boss, Beyer u. f. w. zu schreiben, wenn ich Honorar von ihnen erwarten wollte?" Noch einen fröhlichen Blick warf er auf das eben beendete Werk, setzte sich dann an ein kleines verstimmtes Klavier, und begann zu phantasiren. Doch plötzlich hielt er inne, und sah sich halb erschrocken um. „Alle Wetter," rief er, „am Ende wecke ich noch meinen Nachbar, den stummen Schuster, auf. Des Mannes Trommelfelle scheinen nur für meine

Musik empfindlich zu sein. Als ihn die Portiersfrau neulich ganz laut einen besoffenen Schlingel schalt, hörte er nichts, wenn ich aber des Abends nach 11 Uhr noch so leise musizire, läuft er zum Hausherrn und beklagt sich über gestörte Ruhe; und ich muß mir jetzt Alles gefallen lassen, — das letzte Quartal ist noch nicht bezahlt und meine Kasse" — er öffnete die Schublade des Schreibtisches und zählte — achtundzwanzig Silbergroschen netto; welch' ein Capital für einen bevorstehenden musikalischen Kriegszug, für ein Concert mit Orchester, Kunstreisen ꝛc. „Thut nichts! Morgen gehe ich zu den zwei Hauptverlegern; jetzt, wo ich Fertiges bieten kann, werden sie mir doch etwas zahlen oder doch wenigstens soviel vorstrecken, daß ich ein Concert veranstalten könne! Ich werde durchdringen, das weiß, das fühle ich; habe ich inmitten aller Entbehrungen so Vieles zu Stande gebracht, so soll's mir nicht mißlingen, ein paar Hundert Thaler aufzutreiben; doch jetzt, da ich schon nicht spielen kann, will ich das Quartett fortsetzen." Und wieder saß er am Schreibtische nieder und arbeitete ruhig.

„Meine liebe Sophie" sagte der Graf von Starkenhof, „ich verspreche Ihnen, mich schon in den nächsten Tagen um Ihren Protégé zu erkundigen, und zu sehen, was ich für ihn thun kann. Ich selbst bin sehr neugierig, Jemand kennen zu lernen, für den Sie so lebhaften Antheil zeigen."

„Sie werden doch nicht eifersüchtig sein, Herr Graf?" meinte die Sängerin anmuthig lächelnd. „Sehen Sie doch nur den jungen Mann einmal an, mit seinem häßlichen Gesichte, seinen hervorstehenden Backenknochen, seinem eigenthümlichen hin- und herschlotternden Gange, man sollte glauben, er liefe Schlittschuhe auf dem Steinpflaster; er kann vielleicht sehr geistreich und liebenswürdig sein, davon weiß ich aber nichts zu sagen: denn ich habe noch nicht ein Wort mit ihm gesprochen; ich konnte ihn doch nicht anreden, und er macht, so oft wir uns treffen, eine Miene, als wollte er vor mir davonlaufen und doch interessirt er mich."

„So, seid Ihr Damen," bemerkte nun Herr Süßmann, der erste Spieltenor am Hoftheater, ein hübsches Männchen mit faden, verschwommenen Zügen, mit zierlichem Anzuge und sorgsam gekräuselten Locken, „so seid Ihr" und dabei spitzte er die Lippen, als hielte er ein Stück Zucker dazwischen, und schloß die Augen halb, um ihnen einen schwärmerischen Ausdruck zu geben; „den treuesten Freunden gebt Ihr Launen und Spott zu ertragen, wer aber kalt und gleichgiltig ist, der interessirt Euch."

„Sie mögen nicht Unrecht haben, lieber Herr Süßmann," entgegnete die Sängerin, „es gibt viele Frauen, denen thatkräftige, ernste, zurückhaltende Männer mehr Interesse einflößen, selbst wenn sie häßlich und unliebenswürdig sind, als zarte, schmächtige und immer schmachtende Herren, die einen großen Theil ihres Lebens im Friseurladen zubringen."

Alles lachte über diese Anspielungen auf die duftenden Locken des Sängers, der im Anfang etwas verblüfft dreinschaute, zuletzt aber klug genug war, in das allgemeine Lachen miteinzustimmen.

„Doch, um auf den jungen Klavierspieler zurückzukommen," fuhr die Sängerin zum Grafen gewendet fort, „so will ich Ihnen den eigentlichen Grund meiner Vorliebe erklären. Vor einigen Tagen wirkte ich in dem Concerte des Herrn Chladini mit, über den Ihr alle voll Rühmens seid. Gelangweilt von der Selbstgenügsamkeit und den süßlichen Manieren des jungen Herrn, der nicht einmal ein Lied anständig begleiten kann (hier irrt sich unsere Freundin, Chladini hatte gut begleitet, sie aber schlecht gesungen und keinen Erfolg gehabt, und hierin lag der Hauptgrund ihrer Verstimmung) — kam ich nach Hause; da hörte ich im vierten Stocke Klavier spielen; ich wußte zwar, daß da oben ein Musiker wohnte, war ihm auch mehrmals begegnet, hatte aber seiner nie geachtet. An dem Abende aber überkam mich die tolle Idee, ihn zu belauschen; ich stieg zwei Treppen höher, auf die Gefahr hin, überrascht und beargwohnt zu werden! Und was habe ich gehört! wie war das Alles so neu, so verschieden von dem Geklingel des Herrn Chladini! Eine wilde, abgerissene Melodie schwebte über brausenden und dissonirenden Accorden und wechselte mit einem langsamen, getragenen, wehmüthigen Gesange ab, und endete zuletzt verhallend, als wie in der Ferne. Ich war ganz aufgeregt, erkundigte mich den andern Tag näher um den jungen Mann; da erfuhr ich denn erst, daß der arme Knabe in bedrängten Verhältnissen lebt, und darum wende ich mich an Sie, Herr Graf, an den Mäcen und Freund der Künstler, daß Sie etwas für ihn thun; es handelt sich vorzüglich darum, daß er der Verlegenheit entrissen und mehr bekannt werde; dann muß er sich selbst vorwärts helfen."

„Spielt er wirklich so schön, wie der Chladini?" frug jetzt der Tenorist, der sich für einen großen Kenner hielt und als solcher auch bei den vielen Sängern und Sängerinnen galt, die zwar große Partien, aber keine Note zu singen wissen, „ich kann mir das gar nicht denken! Seit Thalberg und Willmers habe ich keinen Pianisten gehört, der einen so schönen Anschlag und so eleganten Vortrag besaß, so rein spielt, so schöne Triller hervorbringt, wie Herr Chladini. — Ich bedauere, daß eben Fräulein Herbold sich so sehr gegen ihn eingenommen zeigt, denn er ist doch überall als ein scharmanter junger Mann anerkannt. Haben Sie schon seine letzte Composition, „die Spieluhr," gehört? Reizend! Und wie er sie vorträgt! man glaubt wahrhaftig eine Spieldose zu hören!"

„Ja," versetzte die Sängerin trocken, „er läßt auch keine Gelegenheit vorübergehen, das Stück hören zu lassen. Unlängst wurde er nach dem Vortrage eines Beethoven'schen Concertes gerufen, und entblödete sich nicht, dieses Stückchen als Zugabe zu spielen!"

Jetzt nahmen auch die anderen Damen, die bisher geschwiegen hatten, an dem Gespräche Theil.

Zuerst begann Lina Wohlmuth, die erste Tänzerin:

„Bei all' seiner von Herrn Süßmann gepriesenen Liebenswürdigkeit und seiner faden, oft lästigen Höflichkeit, verfehlt Herr Chladini auch nie, einem Nebenbuhler, den er zu fürchten hat, auf seine Weise Böses nachzusagen. Ich frug ihn unlängst nach dem Herzheim da oben" —

„Wie, Lina!" frug die Sängerin unterbrechend, „du weißt seinen Namen?"

„Ja gewiß, wie sollt' ich nicht? er war ja lange Zeit in Wien! Kannst du dich seiner nicht erinnern? Nun, ich frug den Herrn Chladini nach Jenem, und warum er sich nicht öffentlich hören ließe, und da meinte der liebenswürdige junge Herr, der Herzheim wage es nicht, weil er ein besonderes geheimnißvolles Abenteuer gehabt habe, und eine Zeitlang vorziehe, unbemerkt zu bleiben; und als ich in ihn drang, mir doch Genaueres mitzutheilen, da erklärte er endlich, er wisse selbst nichts Positives, er rede selbst nur vom Hörensagen. Darüber habe ich ihm auch meine Meinung ganz ungenirt gesagt, denn einer, der ein Künstler sein will, soll sich nicht in hämischen Anspielungen auf Andere, Bessere gefallen. Der Herzheim war von jeher als ein sehr braver und bescheidener junger Mann bekannt, und wenn er auch nicht so hübsch ist, und nicht so zierlich gekleidet ist, wie der Protégé des Herrn Süßmann, so hat er doch etwas besonders Geistreiches, Interessantes in seiner Physiognomie." —

Hier ward sie von einer jungen Dame unterbrochen, die bisher mit Herrn Süßmann vertrauliche Blicke ge-

wechselt, nebenbei auch die nicht immer zartesten Schmei=
cheleien aufgenommen hatte.

Es war Fräulein Liebetraut. Sie stellte die soge=
nannten dritten Partien im Schauspiele dar: Prinzes=
sinnen, Hofdamen, hier und da auch naive Landmädchen,
war nicht wegen ihres Talentes angestellt worden —
sie besaß keines — sondern um ihrer blendenden Schön=
heit willen, und durch den Einfluß eines sehr hohen Herrn,
der ihre bescheidene Gage durch so glänzende Nebenhono=
rare vermehrte, daß sie unter allen Mitgliedern der Hof=
bühne den größten Aufwand entfaltete. Böse Zungen
wollten zwar behaupten, daß jener hohe Herr nicht der
allein Begünstigte wäre, und daß die reichlichen Einnah=
men der Dame noch aus anderer Quelle flössen; doch
darüber wissen wir nichts Genaueres mitzutheilen, denn
in der Theaterwelt, wo die Leute im Schauspiele und
in der Oper so oft Liebesworte wechseln müssen, geschieht
es nicht selten, daß sie sich für den Zwang dadurch ent=
schädigen, daß sie einander die gehässigsten Dinge aus
dem wirklichen Leben nachsagen. Fräulein Liebetraut
war an jenem Abende sehr ungehalten, daß Herr Süß=
mann schon zweimal von ihren Colleginnen zur Ziel=
scheibe des Witzes ausersehen worden war. Denn dieser
bewarb sich unter allen Sängern und Schauspielern am
eifrigsten um ihre Gnade, und es schien fast, als ob er
nicht abgeneigt sei, ihr, die schon ein ziemliches Vermö=
gen erspart hatte, Herz und Hand anzubieten. Sie glaubte
ihn vertheidigen zu müssen; an Sophien wagte sie sich

nicht; diese war ihr an Erziehung und Geist zu sehr überlegen, auch flößte ihr die Gegenwart des Grafen einigen Respekt ein; dagegen hoffte sie mit der Tänzerin leichteres Spiel zu haben, die weniger gebildet, derber Natur, und nicht geschickt war, im Spiele seiner Ironie Stand zu halten.

„Décidément, chère Lina," begann Fräulein Liebetraut, und nahm eine sehr vornehme Miene an, „Sie haben ein eigenthümliches faible für interessante, besonders arme Klavierspieler; wo mag wohl der Horst sein, Ihr „Albertel?" Der arme Junge ist ja plötzlich von hier verschwunden, und scheint, trotz Ihrer freundschaftlichen Ermahnungen, von seinem liederlichen Lebenswandel nicht abgegangen zu sein. Haben Sie ihn aufgegeben? Ihren Gönner, den alten Banquier, dürfte die Entdeckung nicht sehr erfreuen, daß Sie jenen, den Abwesenden, vergessen haben, und sich für einen hier Weilenden, für das neu entdeckte Genie im vierten Stocke, so sehr interessiren!"

Die Sprecherin dachte durch letztere Worte auch Sophien in Verlegenheit zu setzen, des Grafen Argwohn zu erwecken, die Tänzerin aber vollends zu demüthigen. Doch sie hatte sich getäuscht. Lina war ein gutes, fast weichherziges Mädchen, die in ihrem unveränderlichen „guaten Hamor" auch unpassende Bemerkungen gleichgültig und lustig hinnahm. Nur ihren Freunden durfte man nichts Böses nachsagen; in diesem Punkte war sie empfindlich bis zur Leidenschaft; sie verzieh' eher eine ihr zugefügte direkte Beleidigung, als einen Angriff auf jene; und selbst auf ihr Verhältniß zu dem alten Banquier duldete sie keine Anspielung; denn es war gewissermaßen ein so ehrenhaftes, als sich ein derartiges eben denken läßt. Der ältliche Mann hatte sich durch ihren heiteren Sinn und ihre Gutmüthigkeit noch mehr angezogen gefühlt, als durch ihre Schönheit, und suchte mehr Zerstreuung und Erholung bei ihr als die Vergnügungen, denen er in seiner Jugend nachgehangen; sie aber hatte ihm von vornherein erklärt, ihm treu zu bleiben, d. h. keine anderen Anträge anzunehmen, wenn er sich verpflichtete, ihr hier und da eine Schwäche, eine „Herzensneigung" für einen Anderen nachzusehen. Der seltsame Pakt ward geschlossen, und nie hatte der Banquier Anlaß, ihn zu bereuen. Keinem der glänzendsten und reichsten Cavaliere war es je gelungen, Lina ihrem alten Freunde abwendig zu machen; sie widerstand den verlockendsten Anträgen, den eifrigsten Nachstellungen; selbst wenn sie eine „Herzensneigung" fühlte, suchte sie dagegen anzukämpfen, und nur zweimal war sie zu schwach gewesen, um zu widerstehen; zuerst gewann ein junger Maler, arm und fröhlich, ihr Herz und ihre Gunst; sie gestand es dem Gönner ganz offen, und dieser, ebenso gutmüthig als schlau berechnend, unterstützte den jungen Künstler, spornte ihn zur Reise nach Italien an, und befand sich nach sehr kurzer Zeit wieder im alleinigen und ungeschmälerten Besitze. Doch ein Jahr nach des Malers Abschied erschien Horst, und diesen wegzubringen, gelang dem Banquier, trotz aller Anstrengung, einige

Monate lang nicht; das Schicksal befreite ihn unverhofft von der drückenden Last des Nebenbuhlers; Horst selbst trennte sich von Lina und verließ bald darauf das Land. Seitdem war das Verhältniß wieder ganz das ungestörte, gemüthliche, und erregte den ohnmächtigen Spott und Neid von abgewiesenen Bewerbern und mißgünstigen Kolleginnen.

Unter diesen letzteren gab es keine, deren Wesen und Gebahren unsere Lina unangenehmer, anwidernder berührte, als Fräulein Liebetraut; ihr Aufwand, ihr Vornehmthun, ihre Habsucht und selbst die Wahl des Herrn Süßmann zum Begleiter, Alles das widersprach den Gefühlen und Ansichten der Tänzerin so sehr, daß sie nur die passende Gelegenheit erwartete, um ihre Meinung offen und derb auszusprechen; diese Gelegenheit ward ihr nun durch den Angriff in erwünschter Weise gegeben, und sofort mit aller Energie benützt.

„Es wundert mich recht sehr," begann sie, „daß Sie, Fräulein Liebetraut, sich um Albert bekümmern; soviel mir erinnerlich, waren Sie ihm nie freundlich gesinnt, seitdem er einmal bemerkt hatte, daß Sie die Rolle der Prinzessin besser in der Schlafkammer spielen mögen, als auf der Bühne. Ja er war sehr witzig, und dabei doch herzensgut, leidenschaftlich wie ein Italiener, und stolz, keine männliche Zierpuppe, die mehr auf das Geld, als auf die Gunst eines Mädchens speculirte! Ach, wenn er nur nicht immer von einer Beschäftigung zur anderen abgesprungen wäre, und das Geld besser zu halten verſtanden hätte! Aber dazu war er zu viel Genie! Sie haben ihn ja auch gekannt, Herr v. Holſtröm! Sie wiſſen, ich hab' ihn recht lieb gehabt, und er mich auch! Denken Sie ſich nun, eines Tags erhalt' ich einen Brief von ihm, worin er mir ſchreibt, ſeine Leidenſchaft für mich hielte ihn in ſeiner künſtleriſchen Laufbahn auf, und er müſſe ſich mit blutendem Herzen von mir trennen. Ich denke mir, er iſt halt wieder in einer von ſeinen überſpannten Ideen befangen, ſchicke gleich zu ihm, — da hatte er ſeine Wohnung verändert. Nun fühle ich Beſorgniß, Eiferſucht, erkundige mich überall und erfahre endlich, er ſei auf's Land gezogen; ich fahre gleich nach dem Orte, wo er ſich angeblich befand, und entdecke ihn auch wirklich in einem Dachſtübchen, inmitten einem Haufen Bücher und Muſikheften; dort ſitzt der „verrückte" Menſch und ſtudirt Lateiniſch. — Wie er mich erblickte, drückte er mich faſt weinend an's Herz, dankt mir für alles Liebe und Gute, was ich ihm erwieſen, ſagte aber, er müſſe einmal zu einem Zwecke gelangen, und könne mich nicht mehr ſehen! Endlich, als ich in ihn dringe, verſpricht er, mich am dritten Tage aufzuſuchen. Statt ſeiner aber kam ein Schreiben, worin er mir erklärte, er habe die Stadt und das Land verlaſſen; durch ſeine unregelmäßige Lebensweiſe war er in Schulden gerathen, dies habe er mir nicht entdecken wollen, denn er kenne mein gutes Herz, er wiſſe im Voraus, daß ich ihm helfen würde; das aber erſcheine ihm entwürdigend, und deßwegen fliehe er vor der Verſuchung — andererſeits könne er nicht gut in meiner Nähe leben, ohne von seinen Studien abgezogen zu werden, und so zöge er es vor, sich freiwillig zu verbannen. Ach, hätte der „verrückte" Mensch" — hier brach das arme Mädchen in Thränen aus — „mir nur ein Wort gesagt, ich selbst brauchte ihm ja gar nichts zu geben, mein Alter hat mich hundertemale gefragt, ob der Albert nichts bedürfe! Ja, mein Alter ist wirklich ein edler Mensch. Und was mein Verhältniß zu ihm betrifft" — fuhr sie plötzlich gegen die Liebetraut los, indem sie schnell die Thränen trocknete — „so will ich Ihnen nur sagen, daß mein Freund alle meine Gefühle genau kennt und sehr wohl weiß, daß ich ihm um des Interesses willen nie untreu werde, verstehen Sie mich? Bekümmern Sie sich nicht um meinen Gönner, ich bekümmere mich nicht um die Ihrigen!"

Baron Holström bemerkte, daß der Streit heftig zu werden drohte, und gab der Angelegenheit eine heitere Wendung. „Liebes Fräulein Lina," meinte er, „Sie haben einmal Recht, und einmal Unrecht. Recht haben Sie in Betreff Horst's; das war ein sehr genialer junger Mann, nur leider mit zu nobeln Passionen und Gewohnheiten behaftet; in ihm ist eigentlich ein Cavalier verloren gegangen; hätte er zwanzigtausend Thaler jährliche Renten, so könnte keiner von uns neben ihm, seinem Geiste und Talente, bestehen; so aber bewegt er sich immer in Extravaganzen, und ich fürchte sehr, er wird es nie zu etwas Rechtem bringen. Unrecht aber haben Sie in ihren Theorien über die Treue, ma chère Lina: denn wenn ich sie auch bewundere, so muß ich doch von Herzen wünschen, daß sie nicht allgemein befolgt werden; denken Sie, wo kämen wir hin, wenn Alles nur aus Liebe geschähe, nichts um der Laune willen, durch die Gelegenheit und andere schlechte Mittel! Selbst die Treue könnte nicht bestehen, wenn es nicht manchmal Treubrüche gäbe! und Sie selbst müssen mir zugestehen, daß man die Treue gewisser verliebter Gönner nur durch Untreue am sichersten fesselt, sowie man die Ochsen am besten bei den Hörnern anschirrt."

Diese im komisch-pathetischen Tone vorgetragene Rede rief ein allgemeines Bravo! hervor. Lina, die sich inzwischen besänftigt hatte, wurde wieder ganz gemüthlich und lustig; Fräulein Liebetraut, die gefühlt hatte, daß sie zu weit gegangen war, benahm sich auch besonders liebenswürdig und bescheiden, um die Beleidigte zu versöhnen; Süßmann vermied jede Bemerkung, die zu weiteren Erörterungen führen konnte. Die Unterhaltung war bald wieder eine lebhafte und allgemeine, wurde immer lustiger, schlüpfriger, fast ausgelassen lustig; man gedachte nicht mehr des jungen Künstlers, der indessen oben ruhig und emsig an seinem Quartette fortarbeitete.

Um zwei Uhr nach Mitternacht trennte sich die Gesellschaft; die Damen fuhren nach Hause, ebenso Herr Süßmann, der sich als Tenorist der freien kalten Nachtluft nicht aussetzen durfte. Die beiden Cavaliere hingegen fanden diese Luft so mild, daß sie es vorzogen, vor dem Schlafengehen einen kleinen Spaziergang zu machen, und ihre Wagen wegsandten. Als sie vor dem Hausthore von den andern Gästen Abschied genommen hatten, reichte der Graf dem Attaché seine Cigarrenbüchse hin — Sophie litt keinen Tabaksdampf in ihren Gemächern — und frug ihn im vertraulichen Tone: "Sagen Sie mir, lieber Baron, was denken Sie von dem warmen Antheil, den Sophie an dem jungen Pianisten nimmt? Soll ich dies als eine Art von collegialischer Sympathie auslegen oder tieferliegende Ursachen annehmen? Aufrichtig gestanden, ich fühle mich durchaus nicht gestimmt, eine Zuschauerrolle zu übernehmen, wie Lina's alter Banquier, und so sehr Sophie mir gefällt, bin ich ganz und gar nicht Willens, viel Geld auszugeben und obendrein ausgelacht zu werden!"

"Seien Sie ganz ruhig, lieber Graf," entgegnete der Gefragte, "wenn Sophie in näherer Beziehung zu dem jungen Manne stünde, oder eine solche wünschte, so würde sie Ihre Gönnerschaft für ihn nicht in Gegenwart Anderer und am wenigsten im Beisein der Liebetraut und ihres Süßmann's angegangen haben; sie that es wohl absichtlich, um jeden Verdacht im Voraus zu beseitigen. Noch eines Umstandes muß ich erwähnen. Herzheim ist mir bekannt; ich traf ihn öfters bei meinem Vorgänger, einem eifrigen Musikfreunde; damals schien der junge Tonkünstler sich noch nicht in bedrängter Lage zu befinden; soviel aber glaube ich aus den kurzen Begegnungen entnehmen zu können — und Sie wissen, Graf, ich bin kein schlechter Beurtheiler — daß er nicht zu den Leuten gehört, die um irgend eines vorübergehenden Vortheils, oder um einer Liebschaft willen von dem einmal vorgezeichneten Wege abgehen; er ist in hohem Grade ehrgeizig, zurückhaltend, fast stolz; er wird eher der häßlichen Gemahlin des Grafen von Starkenhof den Hof machen, als dessen schöner Mätresse; ein Verhältniß mit jener kann seinen Künstlerstolz entflammen, die Reize der Andern werden ihn nicht verlocken, weil sie bereits erkauft sind. Jedenfalls geht meine Meinung dahin, daß Sie ihn unterstützen müssen, schon um sich über jede Eifersüchtelei erhaben zu bezeigen. Ich biete Ihnen meine Mitwirkung an; ich besitze einiges Talent, jemanden in Gesellschaft einzuführen, ihm Erfolge zu bereiten, den Weg zu bahnen, nur muß man mir Weg und Mittel kennzeichnen; denn es fehlt mir an Erfindungsgeist, nicht an Kraft zur Ausführung. Doch — sehen Sie! da oben im vierten Stocke ist's noch hell; wahrlich da steht er selbst am offenen Fenster! Der arme Junge hat wohl bis jetzt gearbeitet, während wir uns im ersten Stockwerke — zu amüsiren suchten." In diesem Augenblicke schloß Herzheim das Fenster; das Licht erlosch. „Er geht zu Bette," endete Holström, „was meinen Sie wohl, lieber Graf, schläft der nicht zufriedener, mit reineren, höheren Gefühlen ein, als wir? Wahrhaftig, wenn ich mit meinen Grundsätzen und Ansichten, überhaupt irgend jemanden beneidenswerth fände, so wär es nur ein junger strebender Tonkünstler! Ich kann mir nichts Schöneres, Erhebenderes denken, als daß sich einer in der Zauberwelt der Melodien und Harmonien ergehe, und alles Andere darüber vergißt!"

Einige Tage nach den eben geschilderten Scenen saß Herzheim abermals vor dem Schreibtische. Er arbeitete mit großem Fleiße, aber offenbar mit größerer Anstrengung, mit weniger Sammlung und Muth als an jenem Abende, da er sein Concert vollendete. Auf seinem Gesichte lag der Ausdruck schwerer Sorgen; mancher Seufzer entrang sich der Brust; oftmals unterbrach er die Arbeit und starrte düster vor sich hin. Endlich warf er das Notenheft weg, und sprang auf. „Es geht nicht," rief er unwillig, „ich kann heute nichts fertig bringen, ich muß einen letzten Versuch wagen, aus dieser Noth herauszukommen! Aber wie? Mein letzter Heller ist ausgegeben, Wirth und Hausherr kündigten mir weiteren Credit auf, dringen auf Bezahlung, und meine letzte, meine sicherste Hoffnung ist zu nichte geworden. Die Verleger weisen meine Compositionen zurück; ja, sie verweigern mir einen armseligen Vorschuß, mit dessen Hilfe ich ein Concert veranstalten könnte! Ich soll Leicht=Verkäufliches, Gangbares schreiben, meinen sie, dann wollen sie mich auch gerne bezahlen, mich mehr auf's Klavierspiel verlegen, worin ich schon als Knabe so Bedeutendes leistete, als auf die Compositionen! Es scheint, die Welt will nicht glauben, daß ein ehemaliges Wunderkind sich zum tüchtigen Künstler heranbildete, daß einer, der mit langen Locken und im kurzen Jäckchen jahrelang Thal=

berg'sche und Herz'sche Variationen spielte, später ein bedeutendes Werk componiren könne. Aber ich werde nicht nachgeben, mich nicht erniedrigen, wie sie es wollen, und müßte ich darüber zu Grunde gehen! Ich habe an meine Verwandten geschrieben; vielleicht erinnert sich einer unter ihnen, daß sie einstens von dem Ertrage meiner Concerte existirten! Es kam mir sauer genug an! Mein Bruder wird mich nicht verlassen! Doch womit soll ich mein Leben fristen, bis eine Antwort erfolgt? Und wenn sie nicht günstig lautet, soll ich mich zuletzt an Chladini wenden, der mir seine Dienste anbot? Das wäre fürchterlich!" Und wieder versank er in dumpfes Brüten. Sein Blick fiel auf das Piano; der Stimmer hatte es vor einer Stunde rein gestimmt. Der brave alte Mann, gerührt von dem Fleiße und der Noth des jungen Künstlers, erstieg willig die vier hohen Treppen, um den alten Kasten im Stand zu halten, sprach nie von Bezahlung und erwiederte nur freundliche Worte des Trostes, wo Andere murrten und drohten. Noch eben als er weggegangen war, hatte er die demüthige Entschuldigung Herzheim's mit der Bemerkung: „Sie werden mich noch glänzend belohnen," abgewiesen, und schnell das Zimmer verlassen, um nicht etwa durch Erwähnung der eigenen Noth, der Krankheit seiner Frau u. s. w., die Stimmung des jungen Mannes zu verdüstern; und dieser gedachte im bittersten Momente jener freundlichen Aufmunterung: „der Einzige" sprach er, „der mir Vertrauen schenkt, der an meine Zukunft glaubt, ist ein armer Mann, vielleicht bedrängter denn ich; vielleicht gelingt es mir, seine Worte zur Wahrheit zu bringen, einstweilen kann ich mich nicht dankbarer beweisen, als daß ich an jenem Platze Trost suche, wo er sich für mich bemühte. Er saß am Klaviere nieder und siehe! die Muse trat zu ihm, mit ihr die hehre Schwester, die Begeisterung; und in jener Stunde des tiefen Leidens, niederdrückender Noth, des dumpfen Trübsinnes, schuf der junge Künstler eine Melodie, die bei ihrem Erscheinen als eine der schönsten Inspirationen, als ein Liebesgedicht gepriesen ward, das nur im Momente der herrlichsten reinsten Empfindungen entstehen konnte! Wohl beseligte ein reines Gefühl unsern Freund; aber es war keins, das die schöne Welt, die sich in Concerten versammelte und sich heute an einer Beethoven'schen Sonate, morgen an einem Kücken'schen Liede begeistert, begreifen und fassen kann; es war jenes Gefühl, das den Menschen allem Irdischen entrückt, das allein Göthe beschrieb, als er den Harfner singen ließ:

>Wer nie sein Brod mit Thränen aß,
>Wer nie die kummervollen Nächte
>Auf seinem Bette weinend saß,
>Der kennt Euch nicht, ihr himmlischen Mächte.

Herzheim brachte die Melodie zu Papier und wiederholte sie mehreremale am Klaviere. — Die letzten Töne waren kaum verhallt, als ein starkes Klopfen an der Thüre ihn aus der Begeisterung zur nüchternen Wirklichkeit zurückrief. Mit dem halb unwilligen, halb schüchternen Tone eines Mannes, der draußen einen dringenden Gläubiger vermuthete, sprach er sein „Herein!" aus. Doch anstatt des Gefürchteten erschien ein sehr vornehm aussehender, elegant gekleideter Herr, dessen Miene und Haltung die freundlichsten Absichten bekundeten, — der Graf von Starkenhof. Der Cavalier warf einen Blick auf das ärmliche Zimmer, auf die noch ärmlichere Einrichtung; er sah die fadenscheinige Kleidung des jungen Künstlers, seine blassen eingefallenen und doch jugendlichen Züge, und obwohl er gekommen war, um aus bedrängter Lage zu helfen, so überraschte ihn doch der unerwartete Anblick der Noth, die hier überall ihren Stempel aufgedrückt hatte, und stimmte ihn zum innigen Mitleide; und wenn wir noch verrathen, daß er bereits seit einiger Zeit lauschend vor der Thür gestanden und von dem Vortrage Herzheim's ganz entzückt war, so wird es leicht begreiflich, um wie viel mehr seine Theilnahme jetzt gesteigert sein mußte. Vielleicht war der Anblick, der sich ihm bot, auch geeignet, den letzten eifersüchtigen Argwohn, welchen die warme Empfehlung der Sängerin noch zurückgelassen hatte, zu beseitigen. Denn es lag nun außer Zweifel, daß zwischen ihr und Herzheim nicht die mindeste persönliche Beziehung vorherrschte; in diesem Falle würde sie die Verhältnisse doch genauer gekannt und ihre Verwendungen nicht so lange aufgeschoben, wohl auch selbst geholfen haben.

Mit dem feinen Takte eines vollendeten Weltmannes bat der Graf um Entschuldigung für seine Störung, nannte seinen Namen und den Zweck seines Besuches. Er war gesonnen, gab er an, in seinem Hause ein kleines Concert für einen Kreis gewählter, gediegener und einflußreicher Musikkenner zu veranstalten; zufällig habe er durch Herrn von Holström erfahren, daß der Künstler sich in der Residenz befinde, der schon als Knabe die Bewunderung aller Musiker erregte, und so sei er denn selbst gekommen, um seine Mitwirkung zu erbitten, und sich über das Programm zu berathen. Somit war das Gespräch eingeleitet; der Graf dehnte es aus Gründen, die wir baldigst darlegen wollen, auf allgemeine Kunstfragen aus, über welche er manches Geistreiche und Treffende zu sagen wußte. Nachdem er in dieser Weise den jungen Künstler in die beste Laune versetzt hatte, bat er um die Gunst, die letzte Tondichtung, die er vor der Thüre gelauscht hatte, nochmals hören zu können, und kam bei dem begeisterten Lobe, in dem er sein Entzücken ausspprach, durch eine feine Wendung zu der Frage, wie ein so genialer Mann sich der Oeffentlichkeit so ganz entziehen könne, und hierdurch dem Publikum die Gelegenheit benehme, ihn zu bewundern, und warum er das glänzende Loos, das ihm angewiesen war, verschmähte; wobei er auch zugleich andeutete, daß er in seiner Stellung nützlich sein könne, hierzu vollkommen bereit sei, und nur Vertrauen verlange, das er zu verdienen sich schmeichle.

Wenn nun dieses Anerbieten größtentheils aus aufrichtiger Theilnahme hervorging, so dürfen wir doch die Nebenmotive, die maßgebend mitwirkten, nicht verschweigen: denn wir beschreiben die jetzigen künstlerischen

Verhältnisse und die Wechselwirkungen zwischen dem Künstler und der Gesellschaft, und Nebenumstände, welche hierbei eine bedeutende Rolle spielen, dürfen nicht übergangen werden.

Als der Graf eintrat, reichte seine Absicht nicht weiter, als dem jungen Musiker zu einer bequemeren Existenz zu verhelfen und ihn durch Aneiferung zu Reisen sobald als möglich aus der Nähe Sophiens zu entfernen. Hierzu hätte die bereits mitgebrachte Summe vollkommen hingereicht. Doch nun war sein Plan vollkommen geändert. Von dem Spiele, wie von den Compositionen Herzheim's im hohen Grade überrascht — durch das Gespräch, welches er absichtlich nach verschiedenen Richtungen hin ausgesponnen hatte, vollkommen überzeugt, daß der junge Empfohlene feine Weltbildung besitze, ging er mit dem Gedanken um, ihn selbst auf die glänzende Laufbahn zu leiten.

Es ging schon seit einiger Zeit die Rede, daß der ältliche Intendant der Hofcapelle seinen Posten mit einem bequemeren vertauschen sollte; der Graf fühlte besonderes Verlangen eine Hofcharge zu erhalten, wo er sein Mäcenatenthum im strahlendsten Lichte entfalten konnte; es gab aber keinen glänzenderen Beweis für seine Fähigkeit, keinen, welcher den Hof für seine Bewerbung günstiger stimmen mußte, als daß ein bedeutendes Talent, das lange unbekannt in der Hauptstadt lebte, durch ihn zuerst zur Geltung gelangte. Ohne diese Nebengründe würde er Herzheim nicht über seine Verhältnisse befragt, noch seine eigenen Dienste in so offener Weise angeboten haben; nun aber hoffte er, daß der arme Musiker, von der hohen gesellschaftlichen Stellung des Mannes, der ihn in seiner ärmlichen Wohnung aufgesucht hatte, und von den glänzenden Aussichten, die sich ihm so plötzlich eröffneten, geblendet, nicht zaudern werde; sich ganz seiner Leitung zu überlassen. Aber der feine Cavalier hatte sich getäuscht; ja, er fand seinen Meister.

In der Uebergangsperiode von der glänzenden Zeit des Wunderkinderthums zur gereiften Künstlerschaft, in jenen Jahren der Zurückgezogenheit, der Einsamkeit, der Noth und Entbehrungen hatte Herzheim reiflich nachgedacht über die musikalischen Verhältnisse unserer Zeit, über die gewöhnlichen Wege und Mittel zum Erfolge; diese nie zu gebrauchen war sein fester Entschluß; er verwarf sie, nicht blos, weil sie ihm unkünstlerisch, kleinlich dünkten, sondern weil er auch fühlte, daß, wer heute Bedeutendes leistet und es von dem Publikum anerkannt sehen will, dieses Ziel nur erreicht, wenn er die von Concertgebern und Musikern breitgetretene Straße der Réclames, des Hofmachens nach allen Seiten, des Haschens nach kleinlichen Lobesbezeugungen gänzlich abseits liegen läßt, wenn er seinen eigenen Weg wandelt, den Leuten nicht nur durch seine Kunst imponirt, sondern auch durch sein Gebahren. Daß ein solches Princip nicht ohne harte Kämpfe durchzuführen sei, lag ihm klar vor, ebenso daß er jede Unterstützung abweisen mußte, die mit der Bedingung irgend eines Zugeständnisses verbunden war. Dieses Selbst=

bewußtsein, diese ruhige Entschiedenheit, diese Zähigkeit sprach sich auch in seinem ganzen Wesen, in Haltung und Benehmen aus, und gab seiner Erscheinung das Gepräge der natürlichen ungesuchten Originalität.

Herzheim kannte bereits den Namen des Grafen und sein Verhältniß zur schönen Sängerin; ja selbst von dem Antheil, den diese ihm schenkte, war er unterrichtet und zwar durch die alte Portiersfrau, die überhaupt die unsichtbare Lenkerin all' der Dinge war, die wir hier erzählten. Sie hegte noch von ihren Jugendjahren her eine Vorliebe für Künstler. Unser junger Freund, der bei seinem Einzug in das Haus noch ein kleines Capital besaß, hatte durch Freigebigkeit und Gutmüthigkeit ihr Herz gewonnen; sie lenkte die Aufmerksamkeit der Sängerin auf ihn, und wollte auch ihn bewegen, sich der schönen jungen Dame zu nähern. Doch weder seine Principien, noch seine Verhältnisse bestimmten ihn, um einer Liebelei willen seine Studien zu verlassen; oft stand er auf dem Punkte, die unangenehmen, wenn auch gutgemeinten Winke der alten Freundin entschieden und ein= für allemal abzuweisen, aber der Gedanke an die Miethschuld schloß seine Lippen. Wer das weiß, was der Grimm einer alten Portiersfrau bedeutet, wenn man kein Geld hat und ihren Rath verschmäht, der wird es verstehen, warum Herzheim schwieg. Eines Tages jedoch konnte er sich nicht enthalten, ihr in schonender Weise seinen Widerwillen gegen die von ihr ausgeheckten Pläne verständlich zu machen, wobei er scherzhaft äußerte, es wäre ihm lieber, daß der Graf ihm An=

theil schenkte, als seine Mätresse. Die Alte faßte diese absichtslos gesprochenen Worte auf, und ihrem Wirken ist der noble Besuch im Dachstübchen zuzuschreiben.

Mit einem Blicke überschaute Herzheim alle diese Umstände, und erkannte die Tragweite des Moments; er durfte sich weder mit der Offenheit aussprechen, die dem Cavalier eingeräumt hätte, sich ein Urtheil und einen Rath zu erlauben, noch seinen freundlichen Anerbieten gegenüber eine unpassende Zurückhaltung zeigen, und er wählte den richtigen Weg, der an den beiden gefährlichen Punkten sicher vorüberleitete. Ruhig, ohne Emphase sprach er von seinen Verhältnissen; er bezeichnete sie aber als ein fast selbstgeschaffnes Loos, auf das er vorbereitet sein mußte, als er den Kampf gegen hergebrachte Meinungen und Gewohnheiten begann; dann legte er seine Principien dar, und verfehlte nicht zu beweisen, daß diese die einzig zum richtigen Ziele führenden seien. So verstand er es, seinen ehrgeizigen, egoistischen Plänen die Folie künstlerischen Pflichtbewußtseins zu unterlegen. „Ich werde," endete er, „zu einem niedern Preise so lange Unterricht geben, bis ich die Summe erspart habe, um die Kosten eines Concerts decken zu können, denn ich kann und werde nur im Einklange mit meiner Ueberzeugung handeln." Der Graf war entzückt; hätte Herzheim nur reine, das Ideal anstrebende Grundsätze, wie sie Ewalt hegte, ausgesprochen, so würde der Cavalier sehr wahrscheinlich über das, was ihm als unpraktische Träumerei erscheinen mußte, stutzig und in seinen gönnerschaftlichen Absichten wankend geworden sein; aber die glückliche Mischung nobler Gesinnungen mit höchst praktischen Maximen festigte die Ueberzeugung, daß der junge Künstler zu einer glänzenden Zukunft bestimmt sei. Er ersuchte ihn mit vielem Zartgefühle, das Honorar für die Mitwirkung in der Soirée im Voraus annehmen zu wollen, und ließ einen freundschaftlichen Wink fallen, er möge doch so schnell als möglich eine andere Wohnung nehmen, um die vielen Bewunderer, die ihn unzweifelhaft bald aufsuchen würden, und die er selbst ihm auch zuführen wollte, seiner würdig empfangen zu können. Herzheim begriff den eigentlichen Grund dieses Drängens, doch lag es in seinem eigenen Wunsche nachzugeben, und er versprach dem Grafen, seinem gütigen Rathe sogleich Folge zu leisten. Noch am selben Tage zog er in eine einfache, aber bequeme Wohnung; doch verließ er das Haus, in dessen Räumen sein Schicksal eine so eigenthümliche Wendung genommen hatte, nicht, ohne sich jener zu erinnern, die dabei so freundlich für ihn gewirkt hatten. Er sandte der Sängerin ein von ihm componirtes Liebeslied, das schon lange fertig in seiner Mappe lag, von ihr aber als ein Erguß ihr gewidmeter Gefühle betrachtet werden mochte. Die alte Portiersfrau beschenkte er reichlich.

Der Graf ging nach seinem Besuche bei Herzheim in das adelige Casino, wo er den Baron Holström zu treffen hoffte; der saß auch bei einer Parthie Bouillotte. Der Graf trat als Mitspielender ein, und während er die Karten hielt, während die Offerten und Gegenwetten sich kreuzten, beriethen die Cavaliere über die beste Weise, den jungen Künstler schnell zu poussiren.

„Sie hatten vollkommen Recht" bemerkte der Graf „in Ihren Bemerkungen über Herzheim; er ist eine tüchtige Natur, dabei aber auch ein ganz scharmanter, feingebildeter junger Mann; er wird reussiren; nur fürchte ich, daß er bei seinen Ansichten der Kritik und den Musikern gegenüber einen schweren Stand haben dürfte. — Je passe parole."

„Vu," sagte Holström, „j'offre. Was schert er sich um die Musiker."

„Je tiens mon reste," meinte nun der Spielende.

„Accepté," entgegnete der Graf, „et je rentre 39 points et gagné; gerade von den Musikern hat er mehr zu fürchten, als von der Kritik, denn auf die letztere kann man vielleicht in irgend einer Weise influenziren, aber die Klavierlehrer, die Concertmeister, Hofmusici, Kapellmitglieder werden sich wahrscheinlich gegen ihn erklären, wenn er von ihrem Wege abweicht, und überall gegen ihn intriguiren, und unser Einfluß und das Urtheil einiger anständiger Künstler, die ihm Anerkennung zollen werden, dürfte gegenüber einer geschlossenen Phalanx wie jene nicht durchdringen; es handelt sich jetzt vor Allem darum, daß die Gesellschaft sich für ihn interessire, und ihm die Mittel zu einer Kunstreise verschaffe. Hier soll er nicht bleiben. Vingt Louis."

„Tenu, et trente autres, Herr Graf," rief der ihm gegenübersitzende Kammerherr; „wäre es nicht möglich, die Protektion allerhöchster Herrschaften für den jungen Mann zu gewinnen?"

„Ich setze noch zwanzig Louis," meinte der Graf. — „Die höchsten Herrschaften sind sehr schwer für Musiker zu interessiren, die nicht direct von irgend einem Hofe empfohlen werden; vom Hofintendanten, der den Herrn Chladini protegirt, und unseren Hofconcertmeistern läßt sich erwarten, daß sie dem bedeutenden Erfolge eines, der nicht zu ihrer Clique gehört, eher entgegenstreben, als ihn befördern werden."

„Ich halte die zwanzig Louis und spiele meinen Rest," rief Holström; „dabei fällt mir, weil schon vom Hofe die Rede ist, ein: Wie wäre es, wenn wir die Aufmerksamkeit der Prinzessin Theodora auf Herzheim lenkten? Sie gilt bei Hofe als das Orakel in ästhetischen Dingen; wenn sie sich für Jemanden verwendet, ist keine Gegenintrigue wirksam; außerdem steht sie mit vielen Damen der Aristokratie in Verbindung, die sich in ihrem Urtheile nach ihr richten."

„Das wäre allerdings das Vortheilhafteste und Günstigste," meinte der Graf, „doch Sie wissen, mon cher, die Prinzessin beschäftigt sich besonders emsig mit Malerei, seitdem sie durch den ungeschickten Sturz des Prinzen Arthur die Lust am Reiten verloren hat; — sie protegirt den jungen Maler, und es steht daher im Momente für einen Pianisten Nichts zu hoffen; ich halte Ihr Gebot, was thun die andern Herren? —"

„Wir halten nichts," entgegnete der Gefragte.

„Nun, dann kündige ich drei Asse an —"

„Und ich" sagte Holström, „kündige drei Achter und habe mit dem vierten, der als atout aufliegt, brelan quarré, ergo gewonnen."

„Mit Ihnen mag der T— spielen," murrte der Graf, „ich habe ein Glück wie das Ihrige noch nicht gesehen; was schulde ich Ihnen?"

„Oh eine Bagatelle," entgegnete Holström, indem er die Marken zählte, „etwa 120 Louis; übrigens kann ich Ihnen sagen, daß die Vorliebe der Prinzessin Theodora für die bildenden Künstler in Abnahme begriffen ist; der junge Maler hat, wie man uns versicherte, die Theilnahme, die ihm, dem Künstler, geschenkt wurde, auf seine Person bezogen, ist anmaßend und eine Zierpuppe geworden, und verlor zuletzt auf dem Boden der Hofgemächer das Gleichgewicht. Es dürfte doch nicht schwer fallen, Herzheim in die Gunst zu bringen; nur muß seine Vorstellung so eingeleitet werden, daß die Prinzessin keinen Argwohn schöpft, als spekulirte man darauf, den Maler aus dem Sattel zu heben. Ich darf schon gar nicht wagen, ein Wort zu Jemandes Gunsten zu sprechen; ich habe vor etwa drei Monaten in einem Hofcirkel behauptet, Prinz Arthur könne nicht reiten; die Folge hat meine Behauptung bewährt, die Prinzessin kann es aber nicht vertragen, wenn man das Mindeste gegen ihre kleine Neigungen spricht, ist unversöhnlich gegen mich erzürnt, und es genügt, daß ich Jemanden lobe, um ihm ihre Feindschaft zuzuziehen. A propos, Mr. de Kripzow," frug er den dritten Spieler, den Kammerherrn, „ist Ihre Frau Gemahlin nicht eine Freundin der Prinzessin, und sind Sie selbst nicht ein großer Verehrer der Musik? Da könnten Sie ja den jungen Künstler einführen."

Holström wußte sehr wohl, daß Frau v. Kripzow ebensowenig eine Freundin der Prinzessin Theodora war, als ihr Gemahl etwas von Musik verstand; aber er kannte ihn als höchst eitel und berechnete, daß man ihn durch eine Schmeichelei leicht bewegen würde, auch seinen Einfluß geltend zu machen.

„Meine Frau ist in letzterer Zeit etwas unpäßlich und geht selten aus," meinte der Kammerherr; „aber ihre Cousine, die Gräfin Schallauf, wird sich gewiß recht gerne bereit finden, Ihren Protegé der Prinzessin zu empfehlen."

„Das ist ja scharmant," sagte der Graf von Starkenhof, „ich werde Ihnen sehr dankbar sein, wenn Sie etwas für diesen braven jungen Künstler thun wollen; ich will die Prinzessin zu einer Soirée in meinem Hause einladen, und ist sie einmal vorbereitet, so soll's dem Talente und dem Geiste Herzheim's, denke ich, nicht schwer fallen, sie zu interessiren; sie liebt das Neue, Originelle, überläßt sich gerne poetischen Schwärmereien, ohne dabei weiteren Gedanken Raum zu geben; Herzheim ist neu, originell, schwärmerisch, dabei taktvoll und besonnen; ich glaube, er paßt ganz zu dem Platze, den wir ihm verschaffen wollen.

3. Capitel.

Eine Künstlercarrière — kleine Mittel und große Erfolge.

Wenn die Menschen von einem Dichter oder einem Künstler sagen: er hat Glück, so ist darunter zu verstehen, daß nicht bles seine Vorzüge in vollem Maaße anerkannt, oder auch überschätzt werden, sondern daß selbst seine Fehler immer vollkommene Entschuldigung finden. Verhältnisse, Nebenumstände, die augenblicklich günstigen Launen des Publikums tragen dazu bei, den einen dort Erfolge erringen zu lassen, wo einem andern, ebenso Berechtigten Alles mißlang. Diesem ward übel ausgelegt, was bei jenem gar nicht auffällt; diesem werden Zumuthungen gestellt, die er zurückweisen muß, während jener nur mit der größten Rücksicht behandelt wird. Der Tüchtige, Selbstbewußte, Kräftige wird sich von solchen vorübergehenden unangenehmen Momenten in seinem Wege nicht aufhalten lassen, und wahrscheinlich auch bald Entschädigung finden; dies aber ist eben der Unterschied zwischen ihm und dem Glücklichen, daß dieser der Entschädigung nicht bedarf, sondern den Weg überall gebahnt findet.

So ging es auch Herzheim; von dem ersten Augenblicke, als er nach jahrelanger Vorbereitung vor dem Publikum erschien, verfolgte er die Bahn des Ruhmes im Siegerschritt; fast unmittelbar nach der Soirée beim Grafen gab er ein großes Concert, wo nur seine eigenen Compositionen zur Aufführung kamen, und dem schnell ein zweites folgte. Allem Herkommen entgegen, lud er keinen Kritiker persönlich ein, stattete den einflußreichsten Personen keine Besuche ab, sandte keine Programme an den Hof. Und doch waren seine Concerte von der Elite der Musiker, Kenner und von den glänzendsten Gesellschaften besucht, ja selbst einige Glieder des regierenden Hauses fanden sich ein, auf besondere Verwendung der Prinzessin Theodora. Diese interessirte sich auf's Lebhafteste für den jungen Künstler, der, wie Baron Holström richtig bemerkt hatte, in Wesen und Haltung den entscheidenden Contrast zu dem bisher begünstigten Maler bot. Der lustige Attaché hatte sich in den Kopf gesetzt, zur Abwechselung einmal Kunstmäcen zu sein, und durch seinen Einfluß war Herzheim bald bei allen Gesandtschaften und in den hohen Adelskreisen eingeführt. Aber selbst die Kritiker und einige musikalische Koterien, von denen der Graf von Starkenhof das Meiste gefürchtet hatte, zeigten sich in fast unbegreiflicher Weise günstig gestimmt.

Der strenge Berichterstatter des einflußreichsten Blattes in der Residenz, ein Mann, der gewohnt war, Besuche und Geschenke der berühmtesten Künstler zu em=

pfangen und zu beanspruchen, war durch das Beneh=
men Herzheim's, der ihm nur einen Sitz mit seiner
Karte zusandte, auf's Höchste mißgestimmt und entschlos=
sen, ihn zu verfolgen, und wo möglich zu vernichten;
doch zwei wichtige Umstände stimmten ihn anders. Den
ersten, ihm zur Ehre gereichenden, wollen wir billig vor=
anstellen. Es sind die Leistungen des wunderlichen Pia=
nisten bedeutender, als er erwartet, und es wäre ihm
unmöglich gewesen, gleich manchem französischen und
englischen Kritiker, ganz und gar gegen seine Ueberzeu=
gung zu richten, oder sich selbst, wie jene Herrn thun,
einen bedeutenden Eindruck abzuleugnen.

Der zweite, mehr zufällige Umstand wirkte jedoch
nicht minder maßgebend auf ihn. Einige Klavierspieler,
denen gegenüber er seine Gereiztheit nicht verborgen hatte,
überbrachten ihm eine Menge Bemerkungen über die Com=
positionen und den Vortrag des neuerstandenen Rivalen,
der sie alle verdunkelte. Hierdurch erreichten sie aber eine
ihren Absichten entgegengesetzte Wirkung; dem Kritiker
erschien es schicklich und pikant zugleich, die Hoffnungen
der Neider zu vernichten, eine großmüthige Unpartei=
lichkeit an den Tag zu legen und zu beweisen, daß er
einen bedeutenden Künstler anzuerkennen bereit sei, wenn
sich dieser auch unhöflich benommen hatte; und statt eines
anerkennenden, aber kühlen Berichtes, den er anfangs zu
schreiben gesonnen war, veröffentlichte er einen enthusia=
stischen, der den Sieg des jungen Künstlers vervollstän=
digte. Was die Musiker betrifft, so benahmen sich die

wenigen Unabhängigen wie immer höchst anständig; sie hegten eine besondere Vorliebe für die Persönlichkeit Herzheim's, der zurückhaltend und stolz gegen Jedermann, sich den Künstlern gegenüber immer offen, gefällig und bescheiden zeigte. Die Intriguanten verbargen ihren Ingrimm unter der Phrase: „Er hat viel Talent, aber noch mehr Glück." Herr Chladini, der bisher en vogue gestandene Pianist, derselbe, der, so lange Herzheim arm und unbekannt im Dachstübchen wohnte, Manches gegen ihn vorzubringen wußte, geberdete sich, sobald derselbe zu großem Rufe gelangt war, ganz entzückt; er gehörte zu den praktischen Leuten, die nur von jenen Uebles reden, die auch des Publikums Ungunst verfolgt; er ist daher nicht Original, sondern ein hervorragendes Exemplar einer weitverbreiteten Gattung. Die Coterien überboten sich gegenseitig in unseres Freundes Lob, jede, um ihn für sich zu gewinnen. Die Classicisten hielten die Bedenken, mit denen sie jedem Neuen gegenüber sonst sehr freigebig sind, zurück, und bezeichneten ihn als einen außerordentlich reich begabten jungen Mann; sie hatten eben ein Unternehmen im Sinne, bei dem sie auf die Unterstützung der Prinzessin Theodora und des hohen Adels rechneten, und die Betheiligung Herzheims als eine sehr nützliche zu gewinnen trachteten. Die Zukunftsmusiker aber proclamirten ihn laut als den Ihrigen. Verdankte er den größten Theil seiner Erfolge nicht den Principien, die sie zuerst aufgestellt hatten? Trat er nicht in seinem Concerte als ein Neuerer auf? Waren nicht die Formen seiner Compositionen, seine Behandlung der Harmonie und des instrumentalen Satzes der sprechendste Beweis, daß er den überwundenen Standpunkt ganz und gar aufgegeben hatte? Ihre Ansichten, die Theorien ihrer Schule hatten ihn, bewußt oder unbewußt, geleitet und zum Ruhme geführt. Herzheim ließ sie alle gewähren, blieb immer gleich ruhig und höflich, nahm jedes Lob bescheiden und dankbar an, sprach nie eine entschiedene Meinung aus und befand sich sehr wohl dabei.

Wir haben schon einmal erwähnt, daß Graf von Starkenhof die Stelle des Hofcapellintendanten anstrebte; er versäumte nicht, es bei Hofe geltend zu machen, daß er das neu aufgetauchte Genie zuerst entdeckt, ermuntert, daß er allein ihm den Weg gebahnt hatte; man lobte, bekomplimentirte ihn, gratulirte ihm ob seines guten Geschmackes, und es ward ihm gestattet, Herzheim zu einer Kammersoirée zu laden, in welcher dieser sich allein produciren sollte, daher jedes Arrangement von Seiten des Intendanten überflüssig war. Der Erfolg war vollständig. Die höchsten Herrschaften erinnerten sich allergnädigst der Zeit, wo sie den jungen Künstler im Flügelkleide der Jugend gesehen und „schon damals bewundert" hatten, und befragen ihn um die vielfältigen interessanten Wendungen seiner Schicksale. Er erzählte sie in ungeschminkten Worten, ohne auf die harten Zeiten, die er durchlebte, besonderen Nachdruck zu legen; er war zu stolz, um die Kämpfe und Leiden des Künstlers zum Gegenstande eines allerhöchsten Zeitvertreibs herabzuwürdigen; auch fühlte er, daß die Herrschaften, die an einem Empfangsabende gar vielen Leuten ein huldreiches Wort zu sagen haben, ihre Fragen gewöhnlich vorbereiten, und kurze Antworten am liebsten hören; doch versäumte er nicht, des Grafen dankend zu erwähnen, „dem allein er das hohe Glück dieses Abends verdankte." Man nickte gnädigst, fand den jungen Mann sehr „comme il faut," die Hofherren und Hofdamen erschöpften sich in deutschen und französischen Adverbien, der Graf schwamm in Entzücken.

Herzheim ward nun vom hohen Adel und dessen Nachäffern, den Banquiers, mit Einladungen und glänzenden Honoraren überhäuft; der Hof bezeigte ihm seine Zufriedenheit und Gunst durch ein sehr bedeutendes Geldgeschenk; ein drittes Concert erzielte eine erhebliche Einnahme; sechs Wochen nach dem Tage, an dem er nicht wußte, womit er ein Mittagsmahl bestreiten sollte, besaß er eine Summe, mit der er die lang ersehnte große Kunstreise unternehmen konnte. Mit den besten Empfehlungen nach allen Richtungen verließ er die Hauptstadt und begab sich vorerst nach Wien. Dort war er kaum acht Tage, als ihn eine zweifache Botschaft überraschte; die erste kam von der Frau v. Kripzow, der Gemahlin jenes Kammerherrn, den wir von der Bouillote-Partie im Casino her kennen, einer geistreich und noch immer schön zu nennenden Dame. Sie schrieb ihm, daß sie nach Wien gekommen sei, um Verwandte zu besuchen, und ihn bald bei sich zu sehen hoffe. Das Siegel enthielt ein Sinnbild, dessen Bedeutung nicht zu verkennen war. Zu gleicher Zeit mit jenem Schreiben kam ein Brief von Sophien, der Sängerin. Sie benachrichtigte ihn, daß ein Engagement zu Gastrollen sie im nächsten Monate für einige Zeit nach X führen würde, und daß sie sich schmeichle, er werde auf dem Wege nach Paris sie nicht der Gelegenheit berauben, ihm persönlich für die Uebersendung und Widmung seines schönen Liedes zu danken. Unterzeichnet war das parfümirte Billet mit den Worten: „Ihre Freundin" Sophie.

Wir haben nun dargelegt, welche kleinliche, äußerliche Verhältnisse auf die Carriere des jungen Künstlers den entschiedensten Einfluß ausübten. Ihn brachte die Protection einer alten Portiersfrau, die Laune einer lustigen, gutmüthigen Sängerin, die Eitelkeit eines kunstbeschützenden Cavaliers, die Schwärmerei einer sich langweilenden Prinzessin, die großmüthige Anwandlung eines gefürchteten Kritikers in kurzem Zeitraum auf eine Stufe des Ruhmes, die er ohne den Zusammenfluß solch' glücklicher Umstände vielleicht erst nach jahrelangem, mühevollem Streben erklommen hätte. Möge sich jedoch der Leser nicht zu dem voreiligen Urtheile verleiten lassen, daß vom Aeußerlichen, Zufälligen, wenn es auch fördernd oder hemmend zu wirken scheint, die Entwickelung des Künstlers bedingt ist. Im Gegentheil, was dieser wirklich ist, das konnte er nur durch und aus sich selbst werden.

4. Capitel.

In welchem der Titel des Romanes gerechtfertigt wird.

Bevor wir in der Erzählung der vielen Schicksale und Erlebnisse unserer Helden und sonstiger Mitwirkenden fortfahren, müssen wir einer früheren Zeitperiode, die auf die jetzigen musikalischen Verhältnisse, insbesondere auf die gesellschaftliche Stellung der Tonkünstler den größten Einfluß übte, einige Rückblicke widmen. Es war dies der Kampf zwischen der sogenannten romantischen und classischen Schule, der zu Anfang der dreißiger Jahre in Paris begann und sich weiter verpflanzt hat. Wir wissen gar wohl, welche Abneigung viele Leser und Leserinnen gegen langausgesponnene Betrachtungen in den Romanen hegen, wo sie gewöhnlich nur Amüsement suchen. Nichtsdestoweniger bitten wir sie, dieses Capitel nicht zu überschlagen; es erklärt nicht nur den Titel des Buches, sondern auch die Grundsätze und Handlungen der meisten darin Vorgeführten und ersetzt daher eine Menge von Darlegungen und Begründungen, die bei den einzelnen späteren Vorkommnissen unentbehrlich gewesen wären.

Beethoven's Symphonien wurden zum erstenmale im Jahre 1828 in Paris aufgeführt. Welcher Musiker und Musikfreund kennt nicht die Geschichte jener ersten Aufführung? jenes Momentes, wo das Finale der C-moll Symphonie erklang, ein Sturm fanatischen Beifalls losbrach, ernste Männer weinten, Menschen, die einander nicht kannten, sich im Freudentaumel umarmten, jener alte Napoleonist seine Gefühle nicht anders ausdrücken konnte, als daß er an die Logenbrüstung trat, und mit Donnerstimme vive l'Empereur! hinabrief? Und mochte sich nicht Mancher gewundert haben, daß diese Symphonien bei einem Publikum, von dem die Wenigsten kaum eine oberflächliche Kenntniß davon besaßen, — bei demselben Publikum, das sich täglich an Auber'schen Pikanterien und italienischen Süßigkeiten ergötzte, — größeren, unmittelbaren Erfolg errangen, als in Deutschland, wo jene Tondichtungen schon Eigenthum der edelsten Geister geworden waren? Und daß wieder dasselbe Publikum, oder doch ein großer Theil, wenige Jahre nachher den Virtuosen Beifall zujauchzte, deren Leistungen im entschiedensten Widerspruch zu dem aus Beethoven's Musik hervorgerufenen Geiste standen, und doch den Concertsaal auf lange Zeit hin beherrschten?

Die Antwort liegt in der Geschichte der damaligen allgemeinen Kunstbestrebungen. Das Pariser Publikum war für jenes Ereigniß im Conservatoire, wenn auch nicht musikalisch, doch geistig vorbereitet durch den Antheil, mit dem es den Kampf zwischen Classikern und

Romantikern in Malerei und Poesie folgte. Victor Hugo, Lamartine, Alfred de Musset, Vigey hatten in dieser, Ary Scheffer, Delacroix, Sigalon in jener das Panier der Romantik, der Emancipation des Geistes von dem Formzwang und den hergebrachten Regeln erhoben. Sie stellten die Originalität der Erfindung, die geistige Grund= idee, die Vermischung der Stylgattungen, die Prägnanz des Ausdruckes, die freie Bewegung der Gefühle und Leidenschaften als Hauptbedingung eines Kunstwerkes auf gegenüber jenen, die in der Sorgfalt der Ausfüh= rung einer einheitlichen Idee, in der Formschönheit, in der Bewahrung der Regeln des Sittlichen, Schicklichen und in der strengen Einheit des Planes und Styles jene Hauptbedingungen sehen wollten. Die einen wie= sen auf Dante, Shakspeare, Göthe, Byron hin, auf Michel Angelo, Salvator Rosa, Rembrandt, die andern auf Aristoteles, Racine, Molière, Tasso, auf Raphael und Rubens. Unter den jungen Musikern gehörten viele zu den Anhängern der romantischen Schule, Berlioz und Liszt vertraten ihre Principien in Wort und That; aber sie waren noch ganz junge Männer, im Beginne ihrer künstlerischen Laufbahn; — die andern, die autorisirten Componisten und Virtuosen, sahen mit vornehmer Herab= lassung auf das thörichte Beginnen, in der Musik andere Regeln aufstellen zu wollen, als die des Contrapunktes oder — des Erfolges beim Publikum. Die Repräsen= tanten der sogenannten classischen Schule verhielten sich gegenüber dem Ueberhandnehmen der italienischen Oper und dem neuen Romanzen=Geklingel der Monpou, Louise Puget und Consorten vornehm passiv; andere versuchten eine Verschmelzung der verschiedenen „genres"; große Chöre im deutschen oder deutsch sein sollenden Style wechselten mit italienischen Barcarolen und Cavatinen, in ein und demselben Duo hörte man ein halb Dutzend verschiedener lose ineinander gefügter Motive, deren jedes einem andern Lande entsprossen schien; die Ouvertüren besonders waren ein Kaleidoscop, bunte Farben, die alle möglichen Figuren, aber kein Bild formten. In diesem Sinne wirkten Auber durch seine Stumme, Rossini durch seinen Tell, später Meyerbeer durch seinen Robert. Wohin dieser französische Eklekticismus in der Musik, der unmittelbarsten aller Künste, dieses Aufgeben jeder künstlerischen Ueberzeugung, dieses Haschen nach Vielseitigkeit, um den verschiedensten Anforderungen gerecht zu werden, geführt hat, beweisen die letzten Werke jener Herren zur Genüge. Diese haben eine Verflachung, eine Styllosigkeit, eine Erniedrigung herbeigeführt, die fast in keiner andern Kunst denkbar ist; denn das elendeste Genrebild, das schlechteste Gedicht besitzt noch mehr Lebenskraft, als die Phantasien und sonstigen Miseren eines Voß und Consorten, welche doch nur wie jene Werke aus demselben Principe der Concession an das große Publikum entsprungen sind, dessen Stimmung gewöhnlich zwischen Langeweile und Enthusiasmus schwankt.

In jenem Augenblicke, als die Tondichtungen Beethoven's zuerst in Paris aufgeführt wurden, war die Stim=

mung des Publikums eine gehobene, künstlerische. Ermüdet von den blutigen Kriegen Napoleon's, war es mit reger Theilnahme den geistigen Kämpfen der nunmehr zu hoher Geltung gelangten „Ideologen" gefolgt; ihm ahnte, daß der Sieg, den die romantische Schule in Malerei und Poesie errungen hatte, auch in der Musik bevorstand; und als nun die Töne der C-moll Symphonie erklangen, blieb es keinen Augenblick zweifelhaft, daß der glänzendste Sieg errungen war; der Ruhm der Panierträger des Alt-Classicismus erblich; die Geltung der flachen halbclassischen Formendrechsler Kalkbrenner und Consorten mit einem Schlage vernichtet war; die Instrumentalmusik hatte eine Wirkung hervorgebracht, vor welcher die gefeiertsten Sänger erzitterten.

Beethovens Schöpfungen führten jedoch nicht allein die Umwälzung in den ideellen Kunst-Anschauungen herbei; sie waren zugleich der Hauptanlaß zu der gänzlichen Veränderung in der äußeren technischen Behandlung der Instrumente. Die bisherigen Leistungen der Geiger und Bläser in den Orchestern genügten den Symphonieen und Quartetten Beethovens gegenüber ebensowenig, als das Klavierspiel der damaligen Virtuosen seinen Sonaten und Concerten. Noch weniger aber reichte der Vortrag aus. Das angenehme Klingenlassen des Instrumentes, die Reinheit in schwierigen Trillern, Terzen, Läufen und andern Passagen blieb wirkungslos, wo es galt, die tiefleidenschaftliche Cis-moll-, die geistsprudelnde G-dur-Sonate wiederzugeben, und die Anreger der romantischen

Schule wiesen triumphirend darauf hin, daß nur **ihr** bisher verlachtes und verketzertes Streben das Princip vertreten hatte, durch welches allein, „jene Mysterien" zur Klarheit und Geltung gebracht werden konnten, und proclamirten ihr Evangelium. Das Vergeistigen, der Accent, die Charakteristik, das Hervorheben der Contraste, die Zeichnung der Leidenschaft, Gefühl, Feuer, wurden als die einzigen Hauptbedingungen der künstlerischen Leistung aufgestellt. Alles Andere, und darunter manches Gute und nicht zu Beseitigende, galt für Zopf, „passé," Schnickschnack.

Daß alle diese Veränderungen im Musikleben auch auf die gesellschaftliche Stellung der Musiker den entschiedensten Einfluß ausüben mußten, ist wohl sehr leicht erklärlich. In Paris bedingte von jeher der Begriff des „Salons" den Zusammenfluß aller interessanten Persönlichkeiten; daher auch der Virtuose und der Compositeur dort immer freundliche Aufnahme fanden, und als angenehme Gesellschafter geschätzt waren. Doch die Erscheinung, daß Musiker nicht blos Concerte und Lektionen geben, sondern für ein allgemeines Kunst-Princip in die Schranken treten, und daß gerade von ihnen der glänzendste Sieg für dieses Princip errungen worden war, bot etwas so Neues, so Ueberraschendes, daß sie für einige Zeit als die nunmehrigen Leiter der geistigen Bewegung gelten mochten. Berlioz, Liszt, Chopin, Ernst haben später durch ihre Stellung, ihren persönlichen Einfluß und ihre eigenthümlichen Beziehungen (die beiden ersteren auch durch schriftstellerische Thätigkeit) in Paris ebensoviel zur Verbreitung der Principien der romantischen Schule beigetragen, als durch ihre künstlerischen Leistungen.

Es ließe sich über jene Periode und deren Bedeutung noch Vieles sagen, doch da hier ein Roman geliefert werden soll und keine Abhandlung, so möge der geneigte Leser nur noch wenige Minuten Geduld und dem folgen Hauptpassus eine flüchtige Durchsicht gewähren.

Die siegestrunkene Partei der Romantiker hatte gerade den Höhepunkt ihres Wirkens und ihres Uebermuthes erreicht, als Thalberg nach Paris kam, und mit seinem Erscheinen die Reaktion begann. Dieser große Virtuose bildete in seinem ganzen Gebahren, wie in seinen musikalischen Leistungen den entschiedenen Gegensatz der Romantiker, und **doch war er nichts weniger als ein Klassiker**. Seine Leistungen waren und sind unübertroffen in Bezug auf vollendet schöne, elegante Behandlung des Instrumentes. Ein volltönender, markiger, aller Nüancirungen fähiger Anschlag, eine wunderbare Klarheit in den schwierigsten Passagen, die graziöseste ruhige Haltung, ein Vortrag, immer elegant und durchdrungen von jener Feinheit, die von vornherein jeden Schwung und jede die Klarheit und unmittelbare Faßlichkeit gefährdende Leidenschaftlichkeit ausschließt, — dies alles verlieh dem Spiele Thalbergs einen ungewohnten Reiz, dem Zuhörer wurden die größten Schwierigkeiten mundgerecht vorgelegt; er vernahm rollende, brausende Passagen, durch welche ihn immer eine sich überall durchwindende Melodie als bequemer

Leitfaden begleitete. Die „Phantasien" und „Capricen" waren entfernt vom Herz'schen und Kalkbrenner'schen Variationen=Geklingel; sie enthielten aber auch keine jener schwierigen, so unendlich geistreichen, harmonischen Wendungen Chopin's, keine jener himmelstürmenden, titanischen Versuche Liszt's, die oft nur Versuche blieben; sie waren alle mit großem Geschicke gearbeitet, immer auf die schönste Wirkung des Instrumentes berechnet, gut componirt, wenn auch meistens gehaltlos; der Zuhörer konnte sich ihnen gegenüber einer behaglichen Bewunderung überlassen.

Die Erfolge Thalbergs sind bekannt. Die Klassiker scharten sich um ihn, weniger vielleicht aus innerer Ueberzeugung, als weil sie von den Romantikern in Wort und That vor den Kopf gestoßen worden waren, und nun durch Parteinahme für den neuen Liebling des Publikums Vergeltung üben konnten. Virtuosen jauchzten ihm Beifall zu, weil sie neben ihm doch noch einigermaßen bestehen konnten, und weil er — wenn auch hoch über ihnen stehend — doch zu ihnen gehörte. Denn Thalberg hatte eigentlich nur gezeigt, wie weit man es in der Musik bringen könne, durch Vollendung der äußerlichen glatten Form, ohne inneren künstlerischen Drang, ohne Poesie. Er war der glänzendste, aber auch der achtungswertheste Repräsentant der Mode=Musik=Macher, des Virtuosen=Handwerks. Seine Leistungen waren von ernsten, gediegenen Studien getragen; seine Nachfolger hingegen besaßen und besitzen von all' seinen Eigenschaften nur die eine: das augenblickliche Bedürfniß der Menge ober auch nur des sogenannten eleganten Publikums wahrzunehmen und darauf zu speculiren.

Von der Erscheinung Thalberg's in Paris und seinen Erfolgen und seinen Nachahmern datirte die Kluft im Virtuosenthum, die beiden Richtungen, die sich nie versöhnen werden, und nie versöhnen sollen; die spiritualistisch-speculative, die immer neue Formen in der Technik anstrebt, um dieselben für neue künstlerische Gebilde zu verwenden, die sehr oft irrt, sehr oft ganz Bizarres — doch im künstlerischen Streben — zu Tage fördert, und die realistisch-speculirende, welche die vorhandenen Formen benutzt, dabei aber immer die neueste Mode im Auge behält — und vor Allem den momentanen Effekt, das sichere Gelingen anstrebt: Kunst und Handwerk.

5. Capitel.

Horst's weitere Schicksale in Paris. Zwei tonangebende Salons.

Während Herzheim seine siegreiche Laufbahn in Deutschland begann, Ewalt sich noch immer nicht von Paris losreißen konnte, verfolgte Horst den Weg, den er als zum gedeihlichen Ziele führend bezeichnet hatte. Zwar hat er noch keinen Schritt gethan, oder thun können, um seine Existenz zu sichern; seine Einnahmen sind noch sehr geringe, die Ausgaben mehren sich durch das Leben in den elegantesten Kreisen; er verspricht sich aber die baldige günstigste Wendung durch den Erfolg der Concerte, die er vorbereitet; einstweilen erfreut er sich eines weitverbreiteten Rufes. Er gilt für ein bedeutendes Talent, für einen Mann von esprit und Bildung. Seine Kenntniß der französischen Sprache, seine französischen Manieren wurden ihm von den Parisern hoch angerechnet; er hatte vielversprechende Gönner gefunden, und war in die meisten tonangebenden Kreise eingeführt worden. Unter diesen nahmen die „salons" der Gräfin Rohden und der Fürstin Varasimoff einen hervorragenden Rang ein, und waren besonders für die fremden Tonkünstler von höchster Bedeutung. Denn die beiden Damen genossen den Ruf ausgezeichneter Dilettantinnen auf dem Piano; sie waren Rivalinnen, und beherrschten jede eine andere Partei, in der Gesellschaft wie in der Kunst. Fräulein von Varasimoff empfing alle geistreich interessanten Persönlichkeiten, ohne sich besonders viel um ihren Stand und Charakter zu kümmern. Sie war ein Freigeist, vollkommen emancipirt, und erlaubte die Erörterung aller gesellschaftlichen, religiösen und sittlichen Fragen in ihrer Gegenwart, wenn diese Erörterung nur geistvoll und mit Geschick geführt wurde. Sie gehörte zu den entschiedensten Anhängern der neuromantischen Schule, und interessirte sich besonders für die Zukunftsmusik, die sie in Paris eigentlich nur von Hörensagen kennen konnte. Ihre Freunde verglichen sie mit Madame Géoffrin, der berühmten Kunstrichterin des vorigen Jahrhunderts, in deren bureau d'esprit alle Notabilitäten, Philosophen,

Gelehrte, Künstler, Staatsmänner u. s. w. pêle-mêle paradirten, um von dort aus ihre witzigen Bemerkungen in der Welt verbreiten zu lassen.

Die Gräfin Rohden, die es sich zur Aufgabe gestellt hatte, in allen Dingen das Gegenstück der Fürstin Barasimoff zu bilden, empfing einen sorgfältig gewählten Kreis von Herren und Damen, die mehr durch ihren hohen Rang und ihren moralischen Charakter glänzten, als durch Talente. Es war nicht leicht, in diesen Kreis aufgenommen zu werden, es bedurfte hierzu entweder besondere Empfehlungen, oder eine Stellung in der Gesellschaft, die jede Empfehlung überflüssig erscheinen ließ. Nur Tonkünstler waren von der strengen Regel ausgenommen.

Die Gräfin, eine eifrige Katholikin, hielt viel auf Moral, daher die Unterhaltung bei ihr innerhalb gewisser Gränzen gehalten werden mußte. Sie beschäftigte sich nur mit klassischer Musik, und bezeugte Abscheu vor den Neuerern, worin die Professoren der Conservatorien, mit denen sie viel verkehrte, sie bestärkten. In Paris hieß es allgemein, bei der Gräfin Rohden herrsche der beste Ton, dagegen amüsire man sich besser bei der Varasimoff.

Nur in einem Punkte glichen sich die beiden Damen vollkommen; in ihrer Eitelkeit und Anmaßung, die um so größer war, als sie sich unter den Mantel des bescheidenen Dilettantismus verbergen konnte, und in jeder Weise genährt und befriedigt wurde. Verehrer und Freundinnen verkündeten ihr Lob; Journalisten und Kritiker, die sich hochgeehrt fühlten, in ihrem Hause eine Tasse Thee zu schlürfen, priesen sie in ihren Feuilletons als große Künstlerinnen, die jedem Manne vom Metier den Rang streitig machen könnten, wenn sie sich herab= ließen, in irgend einem Wohlthätigkeitsconcerte dem gro= ßen Publikum etwas vorzuspielen, so gab es immer eine Masse von Leuten, die mit aller Macht schon deßhalb applaudirten, auf daß die Umstehenden sie für intime Freunde der hochgeborenen Dilettantin halten möchten. Und welcher Berichterstatter durfte es wagen, von den falschen Accor= den einer Gräfin oder Fürstin zu sprechen, die sich dem Publikum aus purer Menschenliebe zeigte?

Durch derartige, sich immer erneuernde Triumphe ihres musikalischen Talentes gewöhnten sich die beiden Da= men nach und nach daran, auch für ihr musikalisches Urtheil die Unfehlbarkeit zu beanspruchen; und auch dies wurde ihnen unbedingt zuerkannt. Vielleicht wird der eine oder der andere die Frage aufwerfen, ob denn die Leute vom Fache in diesem Punkte nicht auf ihrem Recht bestanden, und dort, wo es sich um Kunstfragen handelte, nicht jede Gelegenheit ergriffen, um ihre Prärogative zu wahren? Und wir werden ihm antworten, daß er das Leben in den vornehmen Kreisen nicht kennt, wenn er eine solche Frage stellt. Unter den Musikern, welche der Gräfin Rohden und der Fürstin Barasimoff vorgestellt wurden, verfolgten die meisten keinen anderen Zweck, als sich be= kannt zu machen und Gönner zu finden; es war ihnen um Vortheil zu thun, nicht um Principien. Kamen sie zur ersteren, so trugen sie Beethoven'sche oder Mozart'sche Sonaten vor; waren sie zu der letzteren geladen, so studirten sie schnell irgend ein Liszt'sches Phantasiestück ein. Speculirende Parteigänger gab's in der Periode, die wir eben schildern, noch nicht; sie begannen erst später in Deutschland aufzutauchen. Die wenigen Unabhängigen aber, mochten sie nun einer bestimmten Partei angehören, oder Einseitigkeit vermeiden, waren von dem Geiste, der Liebenswürdigkeit und dem feinen Tone der berühmten Dilettantinnen so sehr entzückt, daß sie deren verkehrte Urtheile über die großartigsten Schöpfungen und über die wichtigsten Fragen in der Musik gerne überhörten, und damit nur eine Pflicht der Höflichkeit zu erfüllen dachten. Jeder bedeutende Musiker aber, der ihre Gunst zu erwerben verstand, war sicher, in der Gräfin Rohden und der Fürstin Parasimoff immer eine theilnehmende, bereitwillige und — was nicht zu vergessen ist — einflußreiche „Collegin" zu finden; und nur der Unbesonnene, der es wagte, seine eigene Meinung behaupten zu wollen, mußte es empfinden, daß er vor einer großen Dame stand, die Widerspruch nicht gewohnt war, noch leiden mochte. Das sollte Horst erfahren.

Er war von der Fürstin zu einem kleinen Abendkreise geladen, in welchem zwei eben nach Paris gekommene Virtuosen eingeführt werden sollten. Die versammelte Gesellschaft bestand größtentheils aus Berühmtheiten, die sich mit gegenseitigen Lobeserhebungen und Schmeicheleien unterhielten. Ein lyrischer Dichter, der im Beginne seiner Laufbahn entschiedener Bannerträger der Romantik und Freigeisterei war, aber seit seiner Berufung in die Akademie conservative Grundsätze in Kunst und Politik angenommen hatte, sprach mit einem ebenso begabten als eitlen deutschen Literaten, — dessen schöner Bart und blasses Gesicht zu seinen Erfolgen in Paris vielleicht noch mehr beigetragen haben mögen, als sein Talent — und pries dessen letztes Werk, worin er die deutsche Nation mit einer ziemlich genauen Erzählung der von ihm gegebenen oder erhaltenen Küsse unterhielt; wogegen dieser das Entzücken aussprach, mit dem er des großen Lyrikers neueste Schrift über die Theilung der Gewalten gelesen hatte. (Nichts ist einem französischen Dichter lieber, als daß man ihn für einen großen Politiker halte.) Ein Maler unterhielt sich mit einem homöopathischen Arzte über die Moleschott'sche Lehre. Dieser legte seine Ansichten über die jüngsten Kaulbach'schen Cartons dar. Der ehemalige orleanistische Minister klagte über den Verfall der Nation; ein kaiserlicher Procurator opponirte ihm. Der geistreichste und unwissendste musikalische Referent der Modejournale bewies dem ebenso unwissenden, aber weniger geistreichen, doch für gelehrt geltenden Redacteur einer Musikzeitung, daß der Contrapunkt wie alles Alte aus der Tonkunst auszumerzen sei, und daß Verdi als das größte Genie der Jetztzeit anerkannt werden müsse. Einige Herren aus der noblen Zunft der Müssiggänger umschwirrten die Hausfrau. Diese ging ab und zu und machte allen Einzelgesprächen zu-

letzt ein Ende, indem sie sich an's Klavier setzte und durch
den Vortrag eines ganz leichten Chopin'schen Walzers
Alles in pflichtschuldige Ekstase versetzte. Unmittelbar
hierauf erschienen die angesagten fremden Virtuosen. Es
waren alte Bekannte Horst's: Herr Chladini, dessen sich
der Leser aus den Bemerkungen Sophie Hetbold's, der
Sängerin, und Lina's, der Tänzerin, erinnern wird, und
Herr Kanianski, ein junger, ziemlich berühmter Violin=
spieler. Der erste war ein kleines, dickes, außerordent=
lich geputztes und bewegliches Männchen; der andere, groß
und hager, zeichnete sich durch eine Nachlässigkeit im Anzuge aus, der man das Absichtliche ansah. Horst hatte
einmal bemerkt, in Ewalt's schlechtestem Rocke stecke ein
Theil von Herrn Kanianski's Talent. Während Chla=
dini als ein sehr tüchtiger Pianist aus der Schule Thalberg's vielen Beifall errang, gefiel sich der Geiger in
Ueberwindung jener Schwierigkeiten, die man fälschlich
als den Nachlaß Paganini's bezeichnet. Der eine wirkte
außerordentlich gefällig, der andere verblüffte; die Für=
stin, der die beiden angelegentlich empfohlen worden wa=
ren, bezeichnete den einen als gediegenen Virtuosen, den
anderen als ein höchst originelles, wildes Talent, und
dieses Urtheil wurde sofort Losungswort der Gesellschaft.
Nur Horst sprach seine entgegengesetzte Meinung aus.
Zu den Grundsätzen, die er auf seine Anschauungen vom
Künstlerleben baute, gehörte auch der: daß er zwar in
seinen Leistungen Zugeständnisse an den Geschmack der
Personen, mit denen er eben umging, machen dürfe, nie

aber in seinen Urtheilen. „Denn — bewies er — ich kann mich als Individuum gefällig bezeigen, indem ich ein beliebtes oder angenehmes Tonstück vortrage, wenn es mir auch als Composition verwerflich erscheint; ich muß aber als Künstler, wo es sich um ein Kunsturtheil und um Darlegung meiner innersten Ueberzeugung handelt, diese immer offen und klar aussprechen, damit Jedermann wisse, wie ich in Rücksicht auf die Gesellschaft h a n d l e, und wie ich in Bezug auf meine Kunst f ü h l e."

Einigen Anwesenden war seine Zurückhaltung inmitten des allgemeinen Lobes aufgefallen: sie forderten ihn auf, seine Meinungen über die Leistungen der beiden Künstler mitzutheilen.

Er begann mit einer weitläufigen Anerkennung ihrer Virtuosität, ging aber dann auf eine Betrachtung über das Salonspiel im Allgemeinen über, in welcher jeder Satz einen indirecten Angriff auf den eben Belobten enthielt. Er meinte unter Anderem: „So weit ich von der Behauptung entfernt bin, man müsse allüberall nur die beste, die gediegenste Musik vortragen, und dürfe nicht berücksichtigen, daß die Kunst auch als ein Mittel geistreicher Erheiterung dienen könne; so gerne ich, bis auf einen gewissen Punkt, zugestehe, daß gewisse, zu ernste und zu lange Stücke nicht zum Vortrage in einer gemischten Gesellschaft passen: so entschieden spreche ich aber auch dem Tongeklingel, das man heutzutage Salonmusik nennt, jede Berechtigung ab. Eine Folge abgebrauchter, leerer, geistloser, gefällig klingender Passagen, unter denen hie und da etwas heraustönt, das einer Melodie ähnelt, ist ebensowenig Musik zu nennen, als man eine Versammlung gutgekleideter, nichtssagender Menschen, die einige banale Phrasen mit Geschick vorbringen, als einen Salon bezeichnen kann.

„Der Maßstab der kürzeren, leichteren und gefälligeren Form, den man an das morceau de salon legt, bedingt doch wahrlich nicht, daß es auch ganz unbedeutend sei. Der Tonsetzer soll im Gegentheile dort, wo er seine Kunst, seine musikalische Gelehrsamkeit — die jetzt überhaupt aus der Mode zu kommen scheint — nicht zeigen kann, durch Geist und Gemüth wirken; je kürzer ein Gedicht, um desto unmittelbarer muß der Eindruck sein, den es hervorbringt. Dies haben auch die edeln, musikalischen Geister, wie Schumann, Chopin, Field, gefühlt, in deren Nocturnes und sonstigen Phantasiestücken wahre Schätze vergraben sind, die freilich nur der kühne und geschickte Bergfahrer finden und zu Tage fördern wird. Das Metall aber, aus dem unsere jetzigen Modevirtuosen — ich will keinen nennen, die Zahl ist Legion — ihre Compositionen formen, ist eigentlich gar kein Metall, vielmehr schlechte Composition. Ich kann diese Erzeugnisse wahrlich mit nichts Anderem vergleichen, als mit jenen Nippsachen, jenen kleinen Schmuckdingerchen, die man erfunden hat, um die gediegeneren Goldzierathe zu ersetzen; sie kosten wenig Geld, flimmern, sind aber ganz werth- und auch größtentheils ganz geschmacklos; und sowie man behaupten kann, daß ein wirklich feingebildeter Mann von gutem Tone dergleichen entweder gar nicht oder nur nach sorgfältigster Wahl das Einfachste und Anspruchsloseste tragen wird, so auch darf man mit vollem Rechte von jedem Künstler erwarten, daß er diesem modernen genre der Salonmusik nur in den seltensten Fällen ein Zugeständniß machen wird. Es geschieht häufig, daß sehr bedeutende, feurige Talente sich durch die glänzenden Erfolge, die ihre Virtuosität erringt, verleiten lassen, nur im Hinblicke auf diese und zur Geltendmachung derselben zu componiren; doch sehen sie diesen Irrthum bald ein, und ziehen den dauernden, wenn auch weniger glänzenden Erfolg einem unmittelbaren oder ephemeren vor." Nachdem Horst mit diesen Worten die bittere Pille für die beiden anwesenden Virtuosen — die jede seiner Bemerkungen wie ein Nadelstich traf — vergoldet hatte, endete er mit einer geistreichen Tirade. „Man kann sich geschmackvoll, selbst zierlich kleiden, ohne alle Modenarrheiten mitzumachen; ebenso kann der Musiker auch beim Salonspiele eine gute Auswahl treffen, ohne den musikalischen Dandy abzugeben."

Die Rede erfreute sich bedeutender Erfolge, denn abgesehen davon, daß sie doch manches Richtige enthielt, dabei mit all' der Lebhaftigkeit eines geistreichen, von seiner Meinung eingenommenen Künstlers gesprochen wurde, waren auch die sarkastischen Nebenbemerkungen, die Phrasen und Metaphern ganz geeignet, den Franzosen, die für dergleichen pikante Redewendungen besondere Vorliebe hegen, zu gefallen.

Horst's Eitelkeit feierte Triumphe. Man überhäufte ihn nicht blos mit Artigkeiten über seine glänzende Darlegung künstlerischer Principien, sondern forderte ihn auch auf, dieselben praktisch zu erweisen, und solche Tonstücke, denen er Berechtigung zuerkannte, vorzutragen. Er konnte nun seine Vielseitigkeit, seine Kenntniß der musikalischen Literatur zeigen.

In wohlberechneter Reihenfolge ging er von Field'schen, Heller'schen und Chopin'schen Piecen auf Transcriptionen Schubert'scher Lieder bis zu Bach'schen Präludien über. Obwohl nun seine Vorträge gefielen, und die Hausfrau sie mit Lob überhäufte, so hatte er doch das richtige Maaß bald überschritten; einige Herren begannen sich zu langweilen.

Der Referent des Modejournals, dem die Abhandlungen und Fugen unerträglich waren, meinte lässig: Il me semble que nous sommes ici dans une Sorbonne musicale (wir befinden uns wohl vor einem musikalischen Lehrstuhle); der Herr, welcher Chladini und Kanianski eingeführt hatte, faßte diese Bemerkung auf und theilte sie den Nächststehenden mit, die sie lachend weiter erzählten; Horst befand sich bereits auf einer schiefen Ebene; er fühlte dies, und war fast schon daran, einen taktvollen und nützlichen Rückzug anzutreten, den dominirenden Platz, den er eingenommen, zu verlassen; da öffnete sich ihm plötzlich wieder ein weites Feld der Polemik, und die Eitelkeit, diese erbittertste Feindin der Künstler, behielt die Oberhand. Durch die Vorführung der Bach'schen Fugen war die Frage angeregt worden, inwiefern die Melodie aus einem Tonstück ausgeschlossen werden dürfe; wobei der deutsche Poet auf die Schule der Zukunftmusiker in Deutschland hinwies, welche diese Frage am weitläufigsten erörtert hatte. Die Fürstin Barasimoff war vielleicht mehr durch das Lesen der Liszt'schen Schriften, und um des Reizes der Neuheit willen, als durch eigenes Studium und Kenntniß, eine große Verehrerin der Wagner'schen Musik; der Referent des Modejournals und der Redacteur der Musikzeitung wußten dies, und hüteten sich, ihre erbitterte Gegnerschaft, deren Gründe wir noch erforschen werden, merken zu lassen; sie meinten blos bescheiden und zweideutig, diese Gattung Musik werde in Frankreich nie über einen gewissen auserwählten Kreis dringen; Herr Chladini spielte einige Phantasien über Wagner'sche Motive, der französische Academiker nannte Wagner den „musikalischen Luther," ein Ausdruck, der mit großem Beifalle aufgenommen wurde, und der deutsche Poet legte in einer sehr geistreichen Rede dar, daß die neuere Tonkunst bestimmt sei, alle anderen Künste in sich zu absorbiren. Horst, der alle Meinungsäußerungen mit großer Aufmerksamkeit verfolgte, erstaunte über die Fülle von Unwissenheit, die mit solch' zierlicher Rede und mit einem derartigen Aufwande geistreicher Wendungen vorgebracht wurde, und über das Ansehen von Ernst und Tiefe, welches die Franzosen sich bei derartigen Discussionen zu geben wissen. — ein Ansehen, worin sie übrigens von vielen in Paris eingebürgerten deutschen Feuilletonisten fast schon übertroffen werden. Sein Künstlerstolz empörte sich gegen diese Manier, die wichtigsten Kunstfragen mit ein paar Phrasen endgiltig zu entscheiden. Er glaubte nun auch seine Ueberzeugung aussprechen zu müssen und begann: „Bevor ich mir erlaube, Einiges gegen die so eben ausgesprochenen Ansichten vorzubringen, muß ich erklären, daß ich ein aufrichtiger Verehrer der Wagner'schen Musik bin, daß ich sie in vielen Theilen sehr schön, ja dermaßen charakteristisch finde, daß es mir bisher nicht einmal möglich schien, einzelne Motive aus Wagner'schen Opern vom Texte getrennt zu Concertphantasien zu benützen. Das war ein Irrthum, den Herr Chladini soeben in glänzender Weise widerlegt hat. Aber entschieden verwahren muß ich mich gegen die Principien der Wagner'schen Schule, und um diese handelt es sich ja in diesem Augenblicke, und nicht um Wagner'sche Musik. Eine erschöpfende Darlegung der Widersprüche in dieser Schule, des bedeutenden Unterschiedes zwischen dem An regen und dem Ausdrücken von Gefühlen, würde wohl zu weit führen; ich werde mir daher nur erlauben, im Kurzen auf einige so eben ausgesprochene Sätze zurückzukommen. Erstens ist der Begriff „Zukunftmusik" ein in sich ganz falscher. Es hat nie Zukunftmusiken gegeben, und wird deren keine geben."

„Wie," rief der Akademiker „und Beethoven?"

„War auch keiner," entgegnete Horst trocken, das will ich beweisen. Es liegt im Wesen der Tonkunst, daß ihre Schöpfungen schwerer verbreitet und gekannt, daher erkannt werden, als jene der Dichtkunst und Malerei. Jeder Gebildete kann ein Drama oder einen Roman lesen, prüfen, studiren und beurtheilen; das Gemälde bietet sich ihm fertig in allen Theilen sinnlich-begreiflich dar. Aber die Töne der Musik ziehen an uns vorüber, es ist selbst dem gebildetsten Fachmanne nicht möglich, sich ein bedeutendes Tonwerk nach einmaligem Hören deutlich zu vergegenwärtigen. Wie aber sollen nun gar der Laie, die tüchtigsten Dilettanten ein Urtheil darüber fällen? Wie viele unter ihnen sind wohl im Stande, eine neue Oper, eine Symphonie aus einem Klavierauszuge, aus einem jener arrangements, die man füglich dérangements nennen könnte, zu studiren, geschweige aus einer Partitur? Und ist es nicht sehr schwer, selbst aus der Partitur eine klare Vorstellung von dem Werke zu erhalten, dessen unmittelbare Geltung doch nur durch das Hören zu erlangen ist? Ein Drama, das in Berlin gefällt, kann binnen vier Wochen in ganz Deutschland bekannt sein; eine Symphonie, die Enthusiasmus in Leipzig erregen würde, dürfte allenfalls nach fünf Jahren allenthalben aufgeführt worden sein. Es ist also ganz unwiderleglich, daß das Verständniß der Musik mit größeren Schwierigkeiten verbunden ist, als das einer jeden andern Kunst, und von diesem Ariom ausgehend, kann man leicht behaupten, daß jeder große Tondichter als ein Zukunftmusiker bezeichnet werden konnte. Vielleicht war Bach der einzige, dem dieser Titel nach den Begriffen der Wagner'schen Schule unbedingt zukommt; denn ein

Mann, der nur dem inneren Drange folgend, so recht ad majorem gloriam seiner Kunst componirt, der sich um den Verlag gar nicht bekümmerte, dessen bedeutendste Werke erst nach seinem Tode zur Aufführung kamen, der ist doch der einzige unbestreitbare Künstler der Zukunft. Die andern aber, welche den Titel für sich vindiciren, setzen sich durch ihr Vordrängen, ihre immerwährende Zeitungspolemik und durch ihre Intoleranz dem Vorwurf aus, daß sie die Musik der Zukunft zu einem stehenden Modeartikel der Gegenwart machen möchten.

„Was nun Beethoven betrifft, so entspringen die unrichtigen Urtheile über seine Werke aus dem Irrthume, in dem sich noch Viele in Bezug auf sein Leben und Streben befinden. Er war nicht der verkannte, verfolgte arme, nothleidende Mann, als den ihn französische und deutsche Romanfabrikanten darstellten,*) sondern hochge-

---

*) In einem Beethoven-Album, das zur Zeit der Errichtung der Statue Beethoven's in Bonn, also im Momente der höchsten Feier, erschienen ist, wird erzählt, daß er eines Tages von Mödling nach Wien zu Fuße gegangen, auf dem Wege vom Regen überrascht worden sei, und in einem fremden Hause um Obdach nachgesucht habe. Dort sieht er den Hausherrn am Klaviere sitzend mit seinen Söhnen, die ihn auf Streichinstrumenten begleiten, ein Quartett aufführen, aber er hört keinen Ton, er sieht blos die höchste Begeisterung, die sich von den Mienen der Ausführenden abspiegelt. Nachdem sie geendet haben, nimmt er das Tonstück von dem Klavierpulte; es ist seine A — Dur Symphonie; er gibt sich zu erkennen, stürzt aus dem Hause, irrt die Nacht im Regen umher, und zieht sich die Krankheit zu, die sein Leben endete.

I. 6

ehrt und berühmt in Deutschland wie in England; er erhielt von den Höchststehenden aller Länder Beweise aufrichtiger Verehrung und Bewunderung, und diese Verehrung ist, wenn wir die gesellschaftlichen Verhältnisse seiner Zeit in's Auge fassen, bei seinem bekannten rücksichtslosen Unabhängigkeitssinn, seinem Trübsinn und seiner Schroffheit — Folgen eines unglücklichen Gesundheitszustandes — höher anzuschlagen, als der Modecultus der Jetztzeit. Wenn Beethoven's Werke jetzt verbreiteter, bekannter sind, so liegt dies in der bereits dargelegten Ursache, dem langsameren und schwierigeren Wege, den jede bedeutendere Tonschöpfung zu wandeln hat, andererseits aber auch in dem Ueberhandnehmen des Dilettantismus. Es gab zu Beethoven's Lebzeiten noch nicht so viele Leute, die sich einbildeten, seine Sonaten spielen zu können; es gab dafür auch noch keine Compositionen „une fleur pour elle, Toujours Toi, Pourquoi si triste," denen gegenüber die Vertreter der sogenannten frivolen Richtung jener Zeit Classiker genannt werden müssen: denn Herz und Kalkbrenner e tutti quanti hatten doch gründliche Studien gemacht, componirten neben ihren Variationen und Phantasien auch Sonaten und Concerte, verstanden es, effektvoll, ja manchmal sogar mit Geschmack zu instrumentiren; unseren Saloncomponisten aber wäre es eben so leicht möglich, eine Partitur zu setzen, als ägyptische Hieroglyphen zu entziffern.

„Was nun diejenigen Werke Beethoven's betrifft, die von den Zukunftmusikern als Grundstein ihres Systems bezeichnet und zu endlosen philosophischen Abhandlungen benutzt werden, so sind diese Schöpfungen großartige Entwürfe, in denen der Gedanke, die Conception die Form überragt; sie waren schon vom Momente ihres Erscheinens Gegenstand der verschiedensten Auslegung, waren damals vielen unverständlich, sind es auch ganz gewiß heute noch vielen, die sich ganz entzückt darüber gebehrden, und werden immer den Stoff liefern zu Controversen zwischen jenen, welche die höchste Schönheit der Tonkunst im Tonlichen suchen, und jenen, welche die Musik über das Musikalische hinaus in das Reich der Begriffe führen wollen. Caeterum censeo: es giebt entweder keinen Zukunftmusiker oder ein jeder bedeutende Tondichter ist ein solcher!"

„Sie sprachen so eben von dem langsamen Verständnisse des Publikums für ein Kunstwerk," meinte der Akademiker; „wie erklären Sie dann den schnellen, unmittelbaren Erfolg Rossinischer, Bellinischer und Auber'scher Opern gegenüber denen Mozart's und Cherubini's?"

„Sehr leicht!" entgegnete Horst, „erstens aus dem Standpunkte des Kunstwerks, dann aus der Form, endlich aus der Bildungsstufe des Publikums. Man kann die meisten Auber'schen, Rossini'schen und Bellini'schen Opern doch nicht als Kunstwerke bezeichnen, wenn sie auch schöne Einzelheiten enthalten. Und wenn ich durch eine große Gallerie gehe, in der einige interessante Bilder hängen, oder ein Schauspiel sehe, welches einige effectvolle Scenen bietet, so wird wohl der erste Besuch

6*

zu einem, wenn auch nicht vollständigen, doch richtigen Verständnisse hinreichen. Wenn nun gar die interessanten Gemälde leichte Genrebilder sind, oder das Drama ein nur mit Geschick angelegtes Effectstück ist, so wird dieses Verständniß ebenso ohne große Aufmerksamkeit erreichbar sein, wie jenes der Auber'schen und vieler italienischen Opern mit ihren leicht faßlichen Melodien und Rhythmen. Endlich ist die Bildungsstufe des Publikums, welchem die Tonwerke zuerst vorgeführt werden, wohl in's Auge zu fassen. Der Erfolg der Rossinischen Opern ist von einem andern Standpunkte zu beurtheilen und zu erklären, als jener der Auber'schen und der späteren italienischen. Das Publikum, für welches die Semiramis und Mosé, der Barbier und Othello geschrieben wurde, hatte theilweise noch die Traditionen Cimarosa's und Pansiello's inne; sie hörten noch Durante's und Lotti's Chöre in den Kirchen; die Sänger jener Zeit waren Künstler in der vollen Bedeutung des Wortes; Werke, wie die eben genannten, gelangten also ziemlich schnell zur Geltung. Verfolgen wir die Entwickelung der Oper in Italien, so finden wir, daß schon die Norma Bellini's den Mailändern im Anfange schwer verständlich war, dagegen ihre größten Erfolge in Deutschland und Frankreich feierte. Den modernen Italienern endlich und ihren Schreihälsen, sind die Verdi'schen Gemeinheiten allein zugänglich; die Rossini'schen und Donizetti'schen Motive werden nur mehr als Kirchenmusik verwendet.

„So geht es auch mit den Auber'scher Opern; die

zuletzt componirten zeigen bei weitem nicht mehr dieselbe Sorgfalt der Ausarbeitung, die künstlerische Behandlung des Orchesters und der Stimmen, durch welche der Componist sich in den früheren Opern auszeichnete, wenn auch, wie schon gesagt, überhaupt keine derselben als ein Kunstwerk genannt werden darf. Je tiefer der Kunstgeschmack eines Publikums sinkt, um desto leichtere Formen verlangt es. Ein eifriger Besucher des Gymnase- und des Vaudeville-Theaters wird eine Corneille'sche Tragödie oder gar ein Shakespeare'sches Drama ebenso schwer fassen, als ein Verehrer der jetzigen Salon- und Opernmusik Gefallen an geistreichen Tonwerken finden wird. Es wird überhaupt über Musik viel zu leichtfertig abgeurtheilt. Während viele gebildete Leute jeder andern Kunst eine gewisse Aufmerksamkeit und Sammlung widmen, soll gerade die Tonkunst, die in der Form schwerste von allen ihnen bloßen Zeitvertreib gewähren. Die Pflicht der Künstler ist es, solche Ansichten zu bekämpfen." Mit diesen Worten empfahl er sich.

An dem Thore traf er mit dem Referenten des Modejournals zusammen. „Ich habe," begann dieser, „Ihrer geistreichen Deduction mit großem Vergnügen im Nebenzimmer gelauscht, und würde Ihnen sehr verbunden sein, wenn Sie mir die Grundzüge Ihrer Theorie schriftlich mittheilen wollten. Es ist meine Absicht, in den nächsten Tagen einen Artikel über diese Frage zu veröffentlichen, und ich werde Ihre Mittheilungen als Grundlage benützen." Horst, der sich sehr geschmeichelt

fühlte, versprach es, ohne zu bedenken, welche Inconse=
quenz er beging, indem er einem geistvollen aber unwis=
senden und gewissenlosen französischen Kritiker Anhalts=
punkte zur Besprechung einer der wichtigsten Kunstfragen
lieferte, und ohne die Folge zu ahnen, welche die Erfül=
lung seines Versprechens für seine Concerte in Paris
nach sich ziehen sollte. Fröhlich eilte er nach Hause in
der festen Ueberzeugung, an diesem Abende Ersprießliches
geleistet zu haben für das richtige Verständniß seiner
Kunst und zur Aufklärung verworrener Ansichten. Hätte
er auch nur ein einziges der Urtheile vernommen, die
unmittelbar nach seiner Entfernung aus dem Hause der
Fürstin Barasimoff über ihn gefällt wurden, er würde
vielleicht eben durch den beschämenden Contrast, in welchem
diese zu seiner Einbildung standen, zu großer Vorsicht für
die Zukunft angeregt worden sein. Aber seine Eitelkeit ward
noch am selben Abend in fataler Weise genährt. Während
seiner Abwesenheit war ein Schreiben der Gräfin Rohden
angelangt, worin sie ihn für den nächstfolgenden Abend
zu einer kleinen „intimen" musikalischen Soiree lud; und
es erschien ihm als eine günstige Vorbedeutung für sein
künstlerisches Wirken, daß, nachdem er in einem musika=
lischen Salon der Oberflächlichkeit und dem Irrthume in
Bezug auf die Prinzipien der Zukunftmusiker entgegen=
getreten war, er vielleicht schon in den nächsten vierund=
zwanzig Stunden einen Kampf gegen Eigendünkel und
Intoleranz der Classicisten zu bestehen haben werde.

 Wohl jeder ausübende Tonkünstler geräth in Gesell=

schaft von Dilettanten, die sich vorzugsweise mit klassischer Musik beschäftigen, in ein unangenehmes Dilemma. Er bekommt entweder nur jene allbekannten und leichteren Compositionen der großen Meister zu hören, die er während seiner Studienjahre zu hundertmalen ausführen mußte, und von denen er seither überall verfolgt wird — denn welches pianisirende Fräulein spielt nicht die sonate pathétique und das C-moll trio Beethoven's und Mendelsohn'sche Cappriccios? — oder die Dilettanten glauben ihm eine besondere Ueberraschung zu bereiten, und eine hohe Idee ihres Strebens beizubringen, wenn sie die schwersten und combinirtesten Tonstücke ausführen, für die ihnen, mit den seltensten Ausnahmen, ebensowohl das Verständniß als die nothwendige Technik fehlen. Es ist eine eigenthümliche Erscheinung, daß die angenehmen Talente unter den Dilettanten immer mehr und mehr verschwinden. Natürlicher, empfindungsreicher Vortrag einfacher und gediegener Stücke ist jetzt fast mehr noch bei den Leuten vom Fache, als bei den Dilettanten zu suchen, und es war der Hauptgrund des großen Erfolges eines talentvollen und tüchtig gebildeten Pianisten, Schulhoff, daß er in einem Momente, wo die Dilettanten das Schwerste, das nur der Künstler wählen darf und soll, vortrugen, den größten Effekt durch Stücke zu erzielen suchte, die jeder Dilettant bewältigen kann.

Mit derartigen Betrachtungen begab sich Horst in die intime Soirée der Gräfin Rohden. Dort waren meistens nur solche Personen geladen, die Begeisterung und Verständniß für klassische Musik hegten oder heuchelten. Zwei alte Herzoginnen aus dem Faubourg St. Germain mit ihren Töchtern und Nichten, ein deutscher Gesandte mit seiner Gemahlin, einige ehemalige Minister und Staatsräthe des Königs Louis Philipp, ein ehemaliger legitimirter Dichter, ein berühmter katholischer Prediger, zwei Kritiker, Mitarbeiter der „ernsthaften und loyalen" Journale, zwei berühmte Professoren des Pariser conservatoire, endlich einige besonders glänzend empfohlene fremde Herren, die Horst schon am vorhergehenden Abende bei der Fürstin Varasimoff erblickt hatte, bildeten die Gesellschaft, die für eine „soirée intime" doch etwas zahlreich war. Erst später erfuhr Horst, daß diese Bezeichnung, ohne Bezug auf die Anzahl der Anwesenden, solchen musikalischen Zusammenkünften galt, in denen die Gräfin, dem Dringen ihrer Verehrer nachgebend, sich allein hören ließ.

In der eben beschriebenen Gesellschaft herrschte noch der sogenannte beste Ton aus der sogenannten guten alten Zeit; man beobachtete gegenseitig die größte Höflichkeit, theilweise selbst die Rangunterschiede und die Vorrechte des älteren Adels; man ließ die Worte von den Lippen fallen, theilte sich in Gruppen; man vermied jedes Gespräch über Tagesfragen und that, als ob gewisse Ereignisse, welche die Verhältnisse Europa's umgestaltet hatten, gar nicht vorgekommen wären; man achtete die Künste insofern, als Mons. de Chateaubriand und Mons. de Lamartine Bücher geschrieben hatten, Sa Majesté le Roi Louis XVIII. selbst den Horaz las, und Madame la

Comtesse de Rohden eine pianiste du premier ordre war. In Deutschland, wo derartiger Ton und derartige Maximen bei der hohen Adelsgesellschaft noch überall vorherrschend zu finden sind, hätte Horst sie so lächerlich gefunden, als sie es in der That sind; in Frankreich-Paris aber, wo zwar die Tonkunst nicht ihres ästhetischen Werthes wegen geehrt, der Künstler selbst aber als Mann von Talent geschätzt und wohl aufgenommen ist, wo die große Menge der Konkurrenten einen jeden zwingt, auch seine Persönlichkeit geltend zu machen, — wo jede Gelegenheit zum Geistreichthun begierig ergriffen wird, waren unserem Freunde die ruhige gemessene Haltung der Gäste der Gräfin Rohden, der kühle vornehme Ton, und selbst der Umstand, daß er dort einmal als Gast und nicht als Konkurrent figurirte, eine so angenehme Abwechslung, daß er darüber im Anfange gar nicht merkte, wie er doch mehr tolerirt als beachtet wurde. Die Illusion sollte jedoch nicht lange dauern.

Die Hausfrau trug, im Vereine mit den beiden Professoren und Conservatoren, zwei Trios von Beethoven und Mendelsohn, endlich eine der schwierigsten Sonaten des erstern allein vor. Daß alle Anwesenden bei jedem Tonstücke sich im ungemessensten Lobe ergingen, schien Horst sehr natürlich; er kannte die Dilettantengesellschaften zu gut, um etwas anderes zu erwarten; er wußte, daß die meisten Kritiker, welche dem tüchtigsten Künstler gegenüber am strengsten sind, hochgeborne Dilettanten, die ihnen eine Tasse Thee reichen, in Wort und Schrift preisen. Auch war das Talent der Gräfin ein bedeutendes, dem der ausübende Künstler Anerkennung zollen mußte. Ueberraschend und indignirend war für ihn nur das Gebahren der beiden Professoren, welche sich, gegenüber den unvollkommenen Leistungen, als die begeistertsten Verehrer und lautesten Bewunderer der Frau Gräfin herausstellten, von welchen der eine sogar hervorhob, daß die Dame das schwierige Trio Beethoven's ohne Probe vorgetragen hatte. Da gerade bei diesem Trio das Zusammenspiel ein immerwährend schwankendes gewesen, so dünkte es Horst, daß das Nichtprobiren, in welchem Nachlässigkeit und Anmaßung lag, eher zu verschweigen, als hervorzuheben wäre, besonders von einem Fachkünstler, der, berühmt und unabhängig, der eigenen Ueberzeugung nicht so gewaltigen Zwang anthun durfte. Er drückte diese seine Meinung gegenüber den Professoren gesprächsweise aus, und entgegnete auf die Bemerkung: daß die strenge Kunstkritik bei einer hochgebornen Dame, der man Achtung und Höflichkeit schulde, nicht anwendbar sei, — mehr witzig als klug, daß die Achtung die künstlerische Pflicht nicht ausschließe, und daß auch die höchstgestellte Dame den Rath eines großen Künstlers gewiß nicht abweisen wird, wenn er ihr denselben während der nothwendigen Probe eines bedeutenden und schwierigen Tonwerks ertheilt. „Mon cher monsieur" meinte der Franzose, „ich will nicht prüfen, in wie weit Ihre Principien philosophisch richtig sind oder nicht, und ob man sich mit der Philosophie eine Stellung als Klavierspieler erringen kann; aber das kann ich Ihnen sagen, daß Sie bei uns damit nicht reussiren werden."

Horst war auf dem Punkte, in gleichem Tone zu antworten und dem Franzosen zu beweisen, daß er die Satyre ebenso gut zu handhaben verstünde, wie irgend einer; als die Gräfin Rohden mit einer schönen, jungen Dame herantrat. „Ich bitte um Verzeihung," meinte sie verbindlich, „wenn ich ein gewiß sehr interessantes Kunstgespräch unterbreche, aber mir ist darum zu thun, daß Herr Horst das Fräulein hier bekehre, die für Zukunftmusik schwärmt, für Wagner und Consorten.

„Unser Freund Ewalt, den wir alle bewundern und lieben, und der nur den einzigen Fehler hat, daß er sich von dieser affrösen Schule gewinnen ließ, hat vor einiger Zeit mit dieser jungen Dame musicirt, und seither studirt sie nichts als die Werke von Wagner, Schumann und wie die Herren noch heißen mögen. Sagen Sie ihr doch, Monsieur Horst, daß, wenn diese Musik zum Durchbruche gelangte, jede wahre klassische Musik beseitigt werden würde; mir glaubt sie nicht; nun möge sie es aus dem Munde eines großen Künstlers vernehmen."

Es konnte für Horst keine unglücklichere Constellation geben, als der Moment dieser Frage, und die Personen, von denen sie ausging. Er war gereizt durch das Gespräch mit dem Professor; er hegte gegen das junge schöne Fräulein, das er bekehren sollte, eine besondere Abneigung, deren Grund wir später noch genau darlegen werden. Die Art, wie Frau v. Rohden von R. Wagner und Schumann sprach, wie sie diese beiden Namen in einen Begriff zusammenfaßte, verdroß ihn, und er antwortete sarkastisch lächelnd: „ich muß bedauern, daß ich für das Bekehrungswerk wenig passend bin; wenn mir auch die Principien der Zukunftmusiker — zu denen übrigens Schumann gar nicht gehört — in manchen Theilen verwerflich scheinen, so muß ich dagegen der Musik ihres Hauptes Wagner außerordentliche Schönheiten zugestehen. Auch darf ich es nicht tadeln, wenn man nicht bloß die sogenannten Classiker, deren festgegründeter Ruf schon im Vorhinein von jedem Selbstbeurtheilen emancipirt, immer studirt, sondern auch den vortrefflichen Componisten der Jetztzeit einige Aufmerksamkeit widmet. Der Begriff „klassisch" ist überhaupt in der Musik, wo die Formen, daher auch die Begriffe von der Schönheit immer wechseln, fast gar nicht festzustellen; es ist da gar nichts stabil zu nennen, als der Contrapunkt. Alles Andere ist den unglaublichsten Veränderungen unterworfen. In einer Motette Haydn's: „des Staubes eitle Sorgen" (vane ed insane cure) intoniren die Posaunen manchmal Akkorde, die dem Lohengrin entnommen zu sein scheinen, und manche Chöre der Iphigenie auf Tauris, dieser par excellence klassischen Oper, sind instrumentirt, daß man sie Berlioz zuschreiben dürfte. Gegenüber den Quartetten Haydn's ist das Quintett in d von Mozart reine Zukunftmusik; es enthält im Adagio ganz Chopin'sche Harmonien. Das Urwesen der Musik ist das Romantische; der Begriff „klassische Musik" ist zugleich ein unendlich enger und unendlich weiter; entweder man muß zugestehen, daß das Adagio aus der „Romeo und Julie=Symphonien von Berlioz, das Scherzo, der „Fee Mab," in ihrer Art klassisch zu nennen sind, oder daß diese Bezeichnung nur den Motetten von Palestrina beizulegen sei."

„Monsieur Horst ist wohl ein Parteigänger des Monsieur Liszt," meinte eine alte Marquise, Schülerin Thalberg's, die mit Anderen während der Discussion herangekommen war.

„Ich bin Niemandes Parteigänger," entgegnete Horst etwas piquirt, „ich anerkenne nur das Schöne, wo ich es finde, und glaube eben nicht, daß es nur mit gewissen alten Namen verbunden sei. Ich halte, übereinstimmend mit allen wahren Musikern, Liszt für das reichste, umfassendste Genie in der ausführenden Musik, das jetzt existirt und wahrscheinlich je existirt haben wird."

„Ich habe Monsieur Liszt einmal spielen hören," meinte die Marquise, mehr zur Gräfin Rohden gewendet, als Horst antwortend, „und muß gestehen, etwas detestableres ist mir nicht vorgekommen."

„Das ist leicht möglich," unterbrach sie Horst, „Liszt hat unglückliche Tage genug gehabt; die Frau Marquise können auch eine Reise in die Alpen unternommen und trübes Wetter gefunden haben, während zur selben Zeit die Gärten von Versailles und St. Cloud in vollster Schönheit prangten; das beweist jedoch nicht, daß die Aussicht vom Rigi überhaupt unschön, und jene Gärten nicht eine Reihe von zierlich, aber ohne jeden Kunstgeschmack angelegten Alleen und Blumenbeeten seien."

Die Marquise war vor Entrüstung sprachlos; ein homme de rien, ein Klavierspieler, wagte es, den Namen St. Cloud, des Ortes, von wo der letzte rechtmäßige König Frankreichs vor der Rebellion fliehen mußte, so weit herabzuwürdigen, daß er ihn in einem Gleichnisse von den Alpen und dem Klavierspiele eines Liszt anbrachte! Sie wandte sich ab; einer der Kritiker glaubte in wohlwollender Absicht für Horst, ihm einen kleinen Wink geben zu müssen, wie er wenigstens die anderen Glieder der Gesellschaft mit seiner schroffen, ungebundenen Art der Meinungsäußerung versöhnen könne. „Sie werden doch eingestehen," begann er, „daß Liszt viele Extravaganzen beging, die auch Sie selbst nicht entschuldigen können."

„Gewiß werde ich dies zugestehen," entgegnete der Gefragte, „nur werde ich dabei auch zugleich die Behauptung aufstellen, daß die Hauptschuld nicht auf Liszt fällt, sondern daß die Extravaganzen auf der Seite des Publikums begonnen haben, und ihn wohl so zu sagen mitreißen mochten; wir wissen auch alle, daß Manches, was Liszt heute wohl selbst ungeschehen wünschte, nicht wenig zu seinen Erfolgen beigetragen hat; wir schämen uns des lärmenden Enthusiasmus, den wir während seiner Triumphzeit zur Schau trugen und beschuldigen nun den Triumphator; und das ist nicht ganz recht: denn wenn wir uns an einem feurigen Weine berauscht haben, und am folgenden Tage Unbehaglichkeiten spüren, so trägt nicht der Wein die Schuld, sondern das Uebermaß, das wir genossen haben."

Des Kritikers Miene verzog sich, als wenn man ihm Ammoniak unter die Nase gehalten hätte; er war zehn Jahre früher selbst einer der eifrigsten Lobpreiser Liszt's gewesen, und die Bemerkungen Horst's waren wohl geeignet, unangenehme Erinnerungen in ihm zu erwecken. Sein College, der von jeher als eifriger Anhänger Thalberg's gegen Liszt in Wort und Schrift gewirkt hatte, und sein Bewußtsein der Consequenz zur Schau trug, konnte sich einer leisen, aber bissigen Bemerkung nicht enthalten. "Der junge Mann hat nicht Unrecht," meinte er, "nur sollte er seine Urtheile nicht so rasch aussprechen, ohne vorher die Personen und ihre Antecedentien studirt zu haben." Die Hausfrau suchte endlich das Gespräch auf andere Gegenstände zu leiten; jedes weitere Musiciren ward aufgegeben, und Horst entfernte sich mit dem stolzen Bewußtsein, eine Lanze für deutsche Kunst und Künstler gegen französisches Vorurtheil und französische Anmaßung eingelegt zu haben.

Er war kaum eine Minute aus dem Hause, als sich die allgemeine Indignation gegen ihn Luft machte. Man nannte ihn anmaßend, insolent; die Professoren und die beiden Kritiker behaupteten, ein Mensch, der Wagner und Berlioz zu den bedeutenden Musikern rechne, könne gar keinen künstlerisch gebildeten Geschmack besitzen. Die Herren, die am Abende vorher bei der Gräfin Varasimoff Zeugen der Discussion über die Zukunftmusiker gewesen waren, erzählten, daß Horst dort das angegriffen, was er soeben gepriesen hatte; wir wissen nicht, ob sie hierbei absichtlich verschwiegen, daß er durchaus keiner Inconsequenz beschuldigt werden konnte, oder ob ihnen hier wie dort der eigentliche Inhalt des Gesprächs nicht klar gewesen; aber ihre Aeußerung trug nicht wenig dazu bei, die Gesellschaft in dem vernichtenden Ausspruche zu bestärken: Horst sei ein Mensch, der nur dahin strebe, überall seinen Geist zu zeigen, dabei kein anderes Urtheil als das seinige gelten lasse, und jedermanns Neigungen und Gefühle durch Widerspruch fast absichtlich verletze. In derselben Weise sprach man auch bei der Gräfin Barasimoff von ihm; weder von ihr, noch von der Gräfin Rohden erhielt er mehr eine Einladung; in den Salons der Banquiers und Parvenü's ward er von Chladini und Anderen überflügelt, deren Wesen und immer gleiche Leistungen für den dort herrschenden Ton und Geschmack besser paßten. Einige wenige Familien, welche die Musik im Stillen pflegten, und nur einen kleinen Kreis aufrichtiger Kunstfreunde empfingen, anerkannten seine künstlerische Befähigung und sein uneigennütziges Streben. Einige unabhängige Musiker, die inmitten des allgemeinen Drängens und Schiebens ihren Weg gingen, und eine bescheidene, aber geehrte Stellung dem glänzenden Scheinruhme vorzogen, verkehrten gerne mit ihm, und waren ihm gewogen wegen seiner ausgebreiteten Kenntnisse und seiner aufrichtigen Begeisterung für die Kunst; aber dem eigentlichen

Ziele, der Gründung einer gesicherten Existenz, rückte er immer ferner, obwohl er sich auf dem besten Wege dahin glaubte; und unter solchen Auspicien traf er seine Anstalten, um in einem Concerte vor die Oeffentlichkeit zu treten!

6. Capitel.

Ewalt.

Indem wir nun die Aufmerksamkeit des Lesers auf unsern bisher so wenig beachteten Freund Ewalt lenken, müssen wir vor Allem Aufklärung geben, warum er in der letzten Zeit so still und unthätig lebte, und welches Band ihn an eine Stadt fesselte, in der er sich als Künstler so wenig heimisch fühlte.

Ewalt hatte seit einigen Jahren seinen Wohnsitz in einer norddeutschen Stadt aufgeschlagen. Einige wenige Concerte, die er veranstaltete, die Mitwirkung an anderen, die ihm glänzend honorirt wurde, und der mäßige Antheil einer Familienrente sicherten die bescheidene, anspruchslose selbstgewählte Existenz. Er lebte still und zurückgezogen, hochgeehrt von allen Künstlern, geschätzt und geliebt vom Publikum, selbst von den Großen gehätschelt und überhäuft mit Gunstbezeugungen, die er ruhig hinnahm, ohne sie je zu suchen. Alljährlich unternahm er einen Ausflug nach dem Süden. In den herr-

lichen Thälern des Oden- und Schwarzwaldes, an den
blühenden Ufern des Rheines, in der großartigen Stille
der Alpen und Schweizerseen schöpfte er frische Kraft
und Anregung zu den tief-ernsten Studien, denen er un-
ermüdet oblag. So kam er im Sommer 1852 nach
einem Städtchen am Rhein, das um seiner lieblichen
Lage und schönen Umgebung willen von jeher allen dich-
terischen Gemüthern theuer ist. Dort gedachte er einige
Tage zu verweilen und sich dann nach der Schweiz zu
begeben.

Eines Abends, vom längeren Spaziergange zu-
rückgekehrt, fühlte er sich besonders heiter und weich
gestimmt. Er trat ans Fester. Die Sonne war schon
hinter den Bergen untergegangen, aber die letzten schräg
fallenden Strahlen beleuchteten den Himmel, und spiegel-
ten sich in den Wellen des Rheines wieder, die eine Zeit
lang geschmolzenem Golde glichen, bis sie im Silber-
glanze des Mondes, der über der alten Ruine am jen-
seitigen Ufer aufstieg, zu glitzern begannen. Immer tiefer
ward das Blau des Himmels, immer heiterer und milder
die Luft; in Ewalt's Herzen erwachte jenes unbeschreibliche Gefühl, das unendliche Sehnen, dem nur die Musik
Sprache verleiht; er nahm die Violine zur Hand, und
begann zu präludiren; doch hielt er bald inne und schien
nachzudenken; ihn störte der Gedanke, daß er in einem
Gasthof wohnte; und es war ihm von jeher unbehaglich,
in einem Hause zu musiziren, wo die verschiedenartigsten
Leute aus- und eingingen, viele sich nach dem Violin-

spieler erkundigten und ihn dann bei Tische anglotzten, wo er sich nie ruhig und ungestört ergehen konnte; weßhalb er auch überall, wo er sich lange aufhielt, sogleich die entlegensten Privatwohnungen aufsuchte. Doch ringsumher war Alles stille, die beiden englischen Familien die im ersten Stockwerke unter ihm wohnten, hatte er am Morgen abfahren gesehen; die Bonner Corpsburschen die einige Zimmer in seiner Nähe inne hatten, waren gewiß noch auf einer Partie begriffen, sie hätten sonst ihre Anwesenheit schon bemerkbar gemacht; auf dem Gange herrschte Dunkelheit und vollkommene Ruhe; der Künstler mochte sich in jenem Augenblicke ganz allein im Hause wähnen; er erhob wieder sein Instrument, und ließ der Phantasie freien Schwung.

In langsamen weitausgreifenden Akkorden begann er den Choral: „Nun ruhen alle Wälder;" dann versuchte er denselben in figurirtem Satze zu variiren, leitete eine gebundene Phrase durch alle Register des Instrumentes und ließ das Hauptthema immer durchleuchten; bald schwebte es oben in den höchsten Tönen, bald schritt es auf der G-Saite mächtig einher, während der Bogen des Meisters die wundersamsten Arabesken darüber zeichnete. In würdigster Weise beschloß er diesen ersten Aufschwung mit einer jener Bach'schen Violinfugen, in denen der große Cantor sich das Denkmal der Unsterblichkeit selbst errichtet hat. Nach einer kurzen Pause begann Ewalt von neuem; diesmal war es ein österreichisches Liedchen, das er spielte, eine jener träumerisch-heiteren Weisen, wie sie in den Gebirgen, die sich vom Wienerwald gegen die niedersteyerischen und kärnthnerischen Alpen ziehen, so oft des Abends aus der Sennerhütte von der Cither erklingen und das Herz des Wanderers erfreuen, ihn aber auch zu gleicher Zeit die Mode verwünschen lassen, durch welche diese einfachen freundlichen Melodien in die schillernden Wiener und Münchner Salons verpflanzt wurden, wo sie ebenso wenig hinpassen, wie das Veilchen auf eine Atlasrobe. Aber wie Ewalt sie vortrug, so mild, so heiter, so rein, wie er sie durch einfache, anspruchslose und doch von der höchsten Kunst zeugende Passagen, die alle aus dem Thema selbst flossen, verband, mochten sie die Bewunderung auch des Alpenbewohners erregt und ihm gezeigt haben, daß der echte Tonkünstler in jeder Musik das Wahre zu finden weiß. Durch eine Verkettung der Ideen mochte Ewalt sich an die vielen verschiedenen Nationalitäten des österreichischen Kaiserstaates erinnern, er ging auf das Venetianische: „la biondin' in gondoletta" über, wobei er die Begleitung mandolinenartig im Pizzicato anzubringen wußte. Auch einen jener schwermüthigen, tiefleidenschaftlichen magyarischen Nationalgesänge begann er, die mit ihrem seltsamen Rhythmus und den originellen harmonischen Wendungen schon oft das Interesse der bedeutendsten Musiker erweckten; doch zuletzt mochte er kein Gefallen mehr finden an dem Spiele mit diesen leichteren Dingen, die er sich nur in der Erinnerung an das Vaterland vergegenwärtigt hatte; er brach plötzlich ab, und intonirte ein Paganini'sches Caprice. Unter diesem Titel schrieb einst der Genueser, dessen Zauberbogen jahrelang die unbestrittene Herrschaft über die Gemüther ausübte, vierundzwanzig Phantasiestücke, die noch heute der Probirstein aller Violinvirtuosen sind, die unvergleichlich genannt werden können in ihrer kühnen, wilden Originalität, in Combination der höchsten Schwierigkeiten. Obwohl die künstlerische Richtung Ewalt's eine ganz andere war, als die von Paganini angeregte, so hatte er doch dem Studium jener Capricen immer den größten Fleiß gewidmet; eines derselben regte ihn besonders an, und dieses spielte er nun mit dem vollen Kraftaufwande, gleichsam um den Contrast mit den eben verlassenen, weichlicheren Melodien recht hervortreten zu lassen. Wie von einem elektrischen Fluidum hervorgezaubert, sprangen die Töne aus den Saiten, immer mächtiger, immer voller, immer seltsamer klingend; von der schwindelnden Höhe der drei- und viergestrichenen Octave lachten sie in Trillern herab, stürzten in rasender Schnelle über Abhänge chromatischer Läufe und Pizzicati nach den tiefsten Stellen zu, um gleich darauf in gebrochenen Accorden den höchsten Punkt zu erklimmen, der auf dem Notensysteme der Geige zu erreichen ist. Unwillkürlich mitgerissen von dem Genius, merkte Ewalt gar nicht, daß er das Tonstück schon lange nicht mehr so spielte, wie es der Componist geschrieben, daß er andere harmonische Wendungen gebrauchte, seine eigenen Melodien unterwebte, daß er eigentlich über das Phantasiestück phantasirte; doch bald setzte er willkürlich fort, was er unbewußt begonnen hatte. Mitten in den kühnsten Passagen nahm er das Thema vom Finale des Beethoven'schen A-moll Quartetts auf, führte es in allen contrapunktischen Sätzen, die das Instrument erlaubte, durch, kehrte durch eine Kadenz zu dem Paganini'schen Caprice zurück, um wieder nach anderen Melodien abzuschweifen; die Geige wuchs zur Harfe empor, der Virtuose wurde zum Barden; draußen erhob sich ein Wind, die Bäume begannen zu rauschen, ein Gewitter schien im Anzuge; röthlicher Schein umzog den Mond, dunkle Gestalten huschten an dem Fenster vorüber; waren es Wolkenschatten oder die lange gebannten Nixen des Rheines, von des Musikers Klängen wieder heraufgerufen? Immer wilder und mächtiger klang sein Spiel; es war ihm selbst, als ob ein unheimlicher Zauber sich seiner bemächtigt hätte, den er bannen mußte; und mitten in einem brausenden Tremolando, durch welches hin und wieder Accordenblitze schossen, suchte er den dämonischen Charakter der Improvisation zu mildern, durch sanftere Töne die eigene Angst des Herzens zu beschwichtigen. Leiser und leiser ließ er die Saiten klingen, das Tremolando wurde zum Geflüster; und als ob sein Bogen wirklich ein Zauberstab wäre, dem die Natur gehorchte, so zog auch das Gewitter draußen vorüber, der Wind legte sich, die dunklen Wolken flogen dem fernen Orte zu, ein sanftes Lüftchen kräuselte die Wellen des Flusses, freundlich grüßte der Mond zum Fenster herein; eine wunderbare Ruhe kam in das

Herz des Künstlers; er war wieder sich selbst zurückgegeben. Für das herrliche Gefühl eines solchen Moments gab es keinen höheren Ausdruck, als eine Melodie Schubert's; und in die Seele unseres Freundes trat jenes vom Himmel gekommene Lied:

> „Du bist die Ruh,
> Der Friede mild,
> Die Sehnsucht du
> Und was sie stillt."

Oh, wie erklang erst jetzt das Instrument in seiner Hand! wie verklärte sich jetzt sein Antlitz! Er tauchte sein Gemüth in den reinen Quell jener unbeschreiblichen Melodie, sie zog ihn himmelan, und Thränen netzten sein Auge. Warum weinte er? War es vielleicht die Bedeutung des Liedes, die ihn ergriff? War es der Gedanke an eine ferne Geliebte, der ihn erfüllte? Nein! da war keine, an die er Liebesklänge senden konnte; noch war keine an ihm vorübergegangen, bei deren Anblick sein Herz schneller schlug, die seinen klaren Geist mit süßen Träumen verwirrte; noch tauchte kein Bild vor ihm auf, wenn er sich der Begeisterung hingab; noch mischten sich keine weiteren Gefühle in diese Begeisterung, als jene dunkeln, die im Herzen wunderbar schliefen, wie Schiller so schön sagt. Und doch sang er — spielte wäre ein unpassendes Wort — jenes Lied so herrlich, so vollendet, wie es vielleicht noch nie von einer menschlichen Stimme erklungen war, wie es kein Liebender reiner, mit tieferem Gefühl ahnen konnte, immer schöner, immer seliger klangen die leisen, leisen Töne — da plötzlich hält er inne und lauscht, er glaubt in seiner Nähe Accorde vernommen zu haben — doch es regt sich nichts, es war nur Täuschung, ein Spiel der aufgeregten Phantasie, das ihn umgaukelte; er beginnt von neuem, lauscht wieder, und läßt erstaunt die Violine sinken; diesmal war es nimmer Täuschung; er hatte Recht gehört! Im anstoßenden Zimmer, das gleich seinem ganz dunkel war, begleitete jemand sein Spiel auf dem Klaviere; doch kaum hatte er aufgehört, so verstummten auch die Accorde, und erst nach einer Weile, als er noch überrascht, verwirrt dasteht, zu träumen glaubt, erklingen von drüben die ersten Töne des Schubert'schen Liedes, fragend, auffordernd — er antwortet auf seinem Instrumente, und sogleich übernimmt der unsichtbare Musiker, wieder die bescheidene Rolle des Begleiters. Ewalt stimmt ein anderes Lied Schubert's an: „Sei mir gegrüßt," das Klavier schweigt einen Augenblick; er wiederholt die Melodie, und zu seiner großen Freude vernimmt er die richtige Begleitung des Thema, ja sie folgt ihm selbst in jeder seiner Nüancirungen, mit einem Eingehen auf jede einzelne im Momente selbst versuchte Betonung, mit einer Treue die nicht mehr dem Verständnisse, die nur der Sympathie entspringen kann. So geht es eine Weile fort. Bald wird von ihm ein Mendelsohn'sches Lied durch Andeutung verlangt, bald gelingt es ihm, irgend eines seiner Lieblingsthemen zu finden, dem der unsichtbare Begleiter folgen kann. Endlich erwacht der Wunsch in Ewalt, den geheimnißvollen Nachbarn irgend ein Stück allein vortragen zu hören, er gibt diesen Wunsch kund, indem er einige Takte eines Chopin'schen Nocturne's spielt, und siehe! man versteht ihn und willfahrt alsbald; man spielt nicht blos das Nocturne, das er angedeutet, sondern auch noch eines der schönsten, schwierigsten Präludien desselben Meisters. Er lauscht mit Entzücken. Es ist kein Zweifel, daß die Hand, welche über die Tasten gleitet, eine Frauenhand ist; Anschlag und Technik verrathen die Dilettantin; aber der Vortrag ist so mächtig, so rein und edel, wie ihn nur ein künstlerisch gebildetes Talent zu geben vermag. Er will schon ein leises Bravo! durch die Thüre rufen, da vernimmt er plötzlich eine sonore Männerstimme: „Nun, Cäcilie," sagt sie in französischer Sprache, genug der Musik; „es hat Mitternacht geschlagen, der Geiger wird schlafen gehen wollen, und ich will es wahrhaftig auch." Und mit lieblichem, hellem Silberklange antwortet Cäcilie: „Ich komme schon, lieber Vater." Dieser ruft einen Diener mit Licht herbei, das Klavier wird geschlossen; die Schritte verhallen, das Zimmer wird wieder dunkel, und Stille herrscht überall. Die Nacht ist herrlich; kein Lüftchen regt sich; die Jelänger-Jelieber-Laube, die Lilien und der Jasmin vor dem Hause erschließen ihre Kelche und versenden balsamische Düfte; spiegelglatt glänzt der Rhein; „tiefsten Ruhens Glück besiegelnd herrscht des Mondes volle Pracht." Träumerisch sinnend steht Ewalt am Fenster; er fühlt sich eigenthümlich bewegt; noch klingen die Töne, die er vernommen, in seiner Seele, dazwischen flüstert es: Cäcilie! So starrt er lange hinaus; erst mit dem grauenden Morgen geht er zu Bette.

„Es ist schon halb elf, Herr Ewalt. Der Schiffer, der Sie nach der Au zum Bade fährt, wartet seit mehreren Stunden; soll ich ihn wegsenden?" Mit diesen Worten weckte der vor der Thüre stehende dienstfertige Kellner den Schlafenden. Dieser, ebenso ärgerlich über den unwillkommenen Störer, als über sein eigenes langes Schlafen — nichts verstimmte ihn so sehr — sprang aus dem Bette, kleidete sich rasch an, und eilte nach dem Kahne. Eben aus dem tiefsten Schlummer emporgeschreckt, war er noch verwirrt und zerstreut; es fehlte wenig, daß er noch halb angekleidet in's Wasser gesprungen wäre. Der alte Schiffer, gewohnt, seinen jungen Gast immer ruhig und heiter zu sehen, konnte kaum sein Erstaunen über dessen heutiges verwunderliches Wesen unterdrücken. „Ist halt ein verrückter Musikant," dachte er kopfschüttelnd. Ewalt gewann jedoch bald seine ganze Fassung wieder. Das Bad wirkte erquickend und belebend auf die abgespannten Nerven, sein kräftiger Körper verlangte nach der verspäteten Morgenkost; rüstigen Schrittes eilte er dem Gasthofe zu. In dem Augenblicke, als er unter dem Thore anlangte, kam ein sehr vornehm aussehender, im reifen Mannesalter stehender Herr über die Stiege herab; an seinem Arme führte er eine etwas jüngere, eben so vornehme, aber doch freundlich blickende Dame, hinter ihm folgten zwei Diener in Livree, mit Koffern und

Schachteln. Alle Aufwärter waren unten versammelt, der Wirth sprang hervor, sprach den Herrn in französischer Sprache mit „Excellenz" an, und empfahl sich mit vielen Bücklingen. Ewald wandte sich nach dem Speisesaale, da hörte er die Worte: „Eh bien, Cäcilie, kommst du;" und die liebe, süße Stimme von gestern antwortete: „Ich komme schon, lieber Vater, ich hatte nur meine Schlüssel auf dem Piano vergessen." Unser Freund trat einen Schritt vor, und erblickte eine feine, anmuthige Gestalt, ein nicht regelmäßig schönes, doch unendlich liebreizendes, jugendliches Gesicht, auf dessen kleinem Mund Schalkhaftigkeit und Grazie thronte, aus dessen hellen, klaren, braunen Augen Geist und Gemüth sprachen, das noch ganz den reinen Ausdruck der sorglosen, glücklichen Jugendheiterkeit zeigte; so schwebt sie vorüber und ahnte nicht, daß der bescheidene, einfache, fast nachlässig gekleidete junge Mann, der da, inmitten der Dienerschaft stehend, sie entzückt anstarrte, der Künstler war, dessen Tönen sie am Abende vorher lauschte und folgte, ahnte nicht, daß sie in diesem Augenblicke einem reinen Herzen ihr Bild für immer in unauslöschlichen Zügen einprägte. Er aber ging in sein Zimmer und blickte ihr vom Fenster nach; er sah, wie das eben landende Dampfboot sie aufnahm, dann vom Ufer stieß, einen Bogen auf dem Flusse beschrieb, und hinter der Au verschwand; er starrte nach dem Rauche, der eine Zeit lang aus der Ferne herüberzog; bald war auch das letzte Zeichen nicht mehr sichtbar. Ein tiefer Seufzer entrang sich seiner Brust. —

Sie ist vornehm, reich und schön, sprach er vor sich hin; und ich —? es ist besser, daß ich ihren Namen nicht kenne, nicht darnach frage." Er vermied jede Begegnung mit dem redseligen Wirthe, speiste auf dem Zimmer, blieb bei allen Anspielungen des Aufwärters, dem die Zunge zu brennen schien, einsilbig und gleichgiltig. Noch am selben Tage reiste er ohne Aufenthalt nach der Schweiz; doch die herrlichsten Naturschönheiten ließen ihn kalt, theilnahmlos; ihn erfüllte Ein Gedanke, Ein Bild: Cäcilie; — wo er hin blickte, tauchte sie vor ihm auf, des Nachts erwachte er und glaubte die Töne ihres Piano's zu vernehmen; des Morgens erschien sie in seinem Gedächtnisse, wo sie in blühender Schönheit, Elfen gleich, dem Rheine zuschwebte; er entfloh nach Norddeutschland zurück, um dort inmitten der ernstesten, angestrengtesten Studien Zerstreuung zu finden — um zu vergessen.

7. Capitel.

Ewalt in Paris.

Acht Monate waren seitdem vorübergegangen. Ewalt mochte sich geheilt glauben; es war ihm nach qualvollen Kämpfen, nach schlaflosen Nächten und ruhelosen Tagen endlich gelungen, seinen Beschäftigungen regelmäßig nachzugehen. Aber seinen Freunden blieb die Veränderung in seinem ganzen Wesen, sein Trübsinn, seine Verschlossenheit, die tiefe Leidenschaftlichkeit, die sein Vortrag in manchen Momenten kundgab, nicht unbemerkt. Sie drängten ihn, eine größere Kunstreise zu unternehmen, seine Jugend zu benützen, seinen Ruf nach fremden Ländern zu tragen, seine eigenen Kenntnisse zu bereichern; und er selbst fühlte, daß das bewegte Leben einer großen Stadt und eine weiterausgreifende Thätigkeit in seiner Kunst, als sie der Aufenthalt in seinem Wohnorte und in den deutschen Städten überhaupt erlaubte, ihm wohlthätig sein würde. So kam er nach Paris, in der Absicht, dort den Winter über zu verweilen, und sich dann nach London zu begeben.

Im Anfange übte das Treiben und Leben der Seinestadt dieselbe eigenthümlich aufregende Wirkung auf ihn aus, der sich wohl keiner bei einem ersten Besuche erwehren kann.

Wie in einem Kaleidoscop durch jede Bewegung neue farbenschillernde Figuren erzeugt werden, ohne daß das Auge jedoch eine bestimmte Form erfassen kann, so auch bietet das Leben in Paris dem Geiste immer wechselnde neue Anregung ohne bestimmte Richtung. Ewalt gestand es später selbst, daß er in Paris fleißiger geübt, mehr Sorgfalt auf die Einzelheiten in der Ausführung verwandt habe, als in Deutschland, wo er über den tieferen Studien seiner Kunst das virtuose Element weniger beachtete. Die enthusiastische Aufnahme, die ihm bei seinem ersten Auftreten von einem Publikum zu Theil wurde, das er als frivol ansah und fürchtete, dieses aufflammende

Entzücken, die nicht enden wollenden Beifallsrufe über=
raschten ihn; der ungezwungene, leichte und feine Ton,
das freundliche Entgegenkommen der französischen Künst=
ler, das schnelle Bekanntwerden mit den bedeutendsten
Männern aller Kategorien, und die bezaubernde Liebens=
würdigkeit und Lebendigkeit, die anregende, geistreiche Unter=
haltung der französischen Damen, ihre Achtung und Auf=
merksamkeit für Künstler, waren ihm, dem an norddeutsche
Ruhe und strenge Sonderung der Kasten gewöhnten,
ganz neu.

Doch auf die Länge konnte ihn das Oberflächliche
solcher rein gesellschaftlichen Vortheile nicht täuschen. Er
gewahrte bald, daß man ihn als Curiosität betrachtete,
und mehr noch um seines eigenthümlichen Wesens willen
— die Franzosen bezeichneten es als „bizarr, aber ange=
nehm" — in Gesellschaft zog, als um seines Talentes
willen; daß die Künstler in Paris nicht nach ihrem
reellen Werthe, sondern nach ihrer Specialität, nach dem
Genre, das sie vertreten, eingetheilt und rangirt werden,
daß er dem Publikum und der Kritik als vortrefflicher
Geiger der ernsthaften Schule, aber darum nicht viel höher
galt, als der brillante Virtuose, Herr*, der in seinem
Carnaval von Mejico das Gezwitscher eines Kanarien=
vogels täuschend nachahmte. Er bemerkte, daß sein aus
tiefsinnigster Ueberzeugung hervorgehendes Streben, sein
ausschließlicher Vortrag gediegener Musik als wohlbe=
rechnete Spekulation angesehen wurden: die schlimmste
Entdeckung aber machte er an den Frauen; es ward ihm

nämlich durch zufällige Umstände klar, warum die großen tonangebenden Damen ihn so sehr bevorzugten; sie waren von allen Künstlern so sehr an Huldigungen aller Art, elegante Haltung und geistreiches Geschwätze gewöhnt, daß es ihnen als angenehme Abwechslung erschien, sich neben dem jungen deutschen Geiger niederzulassen, der da still, anspruchslos und in einer Ecke saß, träumerisch vor sich hin sah, und dabei doch keine Spur von Affektation, keine blasse Empfindelei, vielmehr überall eine gesunde, kräftige Natur zeigte; und diese Entdeckung berührte ihn um so empfindlicher, als er sich einer aufkeimenden Neigung für die schöne und geistreiche Fürstin Varasimoff nicht erwehrt hatte, und sich nun bittere Vorwürfe machte, daß er über den Reizen der glänzenden Salondame, deren eigentliches Wesen er bei der ersten Begegnung erkannte, einen Augenblick das reine Bild, das er im Herzen trug, vergessen mochte. Der weitere Aufenthalt in Paris schien ihm so unleidlich, daß er am liebsten unverzüglich abgereist wäre; doch zwei ihm sehr werthe deutsche Künstler hatten, im Hinblick auf die Zusagen seiner Mitwirkung, ihre Concerte bereits festgestellt, und er wollte aus rein persönlichen Gründen, um einer Stimmung willen, eine Künstlerpflicht nicht außer Acht lassen. So entschloß er sich denn, noch drei Wochen lang auszuharren und einstweilen ganz zurückgezogen zu leben.

Er hatte seinen Vorsatz kaum eine Woche durchgeführt, als er sich von einer Menge lästiger Aufmerksamkeiten, Einladungen, Besuchen, Erkundigungen gestört sah.

Wir haben schon einmal*) bemerkt, daß in Paris nur der Unbedeutende oder Arme ungestört leben, auch unbemerkt Hungers sterben kann. Der Reiche oder Berühmte aber, letzterer besonders, so lange er neu ist, wird immer Gegenstand des Interesses vieler Personen sein, deren Beschäftigung in der Befriedigung ihrer und anderer Neugierde besteht.

Die schöne Fürstin, die sich schon geschmeichelt hatte, Ewalt an ihrem Siegeswagen gefesselt zu sehen, war von der plötzlichen Aenderung in seiner Lebensweise nicht wenig überrascht, ebenso die Gräfin Rohden, welche eine aufrichtige Verehrung für seine Talente hegte; sie und mehrere anderen Damen, denen seine öfteren Besuche bei der Fürstin Varasimoff nicht entgangen waren, ahnten irgend besondere Geheimnisse, erschöpften sich in Vermuthungen, und die Gräfin überhäufte ihn mehr als je mit Einladungen und Auszeichnungen; er blieb jedoch immer gleich zurückhaltend, fast scheu; das Interesse, die Neugier wurden hierdurch nur gesteigert, ja manche der Frauen, die sich früher in seinem Umgange nur oberflächlich amüsiren wollten, boten ihm, wiewohl vergeblich, jetzt Gelegenheit, sich von ihrer aufrichtigen Zuneigung zu überzeugen.

Eines Umstandes müssen wir hier noch erwähnen, aus dem sich eine heilsame Lehre für den Künstler im Allgemeinen ziehen läßt. Ewalt ging gleich Horst von

---

*) In den „Abenteuer eines Emporkömmlings."

dem Prinzip aus, seinem Urtheile die vollste Unabhängigkeit zu wahren; er äußerte es überall frei und offen — war nie zu einer Koncession an den herrschenden Modegeschmack zu bewegen, verläugnete aber den Classicisten gegenüber nicht, daß er ein Verehrer, ja gewissermaßen Anhänger der neuromantischen Schule, der sogenannten Zukunftmusik war. Er stellte sich also gewissermaßen auf denselben Standpunkte mit Horst; und dennoch ward diesem übel genommen, was man jenem erlaubte, ja zum Lobe anrechnete; denn: „cest le ton qui fait la musique" sagt ein Sprüchwort. Horst, hieß es, wolle nur seinen Geist zeigen, Ewalt hingegen drückte nur seine Ueberzeugung mit Ruhe und Bescheidenheit aus; dieser wolle sie niemanden aufdringen, während jener keines Menschen Meinung gelten lasse. Der wahre Grund dieser äußerlichen Verschiedenheit lag tiefer, als daß ihn die geistreichen und oberflächlichen Menschen, welchen jetzt in den Salons und nur zu oft auch in den Kritiken das Richteramt über den Künstler zugestanden ist, entdecken könnten: Ewalt war im hohen Grade von echtem Künstlerstolze und Ehrgeize erfüllt, er verachtete das noble Dilettantenwesen und dessen Anmaßung im Lob und Tadel. Wenn er in den eleganten Gesellschaften seine Meinung aussprach, so that er es, ganz unbekümmert, ob sie getheilt wurde oder nicht. Horst hingegen war leichtbewegt und glaubte im Interesse der Kunst für Verbreitung richtiger Ansichten wirken zu müssen, er glaubte, daß es den vielen zierlichen und hochgeborenen Herren und Damen bei ihren Diskussionen über Kunst und Wissenschaft wirklich Ernst sei, und war noch nicht zur vollen Einsicht gelangt, daß sie doch nur in irgend einer Weise geistreiche Phrasen anbringen wollen; ein Irrthum, den er mit manchem der Edelsten theilte.

Seit jenem — im ersten Kapitel beschriebenen — Abende mochten ungefähr sechs Wochen vorüberge= gangen sein, als die schöne Welt von Paris, durch ganz gleichzeitig verbreitete Nachrichten, in Erstaunen, ja, in eine Art von Erregung versetzt wurde. Es wurde versichert, Albert Horst habe die schöne und liebenswür= dige Gräfin Dorniteuil, die ihm sehr freundlich gesinnt war, ohne in einem weiteren Verhältnisse zu ihr zu stehen, so sehr beleidigt, daß es zwischen ihm und ihrem Gemahl zu einem skandalösen Auftritte gekommen; ebenso wurde mit Bestimmtheit erzählt, daß Julius Ewalt die Tochter des kaiserlichen Staatsraths von Fernonville, die er in Deutschland kennen gelernt, liebe und daß seine Gefühle erwiedert würden, daß die Eltern, durch besondere Verwendung bewogen, sich einer Verbindung der Liebenden nicht widersetzten, und daß Ewalt im entscheidenden Mo= mente durch die Intriguen der Fürstin Varasimoff dazu gebracht worden sei, sein Wort zurückzunehmen.

Da der Leser wohl errathen haben mag, daß dieses Fräu= lein v. Fernonville die Cäcilie ist, die unserm Freunde zuerst am Rheine erschienen war, so wollen wir vor allem die Schluß= entwicklung dieses Abenteuers schildern und dann auch dem weiteren Schicksale Horst's eine genauere Prüfung widmen.

Wie schon erzählt, war Ewalt von vielfachen Einladungen geplagt, denen er nicht immer auszuweichen wußte. So hatte er schon zur Zeit seiner Ankunft der Gräfin Rohden versprochen, ihr Beethovens A-moll-Quartett, das sie noch nicht kannte, im Vereine mit den besten Künstlern von Paris vorzuführen. Sie erinnerte ihn an die Zusage, und er konnte ihrer Aufforderung und Einladung keine Weigerung entgegensetzen. Die Gräfin war taktvoll genug, nur einen sehr kleinen Kreis von Bekannten zuzuziehen, worunter Ewalt einige ihm sympathische Personen erblickte; er befand sich in der besten Stimmung und überließ sich ganz dem Fluge des Genies. In seinem Spiele lag, neben der vollendeten Beherrschung der Form, jene innere Gluth, das dämonische, der Musik eigene Wesen; und der Ausdruck der schönen Leidenschaft, der selbst in dem Momente der höchsten Begeisterung von dem nie weichenden Bewußtsein des künstlerischen Maßes getragen ward, gab seiner Leistung jene Macht über die Gemüther, nach der so viele Geiger, die berühmter waren als er, vergeblich rangen. Es mochte wohl vorkommen, daß ein Anderer durch geschicktes Anstreben des augenblicklichen Effektes diesen auch eher erreichte als Ewalt, aber in der Erinnerung, in der Nachempfindung des Zuhörers blieben doch nur die Klänge unseres Freundes.

Die ersten drei Sätze des Quartettes waren vorüber. Die Pariser Künstler zeigten das schönste Streben, durch sorgfältigstes Zusammenspiel, durch zarteste Nüancirung, ihrem deutschen Collegen ein Zeichen der aufrichtigen

Bewunderung und Achtung zu geben, und wenn ein tüchtiger französischer Geiger einmal die Salonspielerei vergißt, wenn ihn wirklich der Moment erfaßt, wenn er sich begeistern läßt, dann leistet er auch, bei der seiner Schule eigenthümlichen vortrefflichen Technik, das Höchste; das hat das sogenannte französische Quartett der Herrn Morin und Consorten, die vorzugsweise Beethovens letzte Quartette vorführten, glänzend bewiesen. Ausübende und Zuhörer waren in gleich gehobener Stimmung, als der Schlußsatz des Quartetts begann, der vielleicht neben dem ersten Satze der neunten Simfonie, das ideenreichste Tonstück ist, das der große Meister schuf. Als Ewald von dem tiefleidenschaftlichen Recitative an das wunderbare Hauptthema kam, erwachte die Erinnerung an jene Mondnacht am Rheine in ihm, wo er inmitten des Paganinischen Caprice zu improvisiren begann, und die Melodie, die so eben unter seinem Bogen ertönte, mitverwebte und wie durch einen Zauberspruch berufen, stieg ihr Bild vor ihm auf — doch nein! das war nicht ihr Bild, sie selbst saß ihm gegenüber, in all' ihrem Liebreize; der belebte Ausdruck ihres Gesichtes, die hochgerötheten Wangen, das Leuchten des schönen Auges, dessen Blick bald träumerisch im leeren Raume zu schweifen schien, bald mädchenhaft schüchtern an den Zügen des Geigers haften blieb, zeugten von ihrer Erregung; sie bot das schöne Bild des jungen weiblichen Wesens, dessen Gefühle zum ersten Male von der ganzen Gewalt der Musik ergriffen werden; solche Momente gehören zu den herrlichsten des Lebens, und doch bringen sie Gefahr; oft verwebt sich in der Seele des Mädchens das Bild des Künstlers mit dem Eindrucke seines Vortrags; zu oft auch vergißt der junge Künstler, vor den die Schöne, Liebenswürdige mit dem begeistertstem Lobe tritt, daß es die geheimnißvolle, aber auch nur den Moment beherrschende Gewalt der Musik ist, die ihrem Auge den Glanz, ihren Zügen den verklärten Ausdruck gibt, und daß ihr schon in der nächsten Stunde — wo Erschlaffung und Müdigkeit der Aufregung folgt — nichts unerklärlicher erscheinen dürfte als des Künstlers selbsttäuschende Gedanken: er habe irgend ein bleibendes Gefühl in ihr zu erwecken vermocht, und sie sehe etwas Anderes in ihm, als einen geschickten Musiker!

Ewalt hatte beim ersten Anblicke Cäciliens alle Fassung verloren, doch mit übermenschlicher Anstrengung gelang es ihm sich zu beherrschen; er vereinigte alle Gedanken, alle Empfindungen in seinem Vortrag, und vielleicht ward das Drängen und das Ringen, welches in jenem Finale so herrlich wiedergegeben ist, — dieses mächtige Ringen nach Klarheit inmitten der widerstrebendsten Gefühle — noch nie aus der Seele des ausführenden Musikers mit solcher Macht, mit solch' unwiderstehlicher Wahrheit in die Saiten gezaubert, wie von Ewalt an jenem Abende. Ein allgemeiner Ausruf des Entzückens erscholl nach seinem letzten Bogenstriche, man umringte, überhäufte ihn mit überschwänglichen Lobeserhebungen; er aber verbeugte sich stumm und verlegen, hörte nichts, sein Auge sah nur sie, die am Arme eines Herrn heranschwebte, in dem er sofort den Vater, die Excellenz aus dem Gasthofe, erkannte. Die Gräfin Rohden stellte ihn unserem Freunde als Baron von Fernonville, kaiserlichen Staatsrath, vor, und dieser begann sogleich von dem seltsamen ersten Zusammentreffen zu sprechen. „Wir waren am Nachmittage angelangt, kamen eben von einer Partie aus der nächsten Umgebung zurück, als wir über uns die wunderbarsten Geigenklänge vernahmen. Nun müssen Sie wissen, Herr Ewalt, daß meine Fräulein Tochter eine fast überspannte Liebe zur Musik hegt; sie hat das von ihrer Mutter, die, deutschem Blute entstammend, noch immer für die ernsthaften Compositeure der früheren Periode, für Schubert und Beethoven schwärmt; obwohl ich ihren Geschmack nicht theile, — mir ist, aufrichtig gestanden, nur die italienische Musik verständlich und angenehm, — so lasse ich doch meine Damen in Allem, was ihre Liebhaberei betrifft, vollkommen gewähren. Cäcilie wollte mit der Mutter eine Treppe höher steigen, um Sie deutlicher zu hören; der Wirth ließ das Anerbieten stellen, uns über die Hintertreppe in die Ihrem Zimmer nächstgelegenen Gemächer zu führen. Dort hatte einige Tage früher eine englische Familie gewohnt, das von ihr gemiethete Piano stand noch da, und so bekam denn meine Fräulein Tochter die excentrische Idee, den Geigensänger zu begleiten, dabei auch ihr Vertrautsein mit der deutschen Musik zu beweisen. Nicht wahr Cäcilie? Als wir während ihres Quartetts anlangten, meinte sie gleich, sie müßte Sie schon irgendwo gehört haben; und als Sie nun das Finale begannen, rief sie mir zu, das ist der Violinspieler von der Rheinstadt, war auf ihrem Sitze nicht zu halten, und fand Mittel, Ihnen gegenüber einen Platz zu finden. Sehen Sie, eines solchen Enthusiasmus für dergleichen Musik ist doch nur eine Dame fähig, in deren Adern deutsches Blut rinnt. Madame de Fernonville war heute leider durch eine Unpäßlichkeit verhindert, der Soirée beizuwohnen, kann wahrscheinlich auch noch einige Tage das Zimmer nicht verlassen; sie wird sich aber gewiß außerordentlich freuen, wenn Sie uns einmal besuchen wollen, und sollten Sie ja geneigt sein, hier mit diesem ekstatischen Fräulein irgend ein klassisches Duo ganz privatissime zu spielen, so werden Sie meine Damen ganz glücklich machen."

Die Antwort Ewalt's ist wohl leicht zu errathen. Er hatte während der Rede, die der Staatsrath mit aller Geläufigkeit einer französischen Zunge vorgebracht hatte, seine Fassung wieder gewonnen; seine Haltung war wieder ganz die anspruchslose, aber feste, — der Ausdruck des gewissen Uebergewichtes, welches auch die gewiegtesten und elegantesten Weltmänner unwillkürlich anerkennen, und welches eben nur starken, so zu sagen ganzen Naturen angehört. Obwohl ihm die französische Sprache nicht sehr geläufig war, so beurkundete seine Ausdrucksweise den feingebildeten, belesenen Mann. Der Staatsrath wandte sich zu einigen neben ihm stehenden Damen und ließ seine Tochter einige Augenblicke allein mit unserem Freunde, der überrascht und entzückt war, sein geliebtes Deutsch aus Cäciliens Munde erklingen zu hören. Sie erzählte, daß ihre Mutter sie deutsche Sprache und deutsche Musik gelehrt habe, und daß sie jede Gelegenheit, sich in beiden zu üben, gerne benütze. Den Inhalt des ersten Gespräches zwischen dem Künstler und dem schönen Mädchen haben wir leider nie erfahren können. Wir wissen nur, daß der Vater hier und da einen Blick hinüber warf und lächelnd bemerkte: „Sehen Sie einmal, Mesdames, wie sich diese deux Allemands unterhalten, ich wette, sie sprechen über Philosophie! Könnte man wohl einen französischen Musiker, der soeben das allgemeine Entzücken erregt hat, so lange mit einem jungen Fräulein allein und ungestört sprechen lassen? décidément die Deutschen haben mehr Moralität als wir, und dieser Monsieur Ewalt à très bonne façon." Die Damen stimmten bei, auch die Gräfin Rohden; ihr aber war die Veränderung in den Zügen Ewalt's, als er Cäcilien ansah, und wie er nach Fassung rang, als Herr v. Fernonville sich mit der Tochter ihm näherte, nicht entgangen; sie wußte wohl, daß die Deutschen besser als irgend eine andere Nation, es verstehen, ihre Gefühle in anscheinend harmloseste Worte zu kleiden, die tiefste Leidenschaft kund zu geben, während die äußere Haltung ruhig, fast kalt erscheint. Um sich ihrer Entdeckung zu vergewissern, rief sie Cäcilie herbei, forschte, wie er ihr nachblickte; sie bat das Fräulein, ein kleines Stück vorzutragen, bemerkte, wie Ewalt sich in eine Fensterbrüstung setzte, und wie sein Auge, von Allen außer ihr unbemerkt, unverwandt an den geliebten Zügen haftete; sie ersuchte nun auch ihn um ein kleines Solo; seine Wahl traf dasselbe Schubert'sche Lied, das er in jener Mondnacht, vielleicht vorahnend, von seinen Saiten hatte ertönen lassen; aus der Art, wie er es vortrug, aus dem träumerisch-verzückten Ausdrucke, den seine gewöhnlich so ernsten Züge annahmen, ersah die kluge Frau, daß sie richtig gerathen hatte, daß hier die erste Liebe eines Künstlers ihre Blüthen trieb; und in ihrem scharfen, unter anscheinender Kälte rastlosen Geiste entsproß und reifte ein Plan, dessen Gelingen vielleicht zwei Wesen unglücklich gemacht hätte, dem aber, trotz des Mißlingens, wenigstens ein reines Herz zum Opfer fiel.

8. Capitel.

Die Familie v. Fernonville. Erste Liebe eines Künstlers.

Am dritten Tage nach der Soirée bei Gräfin Rohden stellte sich Ewalt im Hause des Herrn v. Fernonville vor. Der Staatsrath selbst war nicht zu Hause, aber seine Gemahlin empfing den jungen Künstler mit freundlichem Wohlwollen. Auch sie sprach ihn in deutscher Sprache an: „Wir sind im Geiste Bekannte seit dem vorigen Jahre," meinte sie, „nun erzählen Sie mir, wie es Ihnen bei uns in Paris gefällt, und wie es drüben in meinem lieben Deutschland geht." Ewald fühlte sich durch diese gütigen Worte so sehr angemuthet, daß er seine gewöhnliche Zurückhaltung verlor, mittheilend, fast heiter wurde. Bald waren die beiden im trautesten Gespräche, wie Verwandte, die sich nach langer Trennung wiedersehen, als plötzlich die Thür sich öffnete, und Cäcilie mit einem fröhlichen bon jour Mama, ins Zimmer sprang. Sie kam eben vom Morgenspaziergange, ahnte nicht, daß fremder Besuch, am wenigsten, daß dieser bei ihrer Mutter war. Die doppelte Ueberraschung rief eine tiefe Röthe auf das reizende Antlitz, die ein Liebender wohl nur zu seinen Gunsten auslegen mochte. Ewald war aufgestanden, und wollte sich entfernen, doch die beiden Damen bewogen ihn zu bleiben. Frau v. Fernonville erinnerte ihn an das ihrem Gemahle gegebene Versprechen, daß er mit Cäcilien einmal musiciren wollte. „Ich habe Sie leider bei Gräfin Rohden nicht hören können," bemerkte sie, „und werde wahrscheinlich noch einige Zeit das Zimmer hüten müssen, daher muß ich unbescheiden sein, und Ihre Güte mißbrauchen, um mich an Ihren Klängen erfreuen zu können." Ewald ließ bereitwilligst seine Geige sogleich holen, und die beiden jungen Leute vertieften sich nun in die Schönheiten Haydn'scher und Beethoven'scher Duos; in Tönen schienen sie mit einander zu sprechen, und sich zu verstehen: denn ihr Vortrag glich einem immerwährenden Fragen und Antworten, einem Suchen und Finden, einem Entfernen und Nähern; es kamen besonders auf Cäciliens Seite Nüancen vor, die dem Tonstücke widersprachen, die unser Freund in jedem anderen Momente mißbilligt haben würde, denen er aber in jenem mit Interesse, mit Liebe folgte; und wie sein Wesen in dem des geliebten Mädchens aufzugehen schien, so war auch seine Musik eins mit ihrer. Die Mutter schaute diesem sonderbaren Treiben erst lächelnd, dann verwundert, ja besorgt zu; doch sie beruhigte sich bald, und als Ewalt sich verabschiedete, entließ sie ihn mit einem freundlichen: „Auf baldiges Wiedersehen!" Wenn nun Frau v. Fernonville in einer Angelegenheit, der jede französische Dame die ängstlichste Sorgfalt erzeigt hätte, anscheinend eine überraschende Sorglosigkeit entfaltete, wenn sie der aufkeimenden Neigung Cäciliens zu dem jungen Geiger kein Hinderniß entgegensetzte, und seine Besuche anstatt sie auf das möglich kleinste Maß zu reduciren, immer willkommen hieß; so handelte sie zugleich als ebenso kluge wie vortreffliche Frau, die ihre Grundsätze inmitten der bittersten Erfahrungen gebildet hatte. Sie war die Tochter eines ehemaligen deutschen, kleinstaatlichen Gesandten im Haag. Dort hatte sie ihren Gemahl kennen gelernt, der zu den glänzendsten Attachés unter der Regierung Louis Philipp's gehörte. Seine freien Manieren, seine lebhafte Unterhaltung, seine vielfachen Talente erwarben ihm das Wohlwollen der Diplomatie und selbst des königlich holländischen Hofes; besonders aber die Frauen und Töchter der Gesandten freuten sich seiner Gesellschaft; denn der holländische Residenzort zeichnete sich damals wie jetzt vor sämmtlichen europäischen durch die größte Langweiligkeit und durch die starrste Abgeschlossenheit der Einwohner gegen die Fremden aus; Männer wie Hr. v. Fernonville, wurden also doppelt werthgeschätzt, und dieser wußte seinen Vortheil zu benutzen.

Er gehörte zu der Klasse energischer, rücksichtsloser Menschen, denen Wohlleben als das höchste Princip, Geschicklichkeit als die nothwendigste Eigenschaft gilt. In moralischen Romanen und auf den Brettern, welche die Welt bedeuten, sehen wir dergleichen Leute gewöhnlich in schmählicher Weise zu Grunde gehen; in der wirklichen Welt aber nehmen sie meistens die höchsten Stellen ein. Gerade zu der Zeit, in welcher dieser Theil der Erzählung spielt, hatten in Paris einige talent- und geistvolle, aber eben so mittel- und gewissenlose junge Männer aus den verschiedensten Ständen unter dem Namen die Isispriester einen Bund gestiftet, dessen Mitglieder sich gegenseitig unterstützten, um eine glänzende und angenehme Stellung zu erlangen. Ihnen war die Politik nur ein Mittel, um glückliche Spekulationen in's Werk zu setzen; sie haben an der Februarrevolution des Jahres 1848 im Geheimen vielleicht ebensoviel Antheil genommen, als all' die konstitutionellen und republikanischen Anführer und Angeführten; und die späteren Veränderungen fanden sie alle als die Hauptagenten der neuen Gewalthaber. Fernonville war einer ihrer tüchtigsten und verläßlichsten Genossen. Als er nach dem Haag kam, studirte er vor allem die politischen und gesellschaftlichen Verhältnisse und erlangte rasch eine solche Kenntniß, daß er bald der unentbehrliche Rath des Gesandten wurde. Doch hatte er auch nach kurzem Aufenthalte eingesehen, daß er einen andern Platz für seine Thätigkeit suchen müsse; er wollte nur die erste Sekretärstelle erlangen, um von da an die höchsten Stellen zu erklimmen. Hiezu war aber auch eine Aenderung seiner Vermögensverhältnisse, also eine vortheilhafte Heirath nothwendig; eine solche aber konnte er in Frankreich nicht hoffen. Den reichen Banquiers und Industriellen boten sich um Hand und Vermögen ihrer Töchter zu viele herzogliche und gräfliche Bewerber an, als daß ein armer Attaché nur an eine Anfrage denken durfte; holländische Familien waren schon ganz unzugänglich. Dem kühnen Geiste bot sich der einzige Ausweg, sich aus der fremden Diplomatie eine Frau zu holen; er berechnete ganz genau, daß eine Verbindung mit einem reichen und adeligen deutschen Hause seine Regierung bestimmen würde, ihm einen Gesandtschaftsposten in Deutschland zu verleihen, wo er in seiner Gemahlin die beste und verläßlichste Theilnehmerin in den feinsten diplomatischen Unterhandlungen finden könnte. Er entschloß sich, um Fräulein von Baldern zu werben. Sie gehörte zu den seltenen reichen Partien in der Diplomatie, war aus altadeligem Hause, und zeigte viel Verstand, der noch ausgebildet werden konnte; sie besaß also die nothwendigsten Eigenschaften. Endlich fühlte er für das scharmante Kind gerade so viel Liebe, als er überhaupt zu fühlen fähig war; und sie war dem geistvollen und zierlichen Manne gewogen; sie tanzte und unterhielt sich am liebsten mit ihm, gab viel auf sein Urtheil über Literatur und Malerei, und wenn die plumpen Schmeicheleien irgend eines zuckerhaften deutschen Sekretär's oder Attaché sie eben langweilten, so war es ihr immer ein Vergnügen, den feinen Franzosen sich nähern zu sehen. Man konnte also sagen, daß sie ihn recht wohl leiden mochte, weiter jedoch reichten weder ihre Gefühle noch ihre Gedanken.

Herr v. Fernonville täuschte sich nicht über die Schwierigkeiten, die sich seinen Plänen entgegenstellten. Er war zwar von gutem altem Adel, aber sein Stammbaum konnte doch nicht rivalisiren mit dem eines deutschen Freiherrn, der immer drei große alte Geschlechtsregister mit sich herumführte, und mit deren Hilfe bei jeder Gelegenheit bewies, wie viele Bischöfe seinem Hause entsprungen waren, auf wie vielen Tournieren seine Ahnen gekämpft hatten, und mit wie vielen reichsunmittelbaren oder gar ehemaligen regierenden Häusern er verwandt war. Seine (Fernonville's) Vermögensverhältnisse waren, wie schon gesagt, beschränkt, der Gesandte gehörte zu den reicheren. Fernonville bemerkte auch wohl, daß Fräulein v. Baldern von vielen hochgeborenen und wohlhabenderen Bewerbern umgeben war; gerade dieser Umstand war ihm insofern günstig, als seine Aufmerksamkeiten weniger auffielen. Der Freiherr v. Baldern, der eine besondere Vorliebe für alles Französische hegte, war erfreut, daß seine Tochter endlich durch den Umgang mit Herrn v. Fer=

nonville eine reine und elegante Aussprache gewinnen konnte; die Freiin aber, die noch immer für eine schöne Frau gelten wollte, und auch bei manchen Herren als solche galt, bekümmerte sich nicht viel um die Tochter, in der sie eine unbequeme, wenn auch durchaus nicht gefährliche Nebenbuhlerin sah; denn diese war ein liebenswürdiges, zur Schwärmerei geneigtes, dabei im Aeußeren sehr einfaches Mädchen, das sich neben den üppigen Formen und der eleganten Toilette der Mutter ganz unbedeutend ausnahm.

Wir haben schon erzählt, daß Fernonville so zu sagen des Gesandten rechte Hand war; ihm lag aber nicht daran, diese untergeordnete Rolle lange zu spielen; er führte sie nur durch, um die sämmtlichen Beziehungen seines Chefs genau kennen zu lernen, um sich bei der ersten passenden Gelegenheit als derjenige geltend zu machen, der eigentlich die Geschäfte leitete, der allein mit den Verhältnissen vertraut war. Und diese Gelegenheit bot sich unter so glücklichen Umständen dar, daß sie ihm zu gleicher Zeit die Gunst seiner Regierung und die Hand des Fräuleins v. Baldern erlangen half. Der Leser muß sich nun gefaßt machen, eine der nobeln Niederträchtigkeiten zu vernehmen, wie sie überall vorkommen, wo man um der Ehre willen die Ehre aufgiebt; er möge aber keinen pessimistischen Schluß daraus ziehen. Im Einzelnen wirkt fast überall nur das Schlechte und Schlechteste, — im Ganzen, Großen, Entscheidenden nur das Gute; ganze Generationen sind oft erbärmlich, die

Menschheit gehorcht ewigen, unwandelbaren, hohen Gesetzen.

Zwischen der holländischen Regierung und einem Großstaate waren wichtige Unterhandlungen eingeleitet worden; die Hauptpunkte derselben genau kennen zu lernen, mußte dem Pariser Cabinette insofern von höchster Bedeutung sein, als es von jeher jeder freundschaftlichen Beziehung der eben unterhandelnden Mächte, und mit Glück, entgegengearbeitet hatte; das Interesse Frankreichs gebot dies, und kein Mittel dafür ward gescheut, keine Bemühung für diesen Zweck ohne reichliche Belohnung gelassen. Fernonville verfolgte schon seit einiger Zeit die sehr geheim gehaltene Annäherung der erwähnten Regierungen; unbedeutende Anzeichen, die er mit dem ihm eigenen Scharfblick entdeckte, führten ihn auf die richtige Fährte; er hütete sich aber wohl, dem Gesandten seine Entdeckung mitzutheilen; ebenso schlug er einen ganz andern Weg ein, auf dem er zum Doppelziele zu gelangen sicher war.

Der Freiherr von Baldern hegte neben einer unbeschreiblichen Ehrfurcht vor der geheimen unfehlbaren Kunst der Diplomatie die höchste Meinung von seiner eigenen Befähigung. Er fühlte einen zweiten Talleyrand in sich; nach seiner Ueberzeugung war nur das Verhängniß, das ihn in einem Kleinstaate geboren werden und aufwachsen ließ, die Schuld, daß er nicht gleich jenem großen Manne die höchsten Ehrenstellen erklommen, zehn Eide schwur, sie brach, bevor man ihn der=

selben entband; sich allen Dynastien verkaufte, und dabei immer der feinste Edelmann in Europa blieb. In Ermangelung der glücklichen Constellation suchte Herr v. Baldern wenigstens sein großes Vorbild en miniature nachzuahmen. Wo es einen diplomatischen Geniestreich auszuführen gab, konnte man immer auf seine Mitwirkung rechnen, ja die heiflichsten Manöver, mit denen Andere nicht viel zu schaffen haben mochten, waren ihm die erwünschtesten; ihm erschien das, was man in undiplomatischer Sprache eine Schurkerei nennt, nicht unausführbar noch verwerflich, nur mußte es ihm als mit einem feinen politischen Zwecke verbunden dargestellt werden; sonst gab's keine Macht der Erde, die ihn zu einem Abgehen von seinen moralischen Principien bewegen konnte; denn er war ein sehr ehrlicher Privatmann, der seine Rechnungen pünktlich bezahlte und sogar seine Untergebenen freundlich behandelte. Ueber die Verirrungen seiner Frau tröstete er sich dahin, daß er dieses Unglück mit den größten deutschen Diplomaten theilte. Wie schade, daß der Mann jetzt nicht mehr lebt; welch' schöne Rolle hätte er auf unseren Kongressen und Konferenzen durchführen können!

Fernonville kannte den Mann, um dessen Tochter er werben wollte; es war ihm bereits gelungen, sein Wohlwollen, noch mehr aber das der Frau Baronin zu gewinnen; er hatte ihr hier und da bei ihren Intriguen, aus purer Rücksicht für ihre Freunde, die zufällig auch die seinigen waren, gewisse Gefälligkeiten erwiesen, die im bürgerlichen Leben gewöhnlich nicht als solche bezeichnet werden, aber ihm den Vortheil brachten, daß er auf allen Seiten Fäden für seine Netze spann. Nun war der Moment gekommen, einen ersten entscheidenden Zug im Trüben zu thun. Frau v. Baldern stand eben in den vertrautesten Beziehungen zu einem hochstehenden holländischen Beamteten, der durch weitverzweigte Verwandtschaft sowie in seiner eigenen Stellung genaue Kenntniß von den zwischen seiner und der Großmacht eingeleiteten Unterhandlungen erlangen konnte. Dies erklärte Fernonville dem Gemahle der Dame, und stellte ihm zugleich dar, wie große Verdienste er um seinen Staat erlangte, wenn er die erste genaue Kunde von dem wichtigen, so geheim gehaltenen Vertrage meldete, ja daß er die holländische Regierung zwingen könnte, der seinigen ebenfalls große Vortheile einzuräumen, und seine Verschwiegenheit mit dem höchsten Orden zu erkaufen. Er bewies ihm aus der Geschichte, daß vor hundert und fünfzig Jahren, und gerade im Haag, einer der genialsten Staatsmänner der damaligen Zeit, Lord Sunderland, der vertraute Minister König Jacob's II., einen ähnlichen diplomatischen Meisterstreich ausgeführt, und eine der größten Umwälzungen in der Weltgeschichte befördert hatte. Sunderland's Gemahlin war die Freundin Lord Sidney's, eines der Häupter der Unzufriedenen, die sich im Haag um Wilhelm von Oranien, dem nachmaligen König Wilhelm III., versammelt hatten; und durch seine Gemahlin, die ihre Briefe an Sidney richtete, unterhielt Sunderland das vollkommenste Einverständniß mit dem Prinzen und unterrichtete ihn von jeder Maßregel, die in St. James oder in den Tuilerien getroffen ward. Seines Herrn und selbst des französischen Gesandten wachgewordenen Argwohn aber, beschwichtigte er durch die Hinweisung auf seine unglücklichen Eheverhältnisse, die es leicht erklärlich erscheinen ließen, daß seine Frau mit den Feinden seines Königs konspirirte. Und Lord Sunderland, der Premierminister Jacob's II., starb als der treueste und verläßlichste Rathgeber Wilhelm's III. Von Baldern's Geist schwoll in stolzen Hoffnungen; der Freiherr sah sich schon als Premierminister seines Fürsten, seine Brust mit Orden beladen, als seinen Diplomaten hochgeehrt und gesucht; schnell ging er an's Werk. Zum ersten Male seit seiner Verheirathung ließ er Spuren von Eifersucht merken, deutete aber seiner überaus erschrockenen Gemahlin zugleich an, daß es in ihrer Hand liege, ihn zu versöhnen, wenn sie die unerlaubte Verbindung für seine Zwecke benützen wollte. Nach der ihm von Fernonville gegebenen Weisung sollte sie zuerst nur Andeutungen zu erlangen suchen, ohne auf das Mitgetheilte besonderes Gewicht zu legen, nach und nach aber den Namen des Hauptleiters der Verhandlungen und endlich zu erfahren trachten, ob neben dem ostensibel kundzugebenden Vertrage noch geheime Artikel stipulirt werden würden. Das Unternehmen war leichter, als die Betheiligten es gehofft hatten. Der Freund der Baronin, deren Gemahl sich ihm gegenüber mit besonderer, manchmal ein wenig ironischer Höflichkeit benahm, hier und da auch — immer auf Fernonville's Anrathen — leise Anspielungen auf die Unterhandlungen fallen ließ, war in dem Glauben befangen, daß die von ihm verlangten Aufklärungen als eine Art von Entschädigung für seine Eingriffe in die ehelichen Rechte gelten sollten, und zeigte sich daher weniger zurückhaltend, als es in seiner Pflicht lag; ihm ahnte nichts weniger, als daß er, wie die Baldern's, ein Spielball von Fernonville's Intriguen war. Dieser beschränkte für einige Zeit seine ehedem häufigen Besuche bei dem deutschen Gesandten auf ein kleinstes Maß, blieb aber nichtsdestoweniger in ununterbrochenem Verkehre mit ihm. Sobald er im Besitze einer sicheren Kunde war, beeilte er sich, diese durch einen seiner Genossen in Paris dem Minister der auswärtigen Angelegenheiten privatim zukommen zu lassen, wobei der Vermittler zugleich bedeutete, daß nur der Sekretär und nicht etwa der Gesandte im Stande sei, den weiteren Verfolg der Verhandlungen zu berichten, da jener allein den Weg kenne, auf welchem die Nachrichten erlangt werden könnten. Die Folge hiervon war, daß neben den Depeschen des Gesandten geheime Privatkorrespondenzen des Sekretärs an das Ministerium gerichtet wurden, und daß dieser bereits die Hauptpunkte der wichtigen Angelegenheit dargelegt hatte, als jener erst überhaupt Notiz davon zu nehmen begann. Als die Unterhandlungen soweit gediehen waren, daß ein Abschluß nahe bevorstehend schien, sandte Fernonville eine Denkschrift an den Minister, worin er darlegte: die französische Regierung müsse solche Maßregeln ergreifen, welche das holländische Kabinet auf die Vermuthung leiten würden, daß nicht vom Haag aus, sondern vom Sitze jener Regierung, mit der es eben in Unterhandlung stand, die genaue Kunde derselben nach Paris gegeben worden sei; zu diesem Zwecke müßte die Thätigkeit des französischen Gesandten im Haag, der ja überhaupt keine Kenntniß von dem wahren Stande der Angelegenheit besaß, nicht in Anspruch genommen werden; die bezüglichen Depeschen müßten vielmehr auf Umwegen an die holländische Regierung gelangen. Die Darlegung leuchtete vollkommen ein, und der Minister ersann das sicherste Mittel, rasch an's Ziel zu gelangen. Er sandte einen außerordentlich geschickten und thätigen Agenten an die schon öfters erwähnte Großmacht, ließ ihr mittheilen, daß er genaue Kunde von allen ihren Absichten besäße, aber geneigt sei, einen eben so günstigen Vertrag mit ihr abzuschließen, als ihr irgend jemand bieten könnte. Die Antwort lautete nicht so entschieden zustimmend, als man in Paris erwartete; trotz der Geschicklichkeit des Agenten war der erste Versuch einer Ueberrumpelung mißlungen; aber zuletzt siegte gallische Arglist doch über das teutonische Zögern und Zagen im Haag. Herr von Baldern, der bereits von Orden und Auszeichnungen träumte, ward eines Tages durch die Donnernachricht überrascht, daß die holländische Regierung eine geheime, aber strenge Untersuchung unter ihrem höheren Beamten= und Gesandtschaftspersonale anzustellen gewillt war, um zu ent=

decken, ob ein Glied derselben in französischem Solde den
Verrath geübt habe. Er sah ein, welche Schmach sich auf
sein Haupt entladen würde, wenn der Sachverhalt je in
die Oeffentlichkeit gelangte, wenn man erführe, daß Frau
von Baldern die meisten geheimen Zusammenkünfte mit
dem Beamten in der Wohnung Herrn von Fernenville's
und mit Wissen und Willen des Gemahls gehalten habe,
und daß von dort aus die Kommunikationen nach Paris
gegangen seien. Daß ihn der Attaché blos als Werk=
zeug gebraucht hatte, ahnte ihm wohl, wenn er auch selbst
in jenem Momente noch naiv genug war, dessen Ver=
sicherungen Glauben zu schenken, daß das französische
Ministerium anderswoher Nachricht erhalten haben mußte,
weil seinen Chefs gar keine Instruktionen zugekommen
waren. — Aber er hätte auch bei der vollkommensten
Sicherheit über die Umtriebe der Franzosen nichts
gegen ihn unternehmen können; denn dieser war ja im
Stande, ihn in vernichtender Weise bloszustellen. Er
befand sich in der peinlichsten Lage, wünschte nichts sehn=
licher, als seine schnelle Abberufung zu erwirken, und
aus dem Bereiche des gefährlichen Mannes zu kommen,
der ihn durch Vorspiegelungen zu so mißlichen Schritten
verleitet hatte — wohlgemerkt, sie waren mißlich, weil
mißlungen — als gerade dieser vor ihn hintrat, und
um die Hand seiner Tochter warb, zugleich aber auch
den Hoffnungsschimmer leuchten ließ, daß trotz der un=
günstigen Konstellationen noch immer ein Vortheil aus
der Kenntniß der Verhältnisse zu ziehen war. Der Freund

der Frau von Baldern hatte alle seine Erkundigungen nur mittelbar eingezogen: denn so klug war er doch gewesen, sich nicht direkt einem Argwohne auszusetzen. Von dieser Seite war also keine Entdeckung zu fürchten; nur Fernonville wußte allein um das Geheimniß. Wenn nun, erklärte er Herrn von Baldern weiter, die Aussichten auf besonders freundliche Beziehungen zur holländischen Regierung verloren waren, so könnte dafür ein Ersatz in Frankreich gesucht werden; es käme nur darauf an, daß das dortige Kabinet überzeugt werde, durch wessen Hilfe das wichtige Geheimniß zu seiner Kenntniß gelangte. Herr von Baldern sollte suchen, nach Paris versetzt zu werden, das Uebrige würde sich dann leicht einleiten. Er endigte mit der Zusicherung seiner thätigsten Unterstützung und der Wiederholung seiner Brautwerbung; auch was im Falle einer Zurückweisung von ihm zu gewärtigen sei, wußte er leise anzudeuten. Der geängstigte Gesandte, dem die erste Eigenschaft seines großen Vorbildes Talleyrand, die Geistesgegenwart fehlte, dachte nicht daran, daß auch Fernonville im eigenen Interesse gewisse Rücksichten einhalten mußte, und seine diplomatische Karriere nicht mit Bloßstellung der Leute, die sich ihm dienstfertig erwiesen, beginnen durfte, — daß er von seiner Regierung wenig Beförderung hoffen konnte, wenn er selbst seine Umtriebe aufdeckte; er sah nur, daß ein gefährlicher, aber sehr geschickter Mann, der ihm doch noch zu einem Kommandeurkreuze verhelfen konnte, entweder sein Schwiegersohn oder sein Feind werden wollte. Einen

Augenblick zwar schwankte er, sein Kind in dieser Weise preiszugeben; einen Augenblick noch wollte er es darauf ankommen lassen, eher seinen Posten zu verlieren, als seine Tochter eines Fernonville's Weib werden zu lassen; aber nun kam auch seine Gemahlin und drang in ihn, die Ehre des Hauses u. s. w. zu wahren; er verlor den Kopf vollends und gab nach; und so ward Rosa von Baldern Frau von Fernonville.

Bald nach der Hochzeit ward der Attaché nach Paris berufen, dort einige Jahre im Ministerium des Aeußern, dann zu verschiedenen Missionen verwendet; endlich erhielt er den ersehnten Gesandtschaftsposten.

Die Ehe war im Anfang eine, wenn auch nicht glückliche, doch zufriedene zu nennen. Der jungen achtzehnjährigen Frau konnte der Tausch zwischen dem Haag und Paris nur angenehm erscheinen. Ihr einfaches gemüthliches Wesen gefiel am Hof des Bürgerkönigs; sie ward öfters, selbst in den engeren Zirkel, geladen; ihr Gemahl wünschte sich Glück zu seiner Wahl; zwar konnte er manchmal seine Ungeduld nicht verbergen, wenn sie die Anspielungen über den Nutzen, der aus dem vom königlichen Hofe geschenkten Vertrauen zu ziehen wäre, nicht verstand; doch er tröstete sich mit der sicheren Hoffnung, daß sich dieses blöde Wesen, wie er's nannte, mit der Zeit geben werde, und blieb einige Jahre lang voll artigster Rücksicht für sie, bis sich die Verhältnisse änderten und sein wahrer Charakter hervortrat.

Der Sturz des Ministeriums Thiers im Jahre 1840

war ein harter Schlag für Herrn Fernonville, nicht aus politischen Gründen, sondern weil er in der sichern Voraussicht eines Krieges an der Börse à la baisse gespielt hatte; der plötzliche Wechsel, den die Weigerung des Königs, das Thiers'sche Programm anzunehmen, in der Sachlage hervorbrachte, zog eine bedeutende hausse nach sich, und das Vermögen des spekulirenden Diplomaten, oder vielmehr die Mitgift seiner Frau ging in einer Stunde verloren. Er verlor jedoch den Muth nicht; er hatte sich zur rechten Zeit das Wohlwollen des Herrn Guizot versichert, der unmittelbar vor dem Rücktritte des Herrn Thiers in London Gesandter war und dessen Portefeuille übernahm, und brauchte daher für seinen Posten und seine Carrière nichts zu fürchten; aber die Einschränkungen, denen er sich nach dem Vermögenswechsel unterziehen sollte, waren ihm schrecklich, und um ihnen zu entgehen, übernahm er Aufträge und Sendungen, gegen die selbst die wenigst skrupulösen Mitglieder des diplomatischen Corps mancherlei Bedenken erhoben, die aber den Vortheil boten, daß sie mit den bedeutendsten Besoldungen verbunden waren, und ihn doch zuletzt zum gewünschten Ziele führten.

Bei jenen Missionen zeigte es sich zuerst, daß Frau von Fernonville nicht das willige Werkzeug aller Pläne ihres Gemahles sein wollte, wie dieser im Hinblick auf den Charakter ihrer Eltern mit Recht hoffte. Er hatte aber nicht in Betracht gezogen, daß sie nicht in dem elterlichen Hause, sondern bei einem Onkel von mütterlicher Seite erzogen worden war, der verehlicht, aber kinderlos, diese seine Nichte zu adoptiren gedachte. Der treffliche Mann suchte sie auch so lange als möglich von aller Berührung mit den Eltern fern und in seiner Nähe zu halten; von der Mutter war keine Einwendung zu befürchten; ihr, die gar gerne die junge Dame spielte, schien es angenehm und erwünscht, keine heranwachsende Beobachterin um sich zu haben. Der Vater jedoch, der sich schon lange nach dem Mädchen sehnte, bestand darauf, daß er es nach erreichtem siebzehnten Jahre in die große Welt einführe. An einem königlichen Hofe hoffte er für das reiche Freifräulein von Baldern eine würdigere Partie finden zu können, als in dem kleinen Lande, das er vertrat, und gar auf dem Schlosse des einfach und zurückgezogen lebenden Schwagers; die Geschichte seiner Enttäuschung haben wir dem Leser erzählt.

Frau von Fernonville, der nach und nach das Weben und Treiben der Kreise, in denen sie sich bewegte, immer klarer wurde, erkannte zuletzt die ganze Größe des Elends, das sie an einen Mann, wie ihr Gemahl, fesselte. Sie verschmähte jedoch den Trost, welchen viele Damen aus der höheren Gesellschaft in ähnlichen Fällen so leicht zu finden wissen, sondern suchte und erlangte ihn theilweise in der Pflege der Tonkunst, für die sie von Jugend auf besonderes Talent und Vorliebe gezeigt hatte. In Paris wirkten zu der Zeit, als sie hinkam, noch die herrlichsten Künstler in voller Thatkraft. Thalberg feierte Triumphe, Liszt bereitete sich auf seinen Siegeszug durch Europa vor, Chopin entzückte die Feinfühlenden in gleichem Maaße durch seine duftigen Compositionen, wie durch seinen unvergleichlichen Vortrag. Noch ließ der dämonische Genueser manchmal seinen Zauberbogen über die Saiten brausen, Ernst's tiefelegische Klänge versetzten den Zuhörer in träumerische Stimmung, Meister Baillot versammelte die Anhänger der Quartettmusik um sich. Die Malibran und die Pasta, Garcia, Mario, Rubini, Tamburini und Lablache vertraten den italienischen Gesang in seiner herrlichsten Schöne. Meyerbeer's Robert und die Hugenotten beherrschten die französische Oper. Den höchsten Genuß aber fanden die Musikfreunde in den Concerten des Conservatoriums, die damals unter Hubeneck's Leitung in der vollsten Blüthe standen und das Vollendetste leisteten. Frau von Fernonville, die im Anfange nur mit einigen wenigen Künstlern und ganz privatim musicirte, war bald in ganz Paris als ausgezeichnete Dilettantin bekannt und gepriesen; die höchsten Kreise bewarben sich um ihre Mitwirkung, und ihre Wohnung war oft der Sammelplatz der feinsten und elegantesten Gesellschaft. Der Gemahl, auf den Nutzen spekulirend, der sich aus all' diesen hohen Verbindungen ziehen ließ, zeigte sich immer bereit, ihrer Vorliebe für die Tonkunst in Allem zu willfahren, hütete sich wohl, ihr mitzutheilen, daß die durch Concert- und Opernbesuche, Abendgesellschaften und Künstlerhonorare bedingten Ausgaben in keinem Verhältnisse zu ihrem Vermögen stünden, sondern feuerte sie nur mehr an, sich oft hören zu lassen und viele Leute zu laden; es war ihm auch bereits gelungen, sogar königliche Prinzen in seinem Hause empfangen zu dürfen, als die bereits erwähnte Katastrophe des Jahres 1840 alle Herrlichkeiten und seine darauf gegründeten Pläne in's Stocken brachte.

Der seltsamen Ehe waren drei Kinder entsprossen: Ferdinand, Cäcilie, deren Geburt in die Zeit fiel, wo die Mutter zuerst in der Tonkunst Trost suchte und fand — in ihrer Dankbarkeit gab sie dem Kinde den Namen der heiligen Patronin der Musiker — und Ludwig. Die Söhne waren außer dem Hause erzogen worden; der ältere befand sich zu der Zeit, als Ewalt nach Paris kam, bereits seit einem Jahre als Seeoffizier auf einer wissenschaftlichen Reise in dem Südmeere; der jüngere besuchte die Collegien; die Tochter war immer an der Seite der Mutter geblieben; sie mochte in dem Augenblicke, als sie auf den Schauplatz der Erzählung tritt, ungefähr neunzehn Jahre zählen. Cäcilie von Fernonville gehörte zu jenen weiblichen Wesen, aus denen die nächst Umgebenden oft nicht klug werden können, während der aus der Ferne Beobachtende mit seinem Urtheile bald im Klaren ist. Sie war schön, graziös, talentvoll und in hohem Grade wohlgezogen; sie bezauberte Alle, die mit ihr umgingen, durch ihr liebenswürdiges, ganz natürlich erscheinendes Wesen, durch Geist und Unterhaltungsgabe. Sie war der Liebling der großen Damen. Ueberall wurde die Familie Fernonville um dieses liebenswürdigen Kindes willen gepriesen. Nur die Familie selbst schien die Lobpreisungen und Complimente, wenn auch mit vielem Vergnügen, doch mit geringerer Wärme anzunehmen, als die Lobspendenden erwarteten. „Meine kleine Tochter ist scharmant," meinte der Vater, „ist aber doch nicht ganz so weich und nachgiebig, als man ihrer Sanftmuth und ihrem freundlichen Wesen nach schließen dürfte. Sie hat so ihren eigenen Kopf und überspannte Ideen; darin schlägt sie der Mutter nach." „Cäcilie," sagte Frau von Fernonville zu den wenigen Freundinnen, mit denen sie über ihre Kinder sprach, „Cäcilie ist ein mir unbegreifliches Mädchen. Immer liebenswürdig, freundlich und ein braves, folgsames Kind; und doch ist es mir nicht gelungen zu unterscheiden, ob sie in manchem Momente aus Gefühl oder aus Berechnung handelt. Sie ist die Tochter eines Diplomaten!"

In dieser Weise sprach sich auch der ältere Bruder Ferdinand aus, in dem, wie bei der Mutter, das Gemüthsleben vorwaltete. Viele Leute, und darunter die geistreichsten Salonmenschen, meinten, es herrsche in der Familie Fernonville ein kleiner Neid gegen die Eine, welche die Andern alle überstrahlte. Nur zwei, in ihrem Wesen ganz verschiedene Personen, beurtheilten Cäcilie von Fernonville richtig: die Gräfin Rohden, und — Albert Horst.

Die Staatsräthin war in der Erziehung ihrer Kinder, besonders aber der Tochter, andern Grundsätzen gefolgt, als den in Paris gebräuchlichen. Dort wachsen bekanntlich die Mädchen in einer Pension oder in pensionsartiger Abgeschlossenheit auf; sind sie heirathsfähig, dann werden sie in der Welt präsentirt; nach den von Eltern und Erzieherinnen eingeschärften Grundsätzen dürfen sich die armen in kein Gespräch mit einem jungen Manne einlassen, so lange dieser nicht von den Eltern als Freier acceptirt wurde; dafür ist ihnen aber von dem Augenblicke der Verheirathung das Paradies der ungebundensten Freiheit in Aussicht gestellt. Frau von Fernenville aber benützte die Zeit ihres Aufenthaltes in Deutschland, wo ihr Gemahl vor dem Jahr 1848 einen Gesandtschaftsposten bekleidete, um der Tochter eine freiere Erziehung nach dem Muster der besseren deutschen adeligen Familien zu geben. Sie gestattete ihr bis zu einem gewissen Grade die Selbstwahl ihres Umganges, und erweiterte aus eigenem Antriebe den Kreis ihrer Lektüre. Cäcilie, die als Kind in Frankreich unter den Gespielinnen immer eine eigenthümliche Scheu und Zurückgezogenheit gezeigt hatte — man nannte sie la petite sournoise — gewann in Deutschland täglich an Grazie, Leichtigkeit und Selbstständigkeit; bei ihrer Rückkehr nach Paris, die fast unmittelbar nach der Februarrevolution erfolgte, fand man sie in erstaunlicher Weise verändert. Ihr Talent zur Musik, von der Mutter zuerst sorgsam und allmählich entwickelt, von der besten Lehrerin ausgebildet, gestaltete sich immer glänzender. Sie war in den Salons noch viel mehr bewundert, als ihre Mutter einst gewesen; denn sie bot, abgesehen von ihren Vorzügen, die ganz neue Erscheinung einer jungen Pariserin von bester Familie, die sich mit den jungen Herren ungezwungen unterhalten durfte und ihnen doch zu imponiren verstand. Aus den Erziehungsprinzipien der Frau von Fernonville und aus ihrer Meinung über Cäcilien erklärte sich's, warum sie den Besuchen Ewalt's und der harmlosen Sympathie zwischen den beiden jungen Leuten keine Hindernisse entgegensetzte. Sie war erstaunt, bei dem Mädchen, dem sie eigentlich nur Sinn für glänzendes Salonleben zugetraut hätte, ein Gefühl zu entdecken, das ihrer Meinung nach tiefem Gemüthe entquillen mußte. „Ewalt ist nichts weniger als schön, noch weniger geistreich im Sinne der Pariser Salons," dachte sie; „das Mädchen, dem er gefällt, muß etwas von den tieferliegenden Eigenschaften besitzen, durch die er allein auf weibliche Herzen wirken kann; in kurzer Zeit reist er ab, der kleine Roman hat ein Ende; Cäciliens Gemüthsleben ist erwacht, vielleicht entfaltet sich zuletzt doch noch der Sinn für das Häusliche, Innerliche, den ich umsonst in ihr Herz zu pflanzen versuchte." So dachte die Mutter, und sie hatte Unrecht, denn eine derartige spekulative Gefühlsentwicklung wird nie ganz gesund sein; wir dürfen aber nicht vergessen, zur Entschuldigung der Frau von Fernonville anzuführen, daß sie eine in ihrer Ehe unglückliche Frau und eine Deutsche war, die nur in der Reflexion und in einem immerwährenden passiven Widerstande das Einzige, was ihr Niemand streitig machen konnte, was sie nie zu verlieren sicher war, zu erlangen und zu erhalten vermochte: das reine Bewußtsein besseren Strebens. Wir müssen ferner daran erinnern, daß die ersten Widersacher dieses Strebens in ihrer nächsten Nähe zu suchen waren, und daß ein weibliches Gemüth, das sich verschließen muß, leichter an Grübelei Gefallen findet, als ein zufriedenes, freudigthätiges. Was nun Herrn von Fernonville betraf, so erblickte er in den Besuchen Ewalt's nichts als den Vortheil, daß ein berühmter Künstler mit seiner Tochter musicirte, und ihrem Talente durch seine Bewunderung neuen Glanz verlieh. Im Uebrigen kümmerte er sich bei der Anhäufung von Geschäften nicht viel um das, was im Hause vorging. Cäcilien beargwohnte er als von der Mutter in eine Art von Einverständniß gegen ihn gezogen; bei den großen Unkosten seines Haushaltes konnte er ihr keine Aussteuer geben, die besonders noble Freier angezogen hätte; so überließ er das Geschäft der Verheirathung ganz und gar der Mutter, und setzte seine ganze Hoffnung in den jüngsten Sohn Ludwig, der ihm ganz ähnlich zu werden versprach.

Die Concerte, in denen Ewalt mitzuwirken versprochen hatte, nach welchen er Paris sogleich verlassen wollte, waren gegeben; mehrere Wochen waren seither verflossen, und doch verweilte er noch in Paris; er konnte sich nicht von der Stadt trennen, in der Cäcilie weilte. Es ging ihm wie jedem Poeten in ähnlicher Lage; er machte sich Vorwürfe, spottete seiner selbst, hielt Monologe, worin er sich einen blöden, eitlen Thoren nannte, der sich mit einer nutzlosen, superromantischen Leidenschaft für die Tochter eines kaiserlichen Staatsrathes trüge, der, ein Staubgeborner, ein wandernder Musikant, für eine Baronesse von Fernonville schwärme, und der lachlustigen Salonwelt noch das unterhaltendste Schauspiel abgeben werde; er hatte jeden Tag den Vorsatz abzureisen; wann er hinging, um Abschied zu nehmen, war es ihm unmöglich, das Wort auszusprechen; wann er sie wiedersah, verschwanden alle die vernünftigen Ideen vor dem Blicke des klaren Auges, vor ihrem süßen: „Warum hat man Sie so lange nicht gesehen?" Ewalt's von Natur zu Träumerei geneigtes Wesen wurde immer verschlossener und scheuer; er, der von den einflußreichsten Gönnerschaften getragen, bei seinen letzten öffentlichen Leistungen solche Triumphe gefeiert, daß selbst die leichte Feuilletonkritik ihn nicht mehr ignoriren durfte, und eben nur zu Phrasen von genre trop sérieux ihre Zuflucht nehmen mußte; erhielt sich ganz ferne von den Kreisen, in denen ihn Ehre und Vortheil erwartete. Vergebens bestürmte man ihn mit Einladungen; vergebens wurden ihm hohe Honorare für seine Mitwirkung in Concerten und Privatsoiréen geboten; vergebens strengte sich die Fürstin Varasimoff an, ihn, den Berühmten, Interessanten, in ihre Netze zu locken; man sprach sogar davon, daß sie ihn bei jeder Gelegenheit förmlich herausforderte; Ewalt war und blieb unzugänglich; er wich allen Einladungen durch den Vorwand aus, daß er nur einen Brief aus Deutschland erwarte, um sofort nach England zu gehen, daß er gar nicht mehr studiere, seine Geige verdorben sei; doch besuchte er noch immer das Haus des Herrn von Fernonville und die Gräfin Rohden.

I.

Die schlaue Frau hatte schon am ersten Abende des Begegnens von Ewalt und Cäcilie von Fernonville gesehen, was in dem Herzen des deutschen Musikers vorging, und hatte, wie schon bemerkt, ihre Pläne entworfen, doch hielt sie mit der Ausführung noch zurück; sie wollte die günstigste Gelegenheit abwarten, um nicht blos Ewalt eine hohe Gunst zu erweisen, sondern auch die verhaßte Feindin, die Fürstin Varasimoff, zu demüthigen.

Die eigentliche Veranlassung dieses unter äußerer Höflichkeit und Freundlichkeit verborgenen Hasses war nicht genau bekannt; manche Leute sprachen von Eitelkeit, Nebenbuhlerschaft in der Kunst und der daraus entspringenden Eifersucht. Diese ist freilich bei Dilettantinnen, zumal bei großen Damen, die mit ihrem Talente die Gesellschaft beherrschen wollen, unversöhnlicher und manchmal weniger wählerisch in den Mitteln, als bei den Fachleuten, bei den sogenannten Comödiantinnen; nur daß bei diesen die Leidenschaft in grellerer Form auftritt, daß sie einander manchmal mit den Nägeln in die Augen fahren, während jene Handschuhe anziehen, um Dolchstiche zu versetzen, — daß die einen nicht immer die gewähltesten Ausdrücke gebrauchen, während die andern mit den süßesten Worten Gift in die Seele der Nebenbuhlerin träufeln. Doch die aus einem Kunststreben entspringende Eifersucht konnte unmöglich der eigentliche Anlaß sein zu jenen kaum gelispelten, tiefen und glühenden Haß zeigenden Bemerkungen, welche die Damen gelegentlich bei ihren

Vertrauten fallen ließen. Und selbst ihre nächsten Freunde sprachen sich dahin aus, daß schon die verschiedenen Richtungen der Musik, welche sie vertraten, die Anerkennung und Bewunderung, welche sie, jede in ihrem Kreise, fanden, eine zu gehässige Nebenbuhlerschaft nicht rechtfertigten. Fromme Leute aus dem Faubourg St. Germain oder von der neukatholischen Clique, die sich in den Tuilerien formte, meinten, eine vortreffliche tugendhafte Frau, wie die Gräfin Rohden, könne schon aus sittlichen Gründen mit einer Skeptikerin und Emanzipirten, wie die Barasimoff, nicht sympathisiren, und es sei ihr nicht zu verargen, wenn sie ihre Entrüstung hier und da in milden und feinen Worten kundgebe. Dagegen meinten die Geistreichen, die „Aufrichtigen," die zur Partei der Fürstin gehörten, die Feindschaft datire von der Zeit her, als der Einfluß, den die alternde Gräfin in gewissen politischen Kreisen ausübte, vor der Geschicklichkeit und dem Geiste der immer frisch bleibenden Fürstin weichen mußte. Nur einige wenige, vertraute Aeltere, ließen, wenn sie ganz unbelauscht und unbeobachtet waren, scheue, nur halb ausgesprochene Worte fallen, die auf lang Vergangenes, Dunkles deuteten, auf Dinge, die man ahnt, aber nicht genau kennen will. —

Die Gräfin saß in ihrem Arbeitszimmer und häkelte. Die Hand war mit Seidensträngen beschäftigt, aus denen sie eine Geldbörse für den Gemahl formte; der Geist schweifte in der Ferne; und oft ließ sie die Arbeit sinken und starrte vor sich hin. Auf einmal wurden die Gedanken zu Worten. „Also noch nicht todt?" murmelte sie, „und ich kann den Muth nicht wiederfinden, um — doch nein! nein! Oh wäre diese Eine nicht da, die ich zwar in der Hand habe, die ich vernichten kann, die nichts gegen mich unternehmen darf — aber wie, wenn sie stürbe, und im Tode, der sie meiner Gewalt entreißt, die Rache nehmen wollte. — Oh, welch' ein Schicksal das Leben seines Feindes wünschen zu müssen, und den Tod jener, die —"

Ein Diener trat ein und meldete die Fürstin Barasimoff. „Sie ist willkommen," sagte die Gräfin mit vollkommener Ruhe, stand auf und ging nach dem Empfangszimmer.

„Chère princesse, sieht man Sie einmal," rief sie der Eintretenden entgegen, „das ist doch eine wahre festliche Gelegenheit; so oft ich Sie zu meinen Soiréen lud, waren Sie unpäßlich."

„Und Sie sind so sehr gegen meine Wagner, Liszt und Berlioz eingenommen," schaltete die Fürstin ein, „daß ich es gar nicht wage, Sie mehr aufzufordern —"

„Also fuhr die Rohden fort, muß es ein besonderer Anlaß sein, der mir die Freude schenkt, Sie bei mir zu begrüßen."

„Ein ganz gewöhnlicher, der aber durch die Nebenumstände zum besonderen geworden ist. Man hat mich ersucht, ein Concert für die Armenkasse des Arrondissements, in dem ich wohne, zu veranstalten; Sie wissen aus Erfahrung, daß es unmöglich ist, sich derartigen Auf=

forderungen und all' den Mühen, die mit der Annahme verbunden sind, zu entziehen. Ich habe das Arrangement übernommen, und befinde mich in großer Verlegenheit. Alle die Damen, die mit mir zu den Patronessen gehören, wünschen sehnlichst, daß Herr Ewalt in dem Concerte mitwirke. Er ist berühmt, neu, interessant; durch ihn würde auch das Programm vom künstlerischen Standpunkt aus gewinnen, während bei dem Vorführen der alten Celebritäten, wie es bisher fast immer gebräuchlich war, das Publikum nur mehr aus Wohlthätigkeitssinn und aus Convenienz kam. Nun weiß ich, daß Ewalt sich nicht mehr öffentlich zeigen will; ich habe es auch den Damen auf's Bestimmteste versichert; man will jedoch keine Vernunft annehmen, und behauptet, ein Künstler, der wie Ewalt den Ruf hat, auch als Mensch edel und brav zu sein, würde es gewiß nicht verweigern, in einem Concerte für die Armen mitzuwirken. Die Gräfin Dormeuil meinte, das beste Mittel wäre, daß ich Sie um Ihre freundliche Verwendung anginge, da er doch Ihr Haus fast ausschließlich besuche; ich habe die Mission angenommen, und da bin ich."

„Liebe Varasimoff," entgegnete die Gräfin, „ich bin Ihnen sehr dankbar für ihr Vertrauen; aber ich vermag so wenig über Ewalt, als irgend Jemand. Bei seiner Empfindlichkeit erwartet er gerade von mir noch mehr Rücksicht als von Fremden; ich muß auch den Anschein vermeiden, als wollte ich ihn beeinflussen."

„Ich dächte doch," meinte die Fürstin, „daß ein Künstler die Beeinflussung wohl ertrage, wo dieselbe nichts anstrebt als seine Mitwirkung in einem Concerte zum Vortheile der Armen. Da fällt mir auch ein: Sie haben ihn ja bei Fernonville's eingeführt, und es scheint sich sogar ein kleiner Roman zwischen ihm und der reizenden Cäcilie entsponnen zu haben; wie wär's, wenn Sie mit Frau von Fernonville, die ich nur sehr wenig kenne, sprächen, auf daß sie sich für unsere Armen verwendete?"

„Ich weiß so wenig von einem Romane, den Herr Ewalt im Hause des Baron von Fernonville spielen soll, als ich ihn daselbst eingeführt habe; soviel mir erinnerlich ist, hat der Staatsrath ihn schon irgendwo in Deutschland gesehen, und die Bekanntschaft ist hier nur erneuert worden."

„Ja richtig, ich erinnere mich auch," meinte jetzt die Barasimoff, „so etwas von einer sehr poetischen Scene am Rheine gehört zu haben; es wundert mich, daß dem kalten, besonnenen Herrn von Fernonville, im Hinblick auf jenes erste romantische Abenteuer, die vielen Besuche des Herrn Ewalt nicht auffallend geworden sind. Was kann da herauskommen?"

„Oh!" versetzte Frau von Rohden ruhig, „ich glaube, daß Herr von Fernonville den Charakter seiner Tochter und seiner Frau genugsam kennt, um die unschuldige Sympathie für den großen Künstler nicht falsch zu beurtheilen; auch weiß er, daß Ewalt kein Salonheld ist, der verliebten Abenteuern nachgeht, selbst wenn sie sich ihm ebenso glänzend als leicht ausführbar darbieten."

Die Fürstin erkannte wohl die boshafte Anspielung, die in den letzten Worten lag; doch mit dem vollendeten Takte und jener Ruhe, die man nur in den noblen Kreisen lernt, antwortete sie: „Sie mögen vielleicht in Bezug auf Ewalt vollkommen Recht haben; doch ein junges Frauenherz kann nie genug überwacht werden; aus manchen harmlosen, romantischen Abenteuern, im Anfange vielleicht unschuldigen Sympathien, haben sich Ereignisse entwickelt, die man nur zu gern ungeschehen machen möchte."

So ganz absichtslos, wie diese Worte einem Dritten erscheinen mochten, mußten sie dennoch einen tiefversteckten Sinn enthalten: denn die Gräfin bückte sich, um ihr zu Boden gefallenes Taschentuch aufzuheben, eigentlich aber um die Leichenblässe, die ihr Gesicht überzogen hatte, zu verbergen. „Sie urtheilen richtig," sprach sie, und suchte Gleichgiltigkeit zu heucheln, „und es wäre vielleicht ganz gut, Herrn von Fernonville auf die Gefahren aufmerksam zu machen, die aus den Besuchen Ewalt's für die Ruhe seines Hauses erwachsen könnten. Uebrigens bin ich fast überzeugt, daß er der Angelegenheit keine Wichtigkeit beilegen wird; er glaubt nicht an die Liebe, nur an Spekulation. Er geht von der Ansicht aus, daß es in unserer Zeit gar keine Leidenschaften mehr gibt, denen nicht eine Reflexion zu Grunde liegt, daß wir Frauen noch ehrgeiziger, herrschsüchtiger u. s. w. sind als die Männer; und beschuldigt uns sogar, daß wir uns mehr um Politik bekümmern als um unsere Angelegenheiten; er meinte noch vor wenigen Tagen, daß, wenn es auf ihn ankäme, Manches von weiblichen politischen Intriguen bekannt würde, wodurch sich die Stellung selbst mancher großen Dame als unhaltbar erwiese." Jetzt war die Reihe des Erblassens an der Fürstin. Doch verlor sie den Zweck, um dessenwillen sie gekommen war, nicht aus dem Auge. „Bei all' dem," meinte sie, „kann es Herrn von Fernonville doch nicht darum zu thun sein, einen Umgang zwischen Ewalt und Cäcilie zu toleriren, der die Welt auf Vermuthungen einer ernsthaften projektirten Verbindung bringen könnte, und wirkliche Freier zurückschreckte. Cäcilie ist neunzehn Jahre alt, ihre Mitgift —"

„Ich hatte gar keine Ahnung," fiel ihr die Gräfin in die Rede, „daß das Verhältniß der jungen Leute so weit gediehen sei, die Aufmerksamkeit auf sich ziehen zu können. Ich wußte nur, daß sie in Gegenwart der Mutter zusammen musiciren, und daß Ewalt zwei- oder dreimal den Abend im Fernonville'schen Familienkreise verbracht hat. Was Sie mir davon sagen, vernehme ich zum Erstenmale, obwohl ich in letzterer Zeit viel in Gesellschaft war, auch die Personen, von denen eben die Rede ist, öfters sah. Wer hat Ihnen denn etwas von der Vermuthung einer Heirath gesagt? Und will sich denn auch ein Freier präsentiren, den nur die Besuche Ewalt's intimidiren?"

Die Fürstin sah, daß sie zu weit gegangen war; sie antwortete leichthin verneinend auf die Frage, gab dem Gespräch eine andere Wendung, indem sie wieder auf das

Concert zurückkam; Frau von Rohden sagte auf's Bestimmteste zu, sich bei Ewalt zu verwenden, und die Damen schieden von einander mit den freundlichsten, verbindlichsten Worten. Die Thüre hatte sich kaum hinter der Besucherin geschlossen, als der ganze gewaltsam zurückgehaltene Grimm der Gräfin sich in den leidenschaftlichsten Ausdrücken Luft machte. „Oh schreckliches, böses, grausames Weib," rief sie, „das selbst mit dem drückenden Bewußtsein schlechter Thaten sich nicht das Vergnügen verwehren kann, mich, die Unglückliche, an die jammervollsten Augenblicke meines Lebens zu erinnern! — Sie, die ich vernichten kann, wagt es, mich in jeder Weise zu verletzen, zu verhöhnen, weil sie weiß, daß wenn ich mich an ihr rächen will, ich auch mich selbst preisgeben muß! Oh Gott! womit habe ich diese jahrelangen Leiden verdient? Habe ich nicht genug gebüßt für den kurzen, süßen, schrecklichen Irrthum? Was soll ich beginnen, um diese Pein aus dem Herzen zu bannen?" Eine schwache, leise Stimme schien aus der Frau zu rufen: Gib sie auf, die Gedanken der Rache, die Gedanken an ephemere Größe; gib sie auf, die glänzende Misère, lebe deinen Pflichten als Weib, als Gattin, als Mutter; — doch kaum war die leise Stimme verhallt, als auch schon die, welche noch einen Augenblick vorher ihr Loos bejammert hatte, sich stolz und kühn aufrichtete und wieder ihrer Leidenschaft den Zügel schießen ließ. „Nein!" rief sie, „und müßte ich zuletzt darüber untergehen; sie soll keinen Triumph über mich feiern; im Kleinsten, wie im Größten soll sie mich überall als die wachsame Gegnerin finden, bis der Moment gekommen sein wird, wo ich die Verhaßte ganz vernichten kann! „Doch" — fuhr sie sinnend fort — „was bedeutet dieses sorgsame Erkundigen nach den Beziehungen Ewalt's zu den Fernonville's? Wie kam sie dazu, so genau von allem unterrichtet zu sein? Eine bloße Eifersüchtelei liegt hier nicht zum Grunde; sie, die Erfahrene, wäre dann wohl klüger zu Werke gegangen. Ich muß Herrn von Rohden zu Rathe ziehen; er besucht sie ja, vielleicht weiß er etwas Genaueres." In dem Augenblicke, als sie den Diener herbeirufen wollte, um nach dem Grafen zu fragen, erschien dieser selbst. Wir haben seiner bisher nicht erwähnt, weil er in dem Hause seiner Gemahlin dieselbe untergeordnete Rolle vertrat, welche wir ihm in der Erzählung zutheilen müssen. Er war als *scher Diplomat vor Jahren in einer Mission nach Paris gekommen und daselbst geblieben. Da er von der Treue seiner Gemahlin überzeugt war oder schien, so ließ er sie vollkommen nach ihrem Gutdünken gewähren; seit einigen Jahren lebte er fast wie ein Fremder im Hause, obwohl er die dehors mit der größten Sorgfalt wahrte; die Söhne wurden in ihrem Vaterlande in einem Militärinstitute, die Tochter in einem französischen Kloster erzogen; für die Familie war also gesorgt. Der Graf ging seinen Vergnügungen nach, reiste viel, und präsentirte sich regelmäßig alle zwei oder drei Monate einmal in einer Soirée der Gräfin.

„Ah, mon cher Comte!" rief sie dem Gemahle ent=

gegen, „wie scharmant von Ihnen, gerade in dem Augenblicke zu kommen, wo ich Ihrer freundlichen Unterstützung bedarf und daran dachte, Sie hierher zu bemühen; ich wollte Sie eben bitten, eine Erkundigung einzuziehen."

„Vielleicht," entgegnete der Angeredete, „kann ich Ihnen zuvorkommen, und Ihnen die Auskunft ertheilen, um derentwillen Sie mich zu berufen gedachten. Soeben begegnete mir Graf Dormeuil; er war im Begriff Ihnen zu schreiben, aber da er weiß, wie verschwiegen ich in all' Ihren Angelegenheiten bin, — diese Worte sprach der Graf mit einem leisen Anfluge von Ironie — so gab er mir, um der Zeitersparniß willen, einen mündlichen Auftrag an Sie, und ich beeile mich, der angewiesenen Pflicht zu genügen. Die Varasimoff geht damit um, für den Vicomte Kernouec um das Fräulein von Fernonville zu werben —"

„Wie," rief die Gräfin, „für diesen abgelebten ältlichen Vicomte, der noch vor wenig Jahren ihr intimer Günstling war?"

„Für denselben; Sie wissen" — und wieder nahm die Stimme des Grafen einen eigenthümlichen Ausdruck an — „Madame de Varasimoff besaß von jeher die löbliche Eigenschaft, daß sie sich ihren Freunden in jeder Weise dienstbar erwies, selbst wenn die intimen Beziehungen schon lange aufgehört hatten, — Andere ziehen es vor, sich eines unbequemen Zeugen wo möglich zu entledigen, — außerdem scheinen hier noch andere Motive vorzuwalten; dieser Kernouec steht mit vielen Orleanisten in Verbindung; die Partei ist seit einiger Zeit sehr rührig; vielleicht sucht man, einflußreiche und tüchtige Leute vom jetzigen régime zu gewinnen; vielleicht ist es auch diesem abgelebten Vicomte, wie Sie ihn bezeichnen, nur darum zu thun, die reizende Cäcilie als Gemahlin heimzuführen; für die reichen Banquierstöchter hat sein Name nicht genug Klang, sie wollen zum wenigsten einen Herzog; dem Faubourg St. Germain pur sang ist er zu viel Orleanist, also — doch darüber kann Ihr heller Geist, Ihre Kenntniß der Verhältnisse besser entscheiden als meine Beobachtungsgabe; vor der Hand habe ich meinen Auftrag erfüllt. Ich gehe nun zu meiner Partie nach dem Clubb. Adieu, ma chère!" Mit einer graziösen Verbeugung entfernte er sich.

Die Gräfin hatte den letzten Worten ihres Gemahles keine Aufmerksamkeit mehr geschenkt; sie war gleich bei seiner Mittheilung über die beabsichtigte Werbung des Vicomte Kernouec in tiefes Nachdenken versunken; sie sah ein, daß gewisse Pläne, die sie schon seit einiger Zeit reiflich überdacht hatte, zur Ausführung gebracht werden mußten, bevor sie nach allen Seiten gereist waren. Daß die Varasimoff so genaue Kunde von den Beziehungen Ewalt's zu den Fernonville's, von seinen Gefühlen für Cäcilie besaß, kam ihr schon sehr ungelegen; sie hatte immer die wachsende Leidenschaft des jungen Künstlers für die schöne Tochter des Staatsrathes genau beobachtet; sie wußte, daß er es nie wagen würde, um ihre Hand zu werben, und war entschlossen, im Vereine mit einigen einflußreichen Damen bei den Eltern als Vermittlerin für ihn zu wirken; doch hatte sie nebenbei auch die Hoffnung genährt, daß es der Varasimoff noch gelingen würde, ihn an sich zu ziehen, — daß sich ein intimes Verhältniß zwischen den beiden entwickeln würde; erst dann wollte sie als besorgte Freundin, als rettende Fee erscheinen, ihn aus dem Netze der Liebelei befreien, in das ihn eine Intriguantin verstrickt hatte, seine schönsten Träume durch ihr Zauberwort verwirklichen und ihm Cäcilie zuführen. Das wäre ein Theatereffekt gewesen, der sie in dem Glorienschein der Großmuth und Freundschaft und des mächtigsten Einflusses zeigte, und zugleich die Feindin demüthigte; und von ihrem Standpunkte aus, war das nicht schlecht berechnet. Daß ein junger, schwärmerischer Künstler sich in ein schönes Mädchen verliebte, welches er unter besonders romantischen Verhältnissen kennen gelernt, erschien ebenso natürlich, als daß er nach dem ersten Rausche der Leidenschaft das Nutz- und Hoffnungslose derselben einsehen, und gerade in einem solchen Momente der Aufregung, des unbefriedigten Sehnens für die Lockungen einer hochgebornen, geistreichen und noch schön zu nennenden Dame empfänglicher sein würde. Ehrgeiz, Eitelkeit, Sinnenlust, Sucht nach Neuem sind ja in den Kreisen, mit denen wir es in diesem Augenblicke zu thun haben, vielleicht der stärkste Hebel der Leidenschaften. Insofern, das heißt, in Betracht der Verhältnisse, die sie genau kannte, hatte, wie schon bemerkt, die Gräfin ihre Pläne vollkommen richtig entworfen; nur in einem Hauptpunkte täuschte sie sich: In Ewalt's Charakter. Sie hielt seine Zurückgezogenheit, seine Scheu, seine exklusive Richtung in der Musik für Berechnung; daß sein ganzes Wesen unmittelbar auf sittlicher Ueberzeugung beruhte, ahnte sie nicht; es kommt gar oft vor, daß die geistreichsten und schlausten Leute, welche die feinsten Pläne entwerfen und die schwierigsten Combinationen durchschauen, einfachen natürlichen Menschen gegenüber nicht Stand halten können, weil sie alles eher ahnen, als daß irgend jemand seine Kraft in der Wahrheit suche, und weil sie die Aufrichtigkeit für eine Maske halten; und so wie jene, die ihre Geruchsorgane in immerwährender Reizung erhalten durch den Gebrauch künstlich zubereiteter Essenzen, zuletzt den Duft der Blumen im Freien nicht mehr unterscheiden können, so sind auch die, welche ihren Geist in künstlich erzeugten, ungesunden gesellschaftlichen Verhältnissen abnutzen, zuletzt nicht mehr im Stande, die Wahrheit zu erkennen. Dies möge auch der Künstler, besonders aber der Musiker wohl beherzigen!

Die Gräfin hatte eingesehen, daß ein Theil ihrer Pläne in Bezug auf die Varasimoff und Ewalt nicht auszuführen war; sie durfte auch keine Zeit verlieren, wenn nicht selbst die anderen Entwürfe von ihrer Feindin durchkreuzt werden sollten; sie faßte demnach einen raschen Entschluß. Zuerst beschied sie Ewalt zu sich, sprach mit ihm kurz und entschieden über seine Stellung zum Hause Fernonville, legte ihre Ansichten dar, bot ihre Vermittlung mit der Aussicht auf sicheres Gelingen an, und gewann dem Ueberraschten, Betäubten, Ueberglücklichen das Versprechen ab, daß er, sobald sie ihm Weisung ertheilte, bei den Eltern Cäciliens um die Hand des geliebten Mädchens anhalten würde.

Hierauf richtete sie einige Zeilen an Herrn v. Fernonville mit der Bitte, sie unverzüglich zu besuchen.

Als das Schreiben in der Wohnung des Staatsrathes anlangte, war dieser eben in der Sitzung; es wurde ihm in Hinblick auf das zweimal unterstrichene: très préssée nach dem Palaste gesendet; und er beeilte sich, sofort nach beendigter Sitzung der dringenden Bitte Folge zu leisten. Er stand seit vielen Jahren in vertrautesten Beziehungen politischer Art zu der Rohden; denn der Graf, obgleich von der offiziellen diplomatischen Laufbahn zurückgetreten, wurde noch immer von seiner Regierung mit vertraulichen Missionen und Berichterstattungen beauftragt, wobei ihn die Gräfin mit Rath und That unterstützte; Fernonville war also in dem Augenblicke, als er sich bei ihr melden ließ, der festen Ueberzeugung, daß er nun besonders wichtige Nachrichten erfahren sollte. Wie sehr mußte er nicht erstaunen, als ihm der eigentliche Anlaß dieser dringenden, fast mysteriösen Einladung kundgegeben wurde. So wenig er sich auch um seine inneren Familienangelegenheiten kümmerte, so sehr er sich in den zwanzig Jahren seiner politischen Laufbahn gewöhnt hatte, alle möglichen Anträge mit Ruhe und Anstand zu vernehmen und zu erwägen; so war doch das ihm dargelegte Heirathsprojekt für seine Tochter ein derartiges, daß es ihm aus jedem anderen Munde, als dem der Gräfin Rohden, nur als ein schlechter Spaß erschienen wäre. Er sprang von seinem Sitze auf, blieb im ersten Momente sprachlos — dann stieß er die Worte heraus: „Wie, meine Tochter? diesen Geiger? Und Sie Madame —"

„Hören Sie mich Fernonville," unterbrach ihn die Gräfin; „wir kennen uns nun seit längerer Zeit, und Sie wissen, daß ich die Standesunterschiede und die Rücksichten, die sie uns auferlegen, nicht verkenne; aber in dem vorliegenden Falle sind Umstände vorhanden, welche vielleicht ein Abgehen von diesen Rücksichten sehr vortheilhaft für Sie erscheinen lassen. Der Hof hat sich Ihnen in der jüngsten Vergangenheit weniger günstig gezeigt; man scheint erfahren zu haben, daß Sie sich zu einer gewissen Zeit den Rückzug sichern wollten; auch treffen die Antecedentien des Herrn Ministers mit den Ihrigen in einem Punkte zusammen, und er ist der mächtigere. Sie können also von oben für Ihre Familie nichts hoffen und Ihrer Tochter keine Mitgift auswerfen. Das weiß die Varasimoff, und deßwegen will sie für den Vicomte Kernouec um Cäcilien's Hand bei Ihnen werben. Vielleicht hofft sie, auf diesem Wege wieder in den Besitz gewisser Dokumente zu gelangen, welche wie ein Damoklesschwert über ihrer Existenz schweben. Mögen Sie die Werbung annehmen oder nicht, immerhin wird man's zu Ihren Ungunsten auslegen, und manche Personen, die da wissen, daß Sie einst in vertrauter politischer Beziehung zur Coterie Varasimoff gestanden haben, werden die Angele=

genheit so darzustellen wissen, als wäre der Versuch zu einer Annäherung von Ihnen ausgegangen. All' diesem können Sie ausweichen, zugleich aber ein eklatantes und in seinen Folgen vortheilhaftes Manövre ausführen, wenn Sie meinen Rath befolgen. Lassen Sie die Anfrage Kernouec's an sich kommen, und überraschen Sie dann die Welt mit der Nachricht, daß Sie jenem, dem Träger eines alten Namens, aber Anhänger der Orleans, einen jungen Künstler vorzogen, der nichts für sich geltend machen konnte als sein Genie; heben Sie hervor, daß Sie hierbei das Napoleonische Prinzip befolgten, nach welchem jeder Soldat den Marschallsstab in seinem Tornister, jeder Mann von Talent das Herzogspatent in seiner Schreibmappe trug; an mir und meinen Freunden soll's nicht fehlen, die Aufmerksamkeit und volle Anerkennung der hohen Regionen auf diese schöne That zu lenken. Ewalt's Name ist daselbst nicht unbekannt, und würde der Musik nicht so wenig Interesse geschenkt, und verträte er selbst nicht eine so erklusive ernste Richtung, die gerade den Einflußreichsten als die niedrigste gilt; so wäre es mir schon bisher gelungen, ihm Orden und Ehrenbezeugungen aller Art zu verschaffen. Diese werden ihm von dem Augenblicke nicht entgehen, wo Sie ihn als Schwiegersohn einführen; auf die Zugeständnisse, die er bisher dem Geschmack des Publikums und besonders gewisser Kreise seines Ruhmes wegen verweigerte, wird er nunmehr mit Leichtigkeit eingehen, wenn es sich darum handelt, seiner geliebten Cäcilie eine ihrem

Range und ihren Vorzügen passende Stellung am Hofe zu sichern, und bei seinem Genie und seiner vortrefflichen Haltung —"

„Il est très bien," schaltete Fernonville ein. —

„Ist mit Sicherheit zu rechnen, daß er, sobald er sich hier niederlassen will, in kurzer Zeit auf gleicher Rangstufe mit Auber und Halevy stehen wird. Und aufrichtig gestanden, lieber Fernonville, ist es bei dem immerwährenden Wechsel, unter dem wir in Frankreich leben, nicht noch das Klügste, einen Schwiegersohn zu haben, dem die Welt offen steht und der — abgesehen, daß er auch von seinem Vater noch eine anständige Erbschaft zu erwarten hat — sich selbst eine glänzende pekuniäre Stellung schaffen kann? denn er ist sparsam und hat wenige Bedürfnisse." —

„Alles das ist schön und gut," unterbrach Fernonville, „aber die Meinung der Welt, meine Stellung —"

„Hören Sie mich bis zu Ende," sagte die Gräfin — „ich will Ihnen zeigen, daß Sie mit dieser Verheirathung Cäcilien's einen weitausgreifenden politischen Plan verbinden können. Sie wissen, man sucht jetzt jemanden, der an den norddeutschen Höfen für die hiesigen Zwecke wirken, besonders aber Verbindungen mit den wichtigsten Persönlichkeiten anknüpfen könnte. Bei dem allgemein verbreiteten Mißtrauen gegen die Politik Ihrer Regierung ist es durchaus nicht zu hoffen, daß auch der geschickteste und mit den größten Vorzügen ausgestattete Agent diesen Zweck erfülle. Jeder seiner Schritte würde überwacht, jeder Staatsmann, der mit ihm verkehrte, sofort in der Presse als bestochen bezeichnet werden. Sie besitzen in dergleichen Geschäften zu viel eigene Erfahrung, um nicht einzusehen, daß ich richtig urtheile. Aber eine Frau kann dort Ersprießliches leisten, wo die Diplomaten nicht mehr ausreichen, zumal wenn sie sich in einer Stellung befindet, die nicht von vornherein Argwohn erregt. Lassen Sie Ewalt hier am Hofe und in den hohen Cirkeln gut aufgenommen sein, dann als Gemahl der Tochter eines kaiserlichen Staatsrathes, der Enkelin des Barons von Baldern nach Deutschland zurückkehren; so wird er in kurzem von mehreren Potentaten, die ihm, wie ich nach genauer Erkundigung weiß, besonders wohlwollen, mit Orden und Titeln beehrt sein, die ihm überall die Hoffähigkeit sichern. Daß Cäcilie bald irgendwo zur Hofdame ernannt wird, ist bei ihrem Familienrange selbstverständlich; dann aber kann sie überall, wo sie ihren Gemahl begleitet, mehr für Ihre Regierung thun, als die Frau eines Gesandten. Wem wird es auffallen, daß eine junge Französin, die Tochter eines deutschen Adeligen, die Frau eines deutschen Künstlers, besonderes Interesse an deutschen Zuständen zeige, daß sie aber doch hier und da versuche, für ihr Vaterland zu wirken, daß sie mit Journalisten und Schriftstellern in diesem Sinne verkehre, daß sie selbst in den höheren Regionen die Gelegenheit ersehe, das Terrain zu prüfen? Sie beginne damit, daß Frankreich das einzige Land sei, wo sie eine Heirath nach ihrer Neigung schließen, wo sie, hochadeliger Familie entsprossen, einen Künstler ehelichen konnte, ohne daß die Gesellschaft sie einer mésalliance beschuldigt — und das ist doch theilweise wahr — und sie wird die Herzen der sentimentalen alten Hofdamen und Prinzessinnen gewinnen, und für eine höchst gefühlvolle, gemüthliche Frau gelten; dann hat sie ihr Spiel gewonnen."

„Ja wohl," meinte Fernonville, „wenn Cäcilie überhaupt zu verwenden wäre; aber Sie vergessen wohl, daß sie die Tochter ihrer Mutter ist, einer Frau, die, als ich ruinirt, ohne Vermögen, ohne Aussichten meine Laufbahn von vornen beginnen, die gefährlichsten Missionen annehmen mußte, mir ihren Beistand versagte, weil es, wie sie sagte, ihr Gewissen verbot; und doch konnte Madame de Fernonville wichtigeres für mich leisten, als Cäcilie je im Stande sein wird; aber so eine Deutsche läßt ja lieber ihren Mann zu Grunde gehen, als daß sie ihre tugendhaften Skrupel beschwichtige."

„Und doch hat Madame de Fernonville, um Sie jenen gefahrvollen Missionen zu entreißen, Ihnen durch ihren Einfluß bei den Prinzessinnen den Gesandtschaftsposten verschafft, und Sie haben sich über die tugendhaften Skrupel nicht zu beklagen. Sie sehen, mein Bester, daß eine Frau, die für ihren Mann wirken will, manches durchsetzt, wenn sie auch gerade nicht in allem nach seinem Willen handelt. Uebrigens täuschen Sie sich in Cäcilien; sie ist viel mehr die Tochter ihres Vaters, als Sie denken; ich kenne ihren Ehrgeiz; sie liebt Ewalt; aber sie liebt ebenso sehr den **berühmten** Künstler, den interes=

sauten Mann, als sie sich von seinen sonstigen Vorzügen angezogen fühlt. Glauben Sie mir, Cäcilie paßt ganz und gar zur großen Dame, und sie wird eine Stellung, wie die, welche wir ihr anweisen wollen, vortrefflich ausfüllen. Sie aber können aus ihrer Wirksamkeit unermeßlichen Vortheil ziehen. Die Regierung darf den Mann nicht unbelohnt lassen, der allein den Weg zu einem Ziele fand, das sie mit großen Opfern bisher ohne eigentliche Resultate gesucht hat. Sie darf kein Opfer scheuen, um sich die treuen Dienste von Personen zu sichern, die ganz unabhängig sind; sie muß Ewalt und seine Gemahlin bei jeder Gelegenheit auszeichnen, und ich komme auf meine erste Behauptung zurück, daß wenn er sich nach einiger Zeit hier ansiedeln will, seine Stellung eine ganz exceptionelle sein wird. Zu gleicher Zeit aber können Sie durch Ihre Tochter mit großer Sicherheit den Zweck anstreben, den Sie, lieber Fernonville, wie ich weiß, nie ganz außer Acht lassen: sich Ihre Zukunft für den Fall eines Umschwungs hier zu sichern. Durch Cäcilien können Sie mit gewissen Personen, die jetzt in fremden Landen wohnen, in immerwährender Verbindung bleiben, ohne Verrath zu befürchten; selbst die argwöhnischste Politik kann es nicht befremdend finden, wenn die Gemahlin eines Künstlers bei der Wahl ihres Umganges nicht immer auf Partei- oder dynastische Interessen Rücksicht nimmt; ja, es wäre selbst dieser Umgang bis zu einem gewissen Grade noch zu Ihrem Vortheile hier auszubeuten; es bedarf bei Ihnen keiner weiteren Andeutungen."

„Sie machen aus mir, was Sie wollen, Frau Gräfin," bemerkte Fernonville galant. „Nun meinetwegen möge der junge Mann sich um Cäcilien bewerben; von meiner Seite soll er kein Hinderniß fürchten; übrigens ist ein Fall wie dieser noch nicht vorgekommen." —

„Um desto mehr éclat wird er machen; doch noch eins: „Sie werden vielleicht mehr Widerstand bei Ihrer Frau Gemahlin finden, als Sie voraussetzten; denn obwohl sie deutsch und sentimental genug ist, um sich an einer Musiksprache zwischen zwei jungen Herzen zu ergötzen, so glaube ich doch nicht, daß sie je dachte, es könne sich auch eine ernsthafte Brautwerbung in Tönen ausdrücken lassen; Sie müssen ihr vorstellen, die Beziehungen zwischen Ewalt und Cäcilie seien durch indiskrete Leute schon so bekannt geworden, daß Sie es als Vater vorzögen, die Sache ernsthaft zu nehmen, und allen Bemerkungen durch die Einwilligung die Spitze abzubrechen. Auch Cäcilien müssen Sie vorstellen, daß Ewalt um sie warb, weil er die Kraft in sich fühlt, ihr eine glänzende Zukunft zu bereiten; — ist nicht ein Maler vom Kaiser Napoleon I. baronisirt worden? Sie könnten das von ungefähr andeutungsweise erzählen; übrigens werde ich selbst noch mit der jungen Dame sprechen; diese Ehe wird eine glückliche werden; Cäcilien's energischer und glänzender Geist soll Ewalt's weiches Gemüth beherrschen; sie soll seinen Ehrgeiz auf die rechte Bahn der Ehre und des Glückes leiten; und ist es nicht ein Glück, sich von einem so reizenden Wesen beherrschen zu

laffen? Nun aber gehen Sie nach Hauſe, lieber Fernon=
ville; berathen Sie ſich mit ihrer Familie, und laſſen Sie
mich wiſſen, wann Ewalt zu Ihnen kommen kann."

Der Staatsrath entfernte ſich mit vielen Freundſchafts=
verſicherungen. Während er nach Hauſe fuhr und über das
eben gepflogene Geſpräch nachdachte, murmelte er öfters:
„Wenn ich den Beiſtand dieſer Frau nicht ſo ſehr brauchte,
ſo wollte ich ihr ſchon begreiflich machen, daß ſie ſich nicht
in eine Familienangelegenheit miſchen ſolle, um ihre Phan=
taſien durchzuführen; indeſſen wer weiß, zu was alles
das noch gut iſt? — Dieſer Ewalt ſcheint ſich hier einer
ganz beſonderen Protektion zu erfreuen. Cäcilie wird
jedenfalls eine ſehr angenehme Stellung einnehmen, und
vielleicht bildet ſie ihn noch zum Diplomaten heran; hat
doch die Liebe aus Quintin Meſſis, dem Schmiede, einen
Maler gemacht, warum ſollte ſie nicht politiſche Fähig=
keiten in einem Geiger entwickeln?"

Die Gräfin hatte ausdrücklichen Befehl ertheilt, je=
den Beſuch unter dem Vorwande, daß ſie unpäßlich ſei,
abzuweiſen, und wartete ungeduldig auf Fernonville's
Botſchaft. Es war acht Uhr Abends, als dieſe endlich an=
langte; der Staatsrath ſchrieb, daß der Widerſtand ſeiner
Frau größer war, als er erwartete, daß hingegen Cäcilie
ſich ſehr erfreut gezeigt hätte, die Gemahlin eines ſo be=
rühmten und braven Mannes zu werden, und die ſichere
Hoffnung ausdrückte, daß es ihm gelingen werde, bald
die ſeines Genie's würdige Stellung zu erreichen. Ewalt
möge des andern Tags um zehn Uhr zu ihm kommen,

um alles in Richtigkeit zu bringen. Die Gräfin sandte alsbald einige Zeilen an Ewalt; dann versank sie abgespannt und ermüdet in tiefes, dumpfes Brüten. Manches Bild aus der noch nicht lang entschwundenen Zeit stieg vor ihr auf, wo sie jung, geist- und talentvoll, ehrgeizig, nicht gerade schön, aber in höherm Grade anziehend mit der lebhaftesten Hoffnung in die Welt trat. Jetzt stand sie verblüht, alternd inmitten eines freudelosen, zwischen Aufregung und Verstellung wechselnden Lebens, von den Menschen nur um ihres Reichthumes und ihrer hohen Stellung willen beachtet. Sie sah ihren unbedeutenden Gemahl überall eher als in seinem Hause freudesuchend, ihre Kinder theilnahmlos, nur die äußeren Zeichen der konventionellen Pflicht beobachtend; umsonst suchte sie nach einem einzigen theilnehmenden Herzen; eine Freundin hatte sie einst, die sie für die beste hielt, für die sie alles willig gegeben hätte, und diese — "Ja!" rief sie plötzlich, "so lange diese noch lebt, so lange sie meine Rache nicht ereilt hat, werde auch ich keine Ruhe finden, wird mein Geist nicht ohne Beschäftigung sein. Noch fühle ich Kraft in mir; ist einmal der Vernichtungsstreich gefallen, dann möge auch ich zur Ruhe gehen! Wie wird Ewalt's Vermählung mit Cäcilie von Fernonville sie demüthigen!"

In diesem Augenblicke wurde ihre Schulter leise berührt; sie fuhr auf, eine wie dem Grabe entstiegene Gestalt stand vor ihr, hielt die nach dem Glockenzuge fahrende Hand fest und sprach: "Erkennst du mich, Rosalie von Rohden? Ich lebe noch! Ich bin Leonardo!

Ewalt wird Cäcilie von Fernonville nicht zum Weibe nehmen! Sein Leben gehört der Kunst und nicht den Plänen ehrgeiziger Frauen! Ueber diesen habt Ihr keine Gewalt! Ihn rettet sein Genius oder — ich! Rosalie v. Rohden noch lebt ein besserer Funke in dir; Bereue! Vergiß! Entsage!" Die Gestalt verschwand. Die Gräfin sank ohnmächtig zu Boden. So fand sie die eintretende Kammerfrau; auf ihren Angstschrei eilten die andern weiblichen Diener herbei. Sie brachten die Herrin zu Bette; diese erwachte bald, gab aber keine Antwort auf die besorgten Fragen, und stieß nur wilde, unzusammenhängende Rufe aus; der herbeigerufene Arzt sprach von einem heftigen Fieber, und ordnete die größte Vorsicht an. —

Zur bestimmten Stunde fand sich Ewalt in dem Hause des Herrn von Fernonville ein. Der Weisung gemäß, welche ihm die Gräfin gesandt hatte, ließ er den Staatsrath zuerst um eine Unterredung bitten. Dieser empfing ihn mit freundlichstem Wohlwollen, und unterbrach die etwas verlegen hervorgebrachte Werbung mit den Worten: „Schon gut, mein lieber Herr, ich weiß, um was es sich handelt, unsere gemeinsame Freundin, die liebenswürdige, großmüthige Gräfin Rohden, hat mich von Ihren Wünschen in Kenntniß gesetzt; ich habe mit meiner Gemahlin berathschlagt, sie ist mit mir einverstanden, Cäcilien ist es in dem vorliegenden Falle leicht, eine gehorsame Tochter zu sein. Damit wären also die eigentlichen Präliminarien und zwar die wichtigsten erfüllt. Nun kommen aber die Stipulationen. Ich kann meiner Tochter eigentlich nur sehr wenig Mitgift geben." —

Ewald machte eine abwehrende Bewegung.

„Erlauben Sie," fuhr Fernonville fort, „daß ich alles darlege; bei einer Heirath müssen alle Punkte zur Sprache kommen, über welche die Liebe leicht hinausgeht. Ich kann also, wie gesagt, meiner Tochter nur eine kleine Aussteuer geben; dagegen bin ich im Stande, durch meinen und meiner Freunde Einfluß, manches für einen Schwiegersohn zu erringen, was zumal für den Künstler, bei dem Ruhm und Ehre doch auch zählen, einer großen Summe gleichkommt. Es handelt sich also nur darum, daß wir uns verständigen, daß Sie einen Plan entwerfen, nach dem Sie Ihre Laufbahn verfolgen wollen. Damit es nicht den Anschein habe, als spekulirten Sie auf meinen Einfluß, so wäre es zuvörderst vielleicht am besten, daß Sie nach der Vorstellung bei Hof und den sonstigen nothwendigen Ceremonien nach Deutschland und England gingen, und erst nach einiger Zeit hierher zurückkehrten."

„Das ist auch meine Absicht," entgegnete Ewald; „es wurde mir eine Stelle mit etwa viertausend Franken Gehalt an einem königlichen Institute in Deutschland angetragen; diese würde ich sogleich nach meiner Verheirathung antreten. Ich kann durch Concerte und Compositionen vielleicht andere sechstausend Franken jährlich erwerben, und eine solche Summe würde, abgesehen von dem, was ich von meinem Vater erhielte, vielleicht genug sein, um eine sehr anständige, wenn auch bescheidene Existenz zu gründen."

"Hm! das ist recht gut," bemerkte Fernonville, "aber ich glaube, Sie sollten nicht so schnell auf eine fixe Stelle reflektiren, durch welche Sie gleich von vorneherein an eine Scholle gefesselt sind. Ein Künstler wie Sie und in Ihrem Alter braucht sich noch in keiner Weise zu binden; Sie können, wenn Sie es ein bischen geschickt anfangen, zwanzig- bis dreißigtausend Franken jährlich erwerben; das werden Sie auch sehr bald begreifen und lernen. Haben Sie es einmal so weit gebracht, dann wird man Ihnen auch ein anderes Honorar als viertausend Franken anbieten. Wenn Sie sich überhaupt irgendwo niederlassen wollen, woran, wie ich schon bemerkt habe, Sie vor der Hand noch gar nicht denken sollen, so gibt es keine Stadt der Welt, wo Sie Ihre Zwecke sicherer und in solcher Ausdehnung erreichen können, als Paris; von hier aus geht der Ruf des Künstlers durch die ganze Welt. Der Virtuose, dessen Leistungen in den Spalten unserer Journale gepriesen werden, bedarf keiner weiteren Empfehlung, wo immer er seine Schritte hinwende; der Compositeur, dessen Werke hier gefallen, erhält von allen Verlegern Deutschlands und Englands die höchsten Honorare; ich will damit nicht etwa gesagt haben, daß Deutschland nicht große Musiker erzeuge, sondern nur andeuten, daß, was wir le baptême de Paris nennen, allein diesem großen Musiker die glänzende Stellung gibt, zu der sein Genie ihn berechtigt; an Ihren Mienen sehe ich, daß diese Meinung nicht die Ihrige ist; das thut nichts. Lassen Sie uns auf den speciellen Fall, nämlich auf Ihre Verbindung mit meiner Tochter und auf das, was wir hierbei von Ihnen erwarten, zurückkommen. Sie begehren sie zur Gemahlin; die Eltern opfern jede andere Rücksicht dem Wunsche, daß Cäcilie v. Fernonville in der Ehe mit dem großen Künstler sich glücklich und zufrieden fühlen möge. Das Einzige, was sie als Compensation für dieses Opfer beanspruchen, ist, daß der Künstler seinerseits beweise, es sei ihm nicht blos darum zu thun, ein Mädchen aus bester Familie zu heirathen, und seinem Ehrgeize die höchste Befriedigung zu gewähren, sondern er könne neben seiner Gemahlin auch in den Kreisen, denen sie ursprünglich angehörte, eine Stellung einnehmen, in der sie sich durch ihn geehrt fühle. Ich will dem Hofe und der Gesellschaft von Paris sagen können: mein Schwiegersohn gehört zu den größten Virtuosen Europas, ja, er ist in seiner Art vielleicht der erste, und ein solcher ist auch vollkommen berechtigt, sich als unseres Gleichen zu betrachten. Zu diesem Zwecke müssen Sie sich bekannt machen. Frau Gräfin Rohden und andere Freunde werden Sie vorstellen. Sie erringen Anerkennung, Protektion, geben dann mehrere Concerte, die von der Elite der Gesellschaft besucht werden; ganz Paris spricht nur von Ihnen; Sie sind der Löwe des Tages; wir feiern dann die Hochzeit, und Cäcilie von Fernonville genießt dann als Madame Ewalt dasselbe Ansehen, in dem sie früher als Tochter eines Staatsrathes und der geborenen Baronin v. Baldern stand. Sie gehen hierauf nach Deutschland; dort sind Sie an vielen Höfen bereits bekannt und hochgeehrt; die französischen Gesandtschaften werden angewiesen sein, das ihrige beizutragen, auf daß man Sie überall auf's glänzendste empfange; Cäcilien's Geist und sonstige Vorzüge werden ihren Leistungen in der Gesellschaft eine höhere Bedeutung verleihen; während man einem kleinen Talente gegenüber vielleicht sagen würde: seine Frau protegirt ihn, wird man einem Genie, wie das des Herrn Ewalt verkünden: er hat in Frankreich nicht blos die Anerkennung seiner Kunst, sondern auch den Beweis gefunden, daß Männern von solchen geistigen Gaben auch die höchste gesellschaftliche Rangstufe zuerkannt wird. Sind Sie nun ein paar Jahre im Ausland gewesen, dann kommen Sie hierher; ich verschaffe Ihnen eine glänzende Anstellung, bei der Sie nicht verhindert sein sollen, nach allen Weltgegenden zu reisen, um neue Lorbeeren und andere Vortheile zu ernten. So sind Ihre und unsere Wünsche erfüllt, und alle Parteien fühlen sich zufrieden und glücklich."

„Das Bild meiner Zukunft, das Sie hier entwerfen," entgegnete Ewalt, „ist glänzend und verlockend; ja, ich muß gestehen, die Laufbahn, die Sie mir vorzeichneten, ist eine herrliche, und doch muß ich einige Bedenken erheben, zuvörderst gegen ein etwaiges musikalisches Wirken in Paris. Am Hofe und in den mit demselben zusammenhängenden Kreisen herrscht größtentheils Vorliebe für eine

Musikgattung, die meiner künstlerischen Richtung widerstrebt; meine Leistungen würden nur Langeweile erregen, daher den von Ihnen angedeuteten Zweck gänzlich verfehlen. Was nun die Stellung in Deutschland betrifft, so ist diese eine andere, als Sie vielleicht denken; ich genieße allerdings das gnädige Wohlwollen mancher Fürsten, aber es ist mir wohl vorzüglich darum zu Theil geworden, weil ich aus dem Kreise, den ich mir als Tonkünstler vorgezeichnet, nie herausgetreten, innerhalb desselben jedoch völlig unabhängig geblieben bin. Würde ich jetzt gesellschaftliche Ansprüche erheben, so setzte ich mich vielerlei Kämpfen aus um Dinge, die mit meinem Berufe nichts zu schaffen haben, und gäbe zu gleicher Zeit jene unabhängige Stellung als Künstler auf, die mir nicht streitig gemacht werden kann."

„Das alles —" meinte Fernonville, „ist von vornherein beseitigt, wenn Sie von hier aus mit einem glänzenden Rufe nach Deutschland zurückkehren." —

„Diesen zu erlangen," entgegnete Ewalt, „fühle ich mich nicht gewachsen, und die Mittel anzuwenden, um die Protektion der hohen Kreise zu gewinnen, verbietet mein künstlerisches Gewissen."

„Ta, Ta, Ta, conscience d'artiste," spöttelte Fernonville, „da haben wir wieder eine von den philosophischen Phrasen, hinter welche die Deutschen ihre starre Systemkrämerei verstecken. Wenn ihnen etwas unbequem erscheint, dann verbietet ihnen das Gewissen darauf einzugehen. Ich glaube, ein jeder hat die Pflicht, seine Fähigkeiten in ausgedehntestem Maße zu entwickeln, zu verwerthen, so lange es ohne positive Unehre geschehen kann. Wenn Sie den Leuten hier etwas, was sie amüsirt, etwa Variationen und irgend ein Carnaval vorspielen, anstatt Sonaten und Quartette, so begehen Sie doch nichts Unehrenhaftes, und bringen wahrlich kein Opfer. Was ist denn eigentlich Ihr Plan für die nächste Zukunft? Lassen Sie mich hören, was Sie als verheiratheter Mann zu thun gedenken."

„Ich würde, wie schon bemerkt, die angebotene Stelle annehmen, welche meine Existenz in bescheidener, aber ehrenvoller Weise sichert; ich würde meiner Kunst leben, in dem Fache, zu welchem mich angeborenes Talent, Unterricht und endlich Ueberzeugung geführt haben, das Höchste anstreben, zufrieden, wenn ich die Anerkennung dieses Strebens fände. Ich werde die Annehmlichkeiten und Vortheile, die uns aus der Gunst der Großen fließen, nie verkennen — aber ich werde nach wie vor keinen andern Weg zur Erlangung dieser Gunst einschlagen als den, worauf ich völlig unabhängig, d. h. in der freiesten Ausübung meiner Kunst, nach meiner Ueberzeugung wandeln kann. Wenn meine Gemahlin durch ihre Geburt, durch die Stellung ihrer Familie höhere Ehren in der Gesellschaft erlangen kann als ich, und sich darin wohl fühlt, so werde ich ihr darüber keinen Vorwurf machen; ich werde in ihr nie etwas anderes erblicken als das Wesen, dem ich meine schönsten, meine reinsten Gefühle zu weihen verpflichtet bin, das mich zu dem Höchsten in der Kunst begeistert; unsere Stellung, unsere Existenz aber muß meine Sorge sein; das, was ich nicht mit meiner Ueberzeugung erringen kann, wird gewiß ihr nicht wünschenswerth erscheinen. Deßwegen muß ich auch auf meine erste Bemerkung bezüglich Auftretens in Paris zurückkommen. Die in diesem Momente vorherrschende Richtung des Concertspieles ist eine solche, daß ich mich zu ihr unmöglich bequemen könnte, ohne meine künstlerische Ueberzeugung zu opfern. Was aber würde Fräulein v. Fernonville von einem Manne denken, der, um sich ihr in einem glänzenderen Lichte zu zeigen, sein besseres Selbst aufgäbe?"

„Hm! sehr schön gesagt —" bemerkte der Staats= rath gedehnt — „doch muß ich Ihnen Eins bemerken: Was ich so eben über Ihre Stellung und sonstiges Wirken sprach, ist nicht blos ein Wunsch, den ich hege, oder eine Bedingung, die ich stelle, sondern es ist die sichere Hoffnung, die Cäcilie nährt."

„Wie?" rief Ewalt erschrocken.

„Ja wohl," entgegnete Fernonville, „Cäcilie ist bereit, Ihnen ihre Hand zu reichen; doch ist sie auch der Ueber= zeugung, daß sie dieselbe Stellung in der Gesellschaft ein= nehmen wird, zu der sonst nur der Künstler, nicht aber seine Gemahlin als berechtigt anerkannt wird. Cä= cilie ist in der großen Welt erzogen worden, es kann ihr nicht zugemuthet werden, zu einer untergeordneten Stellung herabzusteigen, und aus keinem weiteren Grunde, als weil ihr Gemahl sich einbildet, sie dürfe keine andere Rolle spielen als die seiner Muse. Nein, mon cher

Mr. Ewalt, Cäcilie denkt im Gegentheil, gerade als Gemahlin eines Künstlers das Leben in den glänzendsten Kreisen, aber nur von einer poetischen Seite zu genießen. Sie sehen mich etwas ungläubig an? Nun ich will alle Ihre Zweifel beseitigen und Madame de Fernonville, der Sie gewiß Glauben schenken werden, als Zeugin anrufen." Er ließ seine Gemahlin bitten zu kommen; sie erschien. „Verzeihen Sie, Madame, wenn ich Sie hierher bemüht habe; es ist mir aber darum zu thun, daß Herr Ewalt von Ihnen die Bestätigung einer Aeußerung Cäcilien's erhalte, die, aus meinem Munde wiederholt, ihm vielleicht nicht ganz getreu wiedergegeben erscheinen dürfte. Lauteten ihre Worte, als ich sie von der Werbung Herrn Ewalt's in Kenntniß setzte und um ihre Meinung frug, nicht folgendermaßen: Wie freue ich mich, eines so trefflichen Mannes, eines so berühmten Künstlers Frau zu werden, in seinem Ruhme zu schwelgen, und die Vortheile, welche mir Geburt und die Verbindungen meiner Familie gewähren, überall zur Verherrlichung seines Genies benutzen zu können, ihm überall die glänzendste Stellung in der Gesellschaft zu sichern; er wird alle Virtuosen im Ansehen überragen, wie er sie bereits in seinem Talente überragt, und — das wird mein Gemahl sein! Waren dies nicht die Worte Cäcilien's?" Frau v. Fernonville nickte bejahend, und blickte mitleidig auf die Veränderung, die in den Zügen Ewalt's vorging; er sah in dem Augenblicke um zehn Jahre gealtert aus. „Sehen Sie, mon cher Mr. Ewalt," fuhr der Staatsrath fort,

„ein Mädchen, das so spricht, weiß genau, was es will; ich war ganz frappirt von dem Verstande und dem klaren Blicke meiner kleinen Tochter, und hielt es für meine Pflicht, mit Ihnen klar und entschieden über alle Punkte zu reden; wenn ich nicht von vornherein erklärte, daß ich eigentlich mehr im Namen meiner Tochter spräche, so war der Grund hiervon, weil ich im Anfange dachte, daß die Ansichten zusammenträfen, daß dies nicht blos eine der glücklichsten Ehen geben würde, sondern daß sich aus dem gemeinsamen Wirken zweier so begabter Wesen noch andere als blos künstlerische glänzende Verhältnisse entwickeln ließen. Nun, die Hoffnungen haben sich leider nicht bewährt, wir können auf diesen Basen nicht unterhandeln, denken Sie nach, Herr Ewalt; noch nehme ich mein Wort nicht zurück; vielleicht sehen Sie ein, daß Ihre Prinzipien selbst ohne Heirath nicht haltbar sind; ich gebe Ihnen vier und zwanzig Stunden Bedenkzeit, überlegen Sie —"

„Ich habe nichts zu überlegen," sprach Ewalt ruhig, und das Zittern seiner Lippen zeugte von seiner inneren Bewegung; „meine künstlerische Ueberzeugung ist von meiner sittlichen untrennbar; ich müßte erst diese umwandeln, um von jener abzugehen, und das ist unmöglich; das werden Sie selbst einsehen. Haben Sie Dank für Ihre gütigen Absichten, und verzeihen Sie mir, daß ich es gewagt, kühne Hoffnungen zu nähren; empfehlen Sie mich Fräulein von Fernonville." Er schwankte hinaus. Fernonville rieb sich vergnügt die Hände, eilte zu seiner Tochter und sagte ihr: „Liebe Cäcilie, der Künstler hat

Gewissensskrupel gehegt, eine Frau zu nehmen, die eine andere Gesellschaft als die der Musen zu frequentiren wünscht, und die ein diner bei Véri für bessere Kost hält als Nektar, Ambrosia und eine Sonate. Tant mieux! Ich freue mich nur, daß wir uns so bald verständigt haben. Uebrigens sei unbesorgt, ma petite; es soll dir an einem Manne nicht fehlen; ich habe mich in dir getäuscht, dich vernachlässigt, und es soll nun meine Aufgabe sein, diese Fehler gut zu machen. „Ma chère enfant, junge Damen deines Schlages sind selten; du hast von Madame de Fernonville eine so vortreffliche Erziehung erhalten, und andererseits einen so praktischen Sinn bewahrt, daß es Schade wäre, diese Eigenschaften nicht in einer Stellung zu entwickeln, wo sie ersprießlich wirken können. Es ist ein wahres Glück, daß sich diese fatale Angelegenheit noch so ruhig abgewickelt hat, und ich hoffe, du bist von allen romantischen Ideen geheilt!" Cäcilie umarmte den Vater und sprach: „Es war doch eine edle Natur! ein außerordentlicher Künstler! Ich hätte aber doch nicht geglaubt, daß er seine Geige mehr liebte als mich."

Ewalt war inzwischen auf die Straße gelangt, er wußte fast selbst nicht wie. Er konnte sich über das, was er fühlte, keine Rechenschaft geben; es war etwas, das dumpf und schwer auf dem Gehirne lastete und dann plötzlich nach seinem Herzen fuhr und es zu sprengen drohte; er preßte die Hand krampfhaft gegen die Brust und verjagte es von dort, dann aber kehrte es wieder

12*

nach dem Kopfe zurück, und lagerte sich wie ein enger eiserner Reif um die Hirnschale und Schläfe. In dumpfem Vorsichhinbrüten schritt er die Straße entlang, unbekümmert um das Weben und Treiben, das ihn umgab; er war müde, sehr müde! Er verließ das Boulevard und suchte eine stille Nebengasse auf, die nach seiner Wohnung führte. Plötzlich ward er in deutscher Sprache bei seinem Namen angeredet; er fuhr auf, sah sich scheu um, und erblickte einen ihm ganz unbekannten Mann, dessen Erscheinung ihn aber so mächtig ergriff, daß er im ersten Momente den Schmerz vergaß, der sein ganzes Wesen umspannt hielt. Die schlanke, kräftige Gestalt trug ein Haupt, dessen wunderbar schöne Züge ein seltsames Gemisch von Jugendfrische und frühzeitigem Alter darboten. Stirne, Nase, Mund und Hals zeigten noch die reinsten faltenlosen Linien; dagegen waren die Wangen hohl, die Augen von tiefliegenden Ringen umzogen, Bart und Kopfhaar fast ganz grau. Das herrliche dunkelblaue Auge blitzte noch in vollem Glanze; doch nahm der Blick momentan einen erschreckend unstäten Ausdruck an.

Die Kleidung des Fremden, obgleich höchst einfach, deutete in ihrer Frische und in der Feinheit der Stoffe an, daß die Ansprache keine Bitte um Unterstützung enthalten werde. Er ergriff Ewalt's Hand und zog ihn unter ein Hausthor; in reiner deutscher Sprache und mit einer melodischen Stimme, die in Ewalt's Herz eigenthümlich wiederhallte, begann er: „Nur eine Frage, und dann trennen wir uns: Ewalt, heirathen Sie Cäcilie v. Fernonville?" — und als der erstaunte Künstler zurücktrat und über solch seltsames Gebahren Aufklärung verlangen wollte, wiederholte jener in feierlichem Tone: „wollen Sie die Tochter des Staatsrathes zum Weibe nehmen? — doch halt! wenn die Frage dem Brautwerber bedenklich scheint, will ich eine andere an den Künstler stellen, die er mir beantworten kann: „Sie waren heute dort; sind Sie in diesem Augenblicke sich gegenüber derselbe, der Sie waren, als Sie das Mädchen zuerst sahen?" Ewalt trat einen Schritt zurück, legte die Hand an's Herz und sprach mit fester Stimme: „Ja!" In diesem Augenblicke blickt er in das Antlitz des Fremden, und starrte hin wie von einem Zauber gebannt; er sah eine jener wunderbaren Erscheinungen, die auf ganz natürlichen Ursachen beruhen, aber in poetischen Gemüthern immer den mächtigsten Eindruck, zumal in Momenten der Aufregung, hervorbringen. Der Fremde und Ewalt standen hinter einem Hausthore, dessen Halbflügel geschlossen war und die Gestalten in dunkle Schatten hüllte. In dem Augenblicke, als Ewalt sein Ja! aussprach, fiel ein Sonnenstrahl quer durch den geöffneten Theil des Thores auf die Züge des geheimnißvollen Fragers und verlieh demselben einen überirdischen Ausdruck; — feierlich erhob er die Hand und trat auf den Künstler zu: „Heil dir, o Jüngling!" sprach er begeistert. „Dreimal Heil! Du hast überwunden und wirst überall siegen! denn dich beschützet die heilige Kunst; ertrage die Leiden, die dir das Leben noch bringen wird, und gedenke der Worte des Dichters:

„Die Fluth der Leidenschaft, sie stürmt vergebens
An's unbezwungne feste Land.
Sie wirft poet'sche Perlen an den Strand;
Und das ist schon Gewinn des Lebens."

Und nun leb' wohl — verlasse diese Stadt — forsche jetzt nicht nach mir, wir sehen uns noch wieder." Mit diesen Worten entfernte er sich eiligst, und ließ Ewalt in einer unbeschreiblichen Aufregung zurück.

Horst saß am Klavier und übte. Er hatte Ewalt einige Zeit lang nicht gesehen, als dieser unerwartet in's Zimmer trat. Er war blässer und noch ernster als gewöhnlich, aber doch ruhig und freundlich. Horst sprang vom Instrumente und grüßte ihn herzlich, sah ihm in's Gesicht und sprach: „Sie kommen, um Abschied zu nehmen."

„Richtig gerathen, Prophet!" entgegnete der andere, „ich reise morgen."

„Und sind die Fesseln gesprengt?"

„Sie sind es; sprechen wir nicht davon! Was denken Sie hier zu thun, sind Sie noch immer von der Richtigkeit Ihrer Ansichten überzeugt?"

„Mehr als je. Und liegt in Ihrem eignen letzten Schicksale nicht ein Beleg für die Richtigkeit derselben? Verzeihen Sie, wenn ich darauf zurückkomme; ich thue es aus keinem anderen Grunde, als damit Sie sich selbst klar werden. Ich war nicht einen Augenblick im Zweifel über den wahren Charakter der Frauen, daß diese mit Ihren reinen, lauteren Gefühlen, die Sie überall bewah=

ren zu müssen glauben, ein niedriges Spiel getrieben. Ich stand in der Ferne und beobachtete die Intriguen dieser Rohden und Varasimoff."

„Sie mögen Recht haben," entgegnete Ewald seufzend; „ich konnte nicht ahnen, daß Frauen, die so viel Liebe und wahres Talent zur Musik zeigen, mit einem Musiker in so arglistiger, böser Weise umgehen würden."

„Welche Naivetät!" bemerkte Horst widrig lachend. „Also weil die Gräfin Rohden Beethoven'sche Trios taktfest und geläufig spielt, die Fürstin Varasimoff Chopin'sche Mazurken mit Geist und Feuer vorträgt, Fräulein von Fernonville manchmal einen wirklich überraschend schönen Anschlag entwickelt und wundervoll nüancirt, kann die erste keine kalte Intriguantin, die andere keine egoistische, ehrgeizige aventurière de haut parage, die dritte keine gemüthlose, aber geistvolle, liebenswürdige, fein erzogene Coquette sein? Können Sie sich keine Frauen denken, deren Nerven nur durch die Beschäftigung mit Musik in eine gewisse Erregung zu versetzen sind, und die sich dann begeistert geberden? Oder glauben Sie wirklich, daß der gefühlvolle, geistreiche Vortrag eines schönen Tonstücks überhaupt schon auf eine schöne Seele schließen lasse? Ei, dann wären ja alle unsere großen Sängerinnen eo ipso Vestalinnen, während uns die Geschichte der Vergangenheit wie die Gegenwart genügende Beispiele vom Gegentheile liefert. Die Mara, die größte Sängerin geistlicher Musik, die begeisterte Priesterin Polyhymniens, welche die Zuhörer aller Lande in Ekstase versetzte durch den Vortrag der Händel'schen Arie: „Ich weiß, es lebt mein Erlöser 2c.." gehörte zu den Losesten; und kennen wir beide nicht die X, X und Y, die vortrefflichsten Darstellerinnen der Donna Anna, des Fidelio, der Valentine, der Nachtwandlerin und sonstiger keuscher Charaktere, und wissen wir nicht, wie's mit ihnen steht?"

„Das sind Theatersängerinnen," wandte Ewald ein, „das immerwährende Hinaustreten vor das Publikum, der Contakt mit den verschiedenartigsten Menschen bringt sie in Gefahren, denen eine talentvolle Dame, wenn sie in der Musik keinen Erwerbszweig sucht, nicht ausgesetzt ist."

„Das beweist nur," entgegnete Horst, „daß das Verdienst der tugendhaften Theatersängerin höher steht, als das der talentvollen Dilettantin. Jene sucht nicht die Gefahren, sie liegen in ihrem Berufe; und so lange die Frage nicht entschieden ist, ob denn Frauen überhaupt einen Beruf wählen können, der sie in immerwährende Berührung mit der Außenwelt bringt, und ob sie dabei die Reinheit ihrer Gefühle und Gesinnungen zu bewahren vermögen, — so lange dürfen wir auch über die Fachmusikerin kein Urtheil fällen. Wohl aber dürfen wir die noblen Damen tadeln, die mit ihrem Talente prunken, und alles anwenden, um nur recht bekannt und gepriesen zu werden. Es liegt in diesem Sichzurschautragen etwas Herausforderndes, dem Begriffe bescheidener Weiblichkeit Widersprechendes; und fast scheint mir's, als ob besonders hervorragendes Talent und die demselben gewidmete Sorgfalt der Entwicklung jener stillen Tugenden, die des Wei=

des Hauptschmuck bilden, gefährlich seien, wenigstens habe ich unter den sogenannten talentlosen die vortrefflichsten Mädchen und Frauen gefunden, die für alles Schöne warmes Gefühl besaßen, in ihren Leistungen aber das bescheidenste Maß kaum überschritten. Und doch ist das Weibliche etwas rein Musikalisches."

„Wie so?" frug Ewalt verwundert.

„Oft schon," bemerkte Horst, und sprach dabei mehr träumend vor sich hin, als daß er auf die Frage des andern antwortete, „habe ich nachgedacht, warum manche weibliche Wesen eine so eigenthümliche Macht über jeden von uns ausüben, in dem noch ein Funken Poesie, die Ahnung eines Höheren lebt. Warum wir in ihrer Nähe uns besser, reiner fühlen, ja ganz unpraktisch, so zu sagen unsinnlich werden, uns nicht bekümmern, in welchen Beziehungen wir zu ihnen stehen, ob sie uns kennen, überhaupt achten; wir freuen uns ihres Daseins, und selbst die Erinnerung an sie drängt das Böse zurück, eine eigenthümliche schöne Ruhe überkommt uns; und doch wissen wir uns von all' diesen Erscheinungen, die in unserer Seele leben, keine klare Vorstellung zu machen; ja, wenn wir analysiren wollen, dann finden wir, daß jene Wesen in Schönheit, Geist und Talenten vielen anderen, die uns gleichgiltig lassen, nachstehen; was ist also das, was uns an ihnen entzückt? Es ist das Harmonische in ihren Zügen, ihren Bewegungen, in ihrem ganzen Sein, der geheimnißvolle Zauber der Melodien in Sprache, in Ausdrucksweise, es ist das Musikalische — das eigentlich

Unbestimmbare. Welcher fühlende Musiker kann sagen, warum ihn dieses oder jenes Adagio von Mozart oder Beethoven immer so mächtig ergreift? Das eine ist dur, das andere moll, das eine bewegt sich lebhaft, das andere gemessen, das eine ist klar, wie der schönste Herbstabend, das andere tiefsinnig, in düsteren Harmonien fortschreitend, wie eine schwüle Gewitternacht am Gebirge, — und doch können wir ebenso wenig bestimmen, ob es dies oder das ist, was die herrlicheren Empfindungen in uns erweckt, als wir zu entscheiden vermögen, ob die Weiblichkeit an ein gewisses Temperament, oder an blonde oder dunkle Haare gebunden ist." „Das Unbeschreibliche, hier ist's gethan, das ewig Weibliche zieht uns hinan."

Ewalt, der staunend und mit großer Aufmerksamkeit zugehört hatte, trat gerührt auf Horst zu und ergriff seine Hand: „Seltsamer Mensch," sprach er, „der so viel Gefühl für das Schöne und Wahre zeigt, und doch in der gleißenden Lüge, in der Selbsttäuschung lebt! Wie können Sie mit solchen sittlichen Empfindungen, mit einer derartigen Geistesrichtung eine Existenz führen, wie diese, welche Sie selbst gewählt haben?"

„Ei," entgegnete Horst, der inzwischen seine ganze sarkastische Laune wiedergewonnen hatte, „aus dem ganz einfachen Grunde, weil man mit Empfindungen kein Mittagessen bezahlt, und mit der Geistesrichtung keine Schneiderrechnung berichtigt." Er fühlte, wie Ewalt seine Hand zurückziehen wollte, und hielt sie fest. „Ich will nicht, Ewalt," fuhr er fort, „daß Sie mich für niedrig=

denkend halten, sondern ich will Sie überzeugen, daß ich mit vollem Bewußtsein meines Elends, aber aus Nothwendigkeit handle. Sie reisen; wer weiß, wann wir uns wiedersehen; haben Sie Zeit und interessirt es Sie, meine Lebensgeschichte zu vernehmen?"

„Ich habe meine Geschäfte alle beendet, meine Abschieds-Visitkarten abgesandt; daß ich lebhaft Antheil an all' Ihren künstlerischen Angelegenheiten nehme, wissen Sie; meine Zeit steht zu Ihrer Verfügung, meine Aufmerksamkeit ist gespannt."

„Dann setzen Sie sich, und hören Sie."

9. Capitel.

Die Geschichte eines Virtuosen.

„Man ist gewohnt, hinter jedem bedeutenderen musikalischen Talente eine aparte Persönlichkeit, eine sogenannte subjective Individualität, zu suchen; dabei bedenkt niemand, daß sich in keiner Kunst das Talent so spontan, so ganz und gar von den übrigen geistigen und sittlichen Anlagen unabhängig entwickelt, als in der Musik. Schon der Umstand, daß es sich früher als jedes andere manifestirt, schneller gestaltungs- und leider auch erwerbsfähig wird, hat zur Folge, daß jedes Kind, bei dem sich die günstigen Anlagen zeigen, von den Eltern nur zur Ausbildung derselben angehalten wird, und im übrigen kaum das im Alltagsleben Nothwendigste, Unentbehrlichste lernt. Der Knabe wächst in Unwissenheit auf, fühlt später das Bedürfniß, seinen Geist zu bilden, und wird ohne geregelte Wahl, ohne Vorstudien gleich zu dem Schwersten greifen, sich abmühen, ermüden, und doch immer unbefriedigt bleiben; seine Erkenntniß entwickelt sich nicht allmählig, sondern stoßweise; das Leben, das er früher nur mit dem Blicke des Wunderkindes betrachten gelernt hat, erscheint ihm, sobald die glänzende Periode des leichten Gelderwerbes der Zeit der mühseligeren Arbeit Platz macht, plötzlich schaal, leer, gemein; daher die eigenthümlichen Widersprüche in dem Charakter der meisten Tonkünstler, der Hang zum Mißmuthe, der sich bei ihnen zeigt. Freilich spreche ich nur von denen, die an das Leben überhaupt höhere Ansprüche stellen; derjenige, der kein weiteres Bedürfniß fühlt, als möglichst viel Geld zu erwerben, wird immer Gelegenheit finden, sein Handwerk auszuüben, ohne dabei im mindesten zu fühlen, daß er vor jedem Gymnasiasten erröthen müsse. Es gibt noch bekannte Virtuosen und Sänger genug, die keinen fehlerfreien Brief abzufassen im Stande sind.

Ich habe alles dies vorausbemerkt, weil in der Erziehung, die ich erhielt, in meinen Jugendeindrücken der Hauptgrund meines jetzigen Lebens liegt.

Mein Vater war kaiserlicher Steuerbeamter in Eschbach, einem Städtchen, welches dem Fürsten zu Eschenheim gehörte. Er war einst ein hübscher Mann gewesen, und hoffte auf eine glänzende Carriere; als sich diese Hoffnung nicht bewährte, während seine ehemaligen Collegen durch Protektion und ihre Energie zu einträglichen und ehrenvollen Aemtern gelangten, hielt er sich berechtigt, mit dem Schicksale zu grollen, und war oft launisch. Meine gute Mutter war die Tochter eines höheren Kreisgerichtsbeamten, und hatte ihre Ehe mit dem Vater, als er noch ein ganz spärlich besoldeter Schreiber war, aus Liebe, aber auch in der sicheren Hoffnung geschlossen, daß er durch ihren Vater zu schneller und vortheilhaftester Beförderung kommen werde. Aber dieser starb zwei Jahre nach der Hochzeit. Er hatte noch vor seinem Tode eine besser besoldete Stelle für den Schwiegersohn erwirkt, aber diese war auch mit der Versetzung nach einer kleineren Stadt und mit der Demüthigung verbunden, daß meine Mutter, die in ihrem Geburtsorte doch immer als die Tochter des Herrn Rath bekannt war und zu den Honoratioren gehörte, nunmehr nur die Geltung einer Steuerbeamtenfrau besaß, mit der die Gemahlinnen der höheren Beamten nur selten verkehrten. Wohl verbarg sie ihre Gefühle so gut, als es ging, denn sie war eine brave, gutmüthige Frau, die ihrem Manne das Leben nicht noch unbehaglicher gestalten wollte; aber ich weiß, sie hatte manche Jahre hindurch heimlich bittere Thränen geweint über ihre gedrückte niedere Stellung.

Der Ehe waren zwei Söhne und zwei Töchter entsprossen. Zuerst kam eine Tochter, die noch sehr jung an einen ältlichen, aber ziemlich wohlhabenden Oekonomen in einem anderen Kreise verheirathet worden war; ich habe sie nur selten zu Gesichte bekommen; dann kam mein armer Bruder Johann, ein gar braver und fleißiger Junge, der dem Handelsstande gewidmet wurde, dann Schwester Josepha, ein munteres, hübsches Mädchen, endlich der von Gott gegebene, das Genie, das Goldkind, der Stolz, die Freude der Mutter, der sie für alle Leiden des Schicksals entschädigen sollte — Ich!

Mein Talent offenbarte sich zuerst dadurch, daß ich die Melodien, die ein verstimmter Leierkasten vor unserem Hause spielte, auf einem alten Spinett, das noch von der Mutter Aussteuer herrührte, aus freien Stücken nachspielte. Ein alter Tanz- und Musikmeister, der sich seit einigen Jahren in Eschbach niedergelassen hatte, um den Rest seiner Tage daselbst zu verbringen, übernahm meinen Unterricht; ich machte reißende Fortschritte. Daß ich mich auch hier und da in freien Phantasien erging, die kleinen Themata, die ich lernte, aus dem Stegreif variirte, setzte vollends die Welt in Erstaunen. Dieselben Honoratioren, die bisher von meinen Eltern keine Notiz genommen hatten, überluden sie plötzlich und um meinetwillen mit Höflichkeiten aller Art, und priesen sie glücklich, ein Kind zu besitzen, aus dessen Talente eine Quelle von Wohlhabenheit und Ehren aller Art sprudeln würde. War es zu verwundern, wenn die Eltern meiner Erziehung alle Aufmerksamkeit zuwandten, und die anderen Kinder vernachlässigten? Ich wurde immer sorgfältig gekleidet, erhielt französischen Sprach- und Tanzunterricht, und wurde in allen Kaffeegesellschaften vorgeführt, während mein armer Bruder zu Hause blieb, studirte und Knechtdienste verrichten mußte, die muntere Josepha in der Küche scheuerte, kaum ein anständiges Kleidchen für den sonntäglichen Kirchengang besaß und fast nur Scheltworte zu hören bekam. So wuchs ich auf, von meinen Geschwistern beneidet, wo nicht gehaßt, von meinen Eltern zwar gehätschelt, aber doch nicht in der Weise erzogen, daß die kindlichen Gefühle für sie in meinem Herzen keimen und Blüthen treiben konnten; denn die Ostentation, die sie mit mir trieben, war mir lästig; ich haßte nichts so sehr, als das ewige Wiederholen der einstudirten Paradestückchen, und sträubte mich oft, wenn man mich in eine Abendgesellschaft zum Herrn Rath oder Steueroberrevisor führen wollte. Bei solchen Gelegenheiten aber entfaltete der Vater die größte Strenge; ich wurde zum Vorspielen gezwungen; dafür brauchte ich den andern Tag nicht in die Schule zu gehen!

Ich mochte ungefähr dreizehn Jahre alt sein, als der Fürst von Eschenheim, der Gutsherr unseres Städtchens, mit der ganzen Familie nach seinem kaum zwei Stunden entfernten Schlosse kam.

Er war einer der reichsten und leutseligsten österreichischen Cavaliere. Er hielt einen vortrefflichen Koch, und sandte öfters Kraftbrühen und Wein an arme Kranke oder an Leute, die von seinen Gerichtsvollziehern etwas zu derbe Stockprügel erhalten hatten. Seine Jagdgehege bedeckten viele Morgen Landes, und das Wild verdarb gar manches Bauern Saaten; er vergütete aber den Schaden, wenigstens theilweise, wenn man die Vergütung als eine Gnade erbat; seine Gestüte waren weitberühmt, und wenn einer seiner Unterthanen die Abgaben und Frohn= dienste nicht richtig einhielt, so pfändeten die fürstlichen Beamten gewöhnlich vor allem das Heu und den Haber für des Herrn Marställe; war aber des Schuldners Sohn als tüchtiger Reitknecht oder Kutscher verwendbar, oder war seine Tochter besonders hübsch, so war auf Gnade und Nachlaß zu rechnen. Da nun der Fürst per= sönlich immer herablassend und gutmüthig, ja selbst frei= gebig erschien, wo seine Geschenke nicht erst durch der Beamten Hände gingen, da er auch die Kirche reichlich bedachte, und bei allen Processionen mit seiner Familie hinter dem Baldachin des Bischofs einherging; so konnte es nicht fehlen, daß er die allgemeine Liebe und Ver= ehrung genoß. Mit seiner Gemahlin lebte er im besten Einvernehmen; sie war taktvoll genug, über seine vielen galanten Abenteuer hinwegzusehen, und er beobachtete ihr gegenüber die achtungsvollste Haltung; seinen Kindern gab er eine standesgemäße Erziehung. Er war immer heiter, jagte und ritt viel, las nie, und hörte gerne Musik; wenn er von der Reitbahn zurückkehrte, oder viele Fasanen geschossen hatte, ließ er sich von einer seiner jungen Töchter ein Stück auf dem Piano vorspielen, ging wohl selbst manchmal an's Instrument und ver= suchte einen Strauß'schen Walzer. Auch nahm er, so oft er Wien verließ, um auf seine Güter zu gehen, einen Musiklehrer mit, der an der Tafel nach dem Erzieher der Söhne, einem Weltgeistlichen, und dem Oberverwalter saß, im Falle aber, daß hohe Gäste anwesend waren — wo dann nur der Erzieher um seines geistlichen Standes willen zu Tafel gezogen wurde — das Vorrecht genoß, allein auf seinem Zimmer und nicht mit den Hausoffizianten zu speisen.

Die Vorliebe für die Musik hatte der Fürst von seinem Vater geerbt, aber nicht dessen Verständniß und geläuterten Geschmack. Der alte Herr war ein Mitglied des Mäcenen-Kreises gewesen, der im ersten Viertel dieses Jahrhunderts in Wien blühte, während jener ernsten, ereignißvollen, alles umgestaltenden Zeit bei der herrlichen Tonkunst Trost und Erholung suchte, und sich um ihre Pflege, um Erhaltung ihres heiligen Feuers nie genug zu preisende Verdienste erwarb, eines Kreises, der den Namen des höchsten Adels der Monarchie in sich schloß, und Musiker aufwies, wie Graf und Gräfin Brunswick, Baronin Dorothea Erdmann, Baron Schönstein, Gräfin Erdödy u. a., eines Kreises von Männern, deren Leistungen alle Fachkünstler mit Bewunderung und Dankbarkeit erfüllten, und denen die größten Tondichter des Jahrhunderts manche ihrer schönsten Eingebungen weihten. Fast alle jene Edlen sind aus dieser Welt geschieden, doch ihr Name ist vor Vergessenheit bewahrt, so lange es Beethoven'sche Sonaten, Schubert'sche Lieder geben wird. Die jüngere Generation, von den schmeichelnden Klängen üppiger italienischer Musik berauscht, oder vom Taumel der Tanzweisen fortgerissen, vergaß gar bald die Zeiten, welche die Väter durchlebt hatten, und alles das, was diesen theuer und schätzbar gewesen. Genußsüchtig, dem Momente fröhnend, suchte sie auch in der Musik nur Sinnenreiz oder Zerstreuung, und Tondichter wie ausübende Künstler bemühten sich gleich eifrig, dem Gelüste des Adels und des von ihm damals noch beherrschten Publikums zu fröhnen. In Deutschland wirkten Mendelsohn und Schumann für die Verbreitung von Beethoven's und Schubert's Dichtungen, in ihnen fanden Bach's sibyllinische Bücher würdige Ausleger; in Wien erschallten die Concertsäle von italienischen Arien und flachen Liedlein, unter denen diejenigen, aus welchen die österreichische Gemüthlichkeit heraustönte, noch die besten waren.

Gleich nach der Ankunft des Fürsten auf dem Schlosse konnte ich merken, daß mein Vater sich mit großen Plänen trug; er plagte mich mehr als je mit dem Ueben von Variationen und sonstigen Stücken, die ich, ohne einen Grund dafür angeben zu können, nicht leiden mochte, und ließ Andeutungen fallen, daß jetzt der lang ersehnte Moment, der über meine Zukunft entscheiden könne, endlich gekommen sei. Eines Tages ließ er mich die schönsten Kleider anziehen, kräuselte meine Locken, und fuhr mit mir zu einem „großen Herrn," wie er sagte, von dessen Gnade mein ganzes Lebensglück abhinge. Den ganzen Weg über schärfte er mir Verhaltungsregeln über mein Benehmen ein, die mir unverständlich und lästig waren.

Noch heute erinnere ich mich lebhaft an jenen Tag, da ich auf das Schloß des Fürsten von Eschenheim geführt wurde. Es war, unter dem äußeren Anscheine günstigster Ereignisse, einer der unglücklichsten Tage meines Lebens; er ließ verderbliche, lange unverlöschliche Eindrücke in mir zurück. Schon der Anblick des großen Schlosses, des großen Gartens mit den Springbrunnen, der Equipagen, die im Hofe standen, der farbigen, schimmernden Livréen der Diener, erfüllte mich mit Staunen. Ich konnte mir gar keine Vorstellung machen, wie alles das, was ich vor mir sah, einem Einzigen gehörte. Am Thore wurden wir von dem Portier angehalten, ausgefragt und dann an den Haushofmeister gewiesen, der fast so vornehm blickte, wie der Steueroberrevisor in Eschbach. Nach langer Unterhandlung und auf die demüthige Bitte des Vaters ließ er sich herbei, eine Bittschrift an den Fürsten dem hohen Herrn selbst und sogleich zu unterbreiten, und zwar nur aus Rücksicht, daß der Verfasser kaiserlicher Beamter war, da das Schriftstück eigentlich den Weg durch die hochfürstliche Kanzlei nehmen sollte, um im geeigneten Momente zum Rapport zu gelangen. Er bedeutete uns, auf seinem Zimmer zu warten, ohne dem Vater auch nur einen Stuhl anzubieten; nach einer kleinen Weile kam er mit viel freundlicherem Gesichte zurück, und meldete, daß Seine hochfürstliche Durchlaucht den kleinen Virtuosen, **von dem Sie schon gehört hätten**, in dem Klaviersaale erwarteten. Sie können sich denken, wie diese Worte, in denen des Vaters nicht einmal erwähnt war, meine Eitelkeit anregten! Auf dem Schlosse befand sich in jenem Momente zufällig der altberühmte Künstler X. Er war noch als armer Knabe von dem Vater des Fürsten reichlich unterstützt worden, hatte seitdem Ruf, und — durch Concerte und Compositionen — bedeutendes Vermögen erworben, genoß einer ehrenvollen Anstellung an einem deutschen Hofe, und war nach Oesterreich gekommen, um seine Vaterstadt wiederzusehen, Jugenderinnerungen aufzufrischen, Freunde und Gönner aus der frühern Zeit zu besuchen. Denjenigen, dem er sich am meisten zu Danke verpflichtet fühlte, der einst dem armen Knaben die freundlichsten Aufmunterungen hatte angedeihen lassen, fand er nicht mehr am Leben; doch erachtete er es für schicklich, dem Sohne einen Besuch abzustatten, und der nunmehr regierende Fürst von Eschenheim, der es sehr anständig fand, daß ein Hofkapellmeister und Inhaber mehrerer Orden die Dankbarkeit, die er einem hohen Hause schuldete, so offen bekannte, nahm ihn auf's freundlichste auf. Ich erinnere mich noch genau der eigenthümlichen Stellung, welche der alte Tonmeister in dem großen Hause einnahm; man behandelte ihn mit einer milden und liebenswürdigen Herablassung, die von hoffärtiger Impertinenz nicht fern lag, eine Behandlung, die heutzutage bei einem großen, unabhängig stehenden Künstler nicht immer gut anzuwenden wäre, und die ich nur von dem berühmtesten dramatischen Componisten der Jetztzeit mit dem unbegreiflichsten Gleichmuthe — fast möchte ich sagen, mit höfischer Geschmeidigkeit — ertra=

gen sah. Der alte Künstler, der Gast des Fürsten, merkte gar nichts von all' dem, was ich hier darlege, denn er war ein braver solider Musiker aus der alten Schule, zufrieden, als ausgezeichneter Pianist und tüchtiger Componist anerkannt zu sein, für seinen Unterricht und seine Werke glänzend honorirt zu werden, und sich ein Vermögen erworben zu haben, mit dem er sorgfältig Haus hielt; gewöhnt, im Umgange mit den Großen nur ein Mittel materiellen Gewinnes zu sehen, dachte er nie an eine gesellschaftliche Gleichstellung; das Wort Aristokratie des Geistes war ihm unbekannt; der Glückliche wußte nichts von dem verzehrenden Ehrgeize, der verletzten Eitelkeit, dem Streben nach Versöhnung widerstreitender Elemente. Er betrachtete jedes freundliche Wort hoher Herrschaften als eine Gnade, war daher auch ihr Liebling.

Ich darf nach dieser Schilderung nicht verschweigen, daß ich seiner zufälligen Anwesenheit auf dem Schlosse den größten Theil der günstigen und gnädigen Aufnahme, die mir zu Theil wurde, verdanke. Der Fürst, der eben, als er den Brief meines Vaters erhielt, im Begriff stand, ein Paar neue Wagenpferde einzufahren, war unschlüssig, ob er uns auf einen andern Tag bestellen, oder die ganze Angelegenheit mit einem Geldgeschenke ein- für allemal abmachen sollte; nur der Gedanke, daß sein berühmter Gast schon am nächsten Morgen abzureisen Willens war, und daß er doch auch dessen Urtheil gerne vernehmen möchte, ließ ihn einen anderen Entschluß fassen, und die geschickt angebrachte Bemerkung des Tonkünstlers, daß der durchlauchtige Sohn vielleicht im Begriffe stehe, das für ein junges, mittelloses Talent der Gegenwart zu thun, was der hochselige Vater einst für ihn gethan, stimmte den geschmeichelten Cavalier vollends günstig. Er lud seine Familie nebst einigen Damen, die eben zum Besuche anwesend waren, nach dem Klaviersalon, und gab somit der ganzen Vorstellung einen gewissen concertartigen Anstrich. Das alles wurde uns von dem Haushofmeister mitgetheilt.

Der Eindruck, den meine Erscheinung hervorbrachte, war ein überaus günstiger; denn die Damen riefen ganz laut: Ah, le bel enfant! und unterhielten sich in französischer Sprache über meine feinen blassen Züge, blitzenten braunen Augen, über mein dunkles Lockenhaar und meine zierliche Gestalt. Wahrscheinlich hatte man erwartet, einen talentirten, roth- und dickwangigen linkischen Knaben aus Eschbach zu erblicken, und fand sich angenehm überrascht. Damals war man freilich noch nicht in der Idee befangen, das Talent müsse sich in den Gesichtszügen, in der äußeren Erscheinung offenbaren; die Paganini'sche Mythe von Mord, Kerker und Hunger war noch wenig verbreitet, lange Haare und geisterhaftes Aussehen gehörten noch nicht zu den beliebten Attributen des Musikers; ja, man konnte sogar noch begreifen, daß ein großer Tonkünstler aussehe wie andere Menschen; bot doch selbst der eben anwesende Meister den Anblick eines wohlbeleibten, behäbigen Landbesitzers!

Durch den freundlichen Empfang ermuthigt, spielte ich mit noch mehr Muth und Freiheit, als dem Kindesalter überhaupt eigen ist, und erregte allgemeine Bewunderung; auch der alte Künster lobte mich mit warmen Worten. Der Fürst berieth sich einige Minuten mit seiner Gemahlin und seiner verwittweten Schwester, einer gar freundlich und gütig aussehenden Dame, rief dann den Vater und mich in ein Nebenzimmer, und verkündigte uns, er habe im Vereine mit seiner Schwester beschlossen, mir, behufs weiterer Ausbildung in Wien, eine jährliche Unterstützung von etwa zweihundert Thalern, und zwar für die Dauer von zwei Jahren angedeihen zu lassen. Hiemit sei jedoch die Bedingung besonderen sittlichen Wohlverhaltens und Fleißes, sowie der Uebersiedelung nach der Hauptstadt verknüpft. Mein überglücklicher Vater fiel dem edlen Gönner zu Füßen; ich dankte in einigen Worten, wie sie mir das Gefühl eingab; wahrscheinlich mußten sie einen besondern Eindruck hervorgebracht haben: denn der Fürst schien gerührt, nahm mich an der Hand, führte mich nochmals zu den Damen, und erzählte, wie schön ich mich auszudrücken verstünde; es gab neue Liebkosungen und Lobeserhebungen, auch ein kleines Zwischenspiel, dessen Folgen niemand ahnen konnte. Des Fürsten zweite Tochter war meine Namensschwester, sie hieß Albertine; auch mochte sie in gleichem Alter mit mir stehen, war aber körperlich weit über ihre Jahre entwickelt, und spielte auch sehr hübsch Klavier; sie wich nicht vom Instrument, so lang ich daran saß, und machte sich auch nachher immer mit mir zu schaffen; die Eltern scherzten gutmüthig über diese musikalische Sympathie, wie sie es nannten, und die Kleine bat um die Erlaubniß, mir einen kleinen Ring, den sie am Finger trug, zu schenken, was ihr sofort gewährt wurde. Ich war schon durch die Liebkosungen der Damen, durch die eigenthümlichen fremden Verhältnisse, die mich den ganzen Tag umgaben, in hohem Grade aufgeregt, und als ich dem Mädchen in dem Momente, wo es mir den Ring übergab, in die schwarzen, feurigen Augen blickte, da fühlte ich etwas in mir, was mit dem bedungenen sittlichen Wohlverhalten nicht im Einklange stand. O, wüßten doch die Eltern, die sich so überglücklich fühlen, wenn ihre talentvollen Kinder Gegenstand des allgemeinen Wohlgefallens und der Liebkosungen sind, ahnten sie nur, welchen Giftkeim sie in die jungen Herzen pflanzen lassen! — Doch ich will keine Pädagogik treiben. Der Vater und ich wurden mit Versicherungen der höchsten Gnade entlassen. Daß wir im Taumel des Glückes dem alten Künstler nicht viel Beachtung schenkten, fiel niemanden auf; ich darf jedoch diesen Umstand nicht unerwähnt lassen. Daß in Eschbach zwei Tage lang von nichts als meinem immensen Glücke gesprochen wurde, können Sie sich leicht denken. Der Vater benützte die warme Stimmung, und erbat sich von den reichen Honoratioren Reisegeld für Frau und Kind. Es wurde ihm reichlich gespendet, und vierzehn Tage nach dem erzählten Ereignisse ging meiner guten Mutter sehnlichster Wunsch in Erfüllung: sie konnte ihren einzigen geliebten Albert nach Wien führen. Meine Schwester Josepha ging mit uns, um den Haushalt zu besorgen,

Bruder Johann trat als Commis in das Waarengeschäft eines in Prag wohnenden Verwandten, der Vater blieb in Eschbach.

Als wir nach Wien kamen, war die Periode der soliden Concerte am Ende, die der großen Virtuosen hatte aber noch nicht begonnen. Die Tonkünstler kündigten noch an, daß sie mit hoher Bewilligung die Ehre haben würden, ein Concert zu geben, und besorgten die Anordnung desselben gewöhnlich selbst und mit Genauigkeit, ja, mit einer gewissen Aengstlichkeit. Denn der vorausreisende und posaunende arrangeur war damals noch ein im Musikleben unbekanntes Element. Zwar hatte Paganini eine Zeit lang einen famulusartigen Reisegefährten mit sich geführt; auch manche italienische Sängerin ließ ihre Geldgeschäfte durch einen Kassier verwalten; alle diese Leute hatten aber weder für den Künstler noch dem Publikum gegenüber jene Bedeutung, welche die „Bevollmächtigten, Agenten, Sekretäre" seither, und zwar durch den Umstand erlangt haben, daß es bei dem Concertwesen immer mehr und mehr Nebengeschäfte abzumachen gibt, mit denen die bedeutenderen Künstler direkt nichts zu schaffen haben wollen oder dürfen, und welche eben der „Sekretär" besorgt. Das Vorherposaunen war noch nicht beliebt; man reiste noch nicht im Fluge von einer Stadt zur andern; ein Concert galt für eine Art von feierlichem Akt, an welchen der Künstler nur mit Weihe und Sammlung ging; die Genies, welche vom Champagnerglase, vom Spieltische, von wüst=sinnlicher Schwelgerei un=

mittelbar vor's Publikum traten, waren außerordentlich
selten; jenes Publikum aber, welches jeden Vortrag seines
vergötterten Lieblings, mochte die Leistung auch noch so
mißlungen sein, rasend beklatschte, existirte noch gar nicht.
Der Musikliebhaber und Concertbesucher gab es, wie der
Concertgeber, noch wenigere, aber tüchtiger gebildete und
urtheilsfähigere. Auch die Programme glichen nicht, wie
die meisten der Jetztzeit, dem Büffet einer Eisenbahnstation,
auf welchem Sardellen, Schinken und Honigkuchen neben ein=
ander zur Auswahl aufgepflanzt sind, sondern sie waren im
einheitlichen Sinne entworfen. Die Künstler durchreisten
auch die Welt nicht mit zwei oder drei Paradestückchen,
und wenn es sich traf, daß der eine oder der andere an
vielen Orten dasselbe Stück vortrug, so war dies eine
bedeutende Tondichtung, die er, als der Compositeur,
zur Geltung bringen wollte. Auch gehörte die Mit=
wirkung des Orchesters zu den unerläßlichen Bedingungen;
ein Concert ohne Ouvertüre, ohne ein oder zwei größere,
durch Orchesterbegleitung gehobene Vorträge des Veran=
stalters war undenkbar, und selbst die Paradestückchen,
die Rondos, Variationen hatten ihre Tutti, in denen
manchmal der Compositeur seine Geschicklichkeit der In=
strumentation darzulegen suchte. Von den heutzutage in
der Mode stehenden Nippsachen: von étude, nocturne,
galop, souvenir, valse und dem sogenannten morceau
caractéristique mit seinen oft maßlos lächerlichen Titeln
wußte man damals noch nichts. Bei all' dem hatte
das ganze Leben und Treiben in der Musikwelt einen

philisterhaften Anstrich, der bei aller Solidität und ehren=
haften Grundlage doch nicht geeignet war, in jungen,
feurigen, die kommende Periode vorahnenden Gemüthern
große Lust zum Nachstreben anzueifern. Ich kann mich
erinnern, daß ich einem der berühmtesten Tonkünstler aus
der alten Schule am Tage vor seinem Concerte vorge=
stellt wurde. Ich traf ihn von mehreren künstlerischen
Größen und ausgezeichneten Dilettanten umgeben, be=
schäftigt, die Concertbillets nach den verschiedenen Farben
zu sondern, wobei ihm ein pensionirter Hofkapellmeister
behilflich war; und ich versichere Ihnen, die beiden ent=
falteten in jenem Momente einen Ernst, als gälte es
eine sechsstimmige Fuge auszuarbeiten. Und nun erst
die Unterhaltung! ich hoffte, musikalische Orakelsprüche
zu hören, und vernahm die Beschreibung einer in der
Nähe ausgebrochenen Viehseuche, Nachrichten von dem
letzten Erdbeben in Quito, und endlich, daß einem Wurst=
fabrikanten ein großer Theil seiner Waare konfiszirt
worden war, weil er schlechtes Fleisch verwandte.

Bald nach unserer Ankunft in Wien langte auch die
fürstliche Familie daselbst an, und bewies sich überaus
gnädig gegen mich. Durch ihren Einfluß ward mir
auch die Protektion vieler anderer hohen Familien zu
Theil, die Banquiers blieben natürlicherweise auch nicht
zurück. Die mir von allen Seiten zufließenden Spenden
und Unterstützungen waren so reichlich, daß der Vater
nach einem Jahre vergeblichen Strebens, nach Wien ver=
setzt zu werden, sein Amt gänzlich aufgab, und zu uns

zog; der Haushalt ward bequemer eingerichtet, eine Magd aufgenommen; ein gewisser Hang zum Wohlleben, zum Vergnügen schlich sich nach und nach bei uns ein, und ich gewöhnte mich, meine Angehörigen als von mir abhängig zu betrachten, da es der Ertrag meines Talentes war, der sie ernährte.

Sie müssen übrigens nicht etwa glauben, daß die Eltern mich immer freundlich behandelten; im Gegentheil, ich ward manchmal gewaltig geplagt und gescholten; aber nicht, wenn ich etwas Unziemliches beging, wenn ich die Schwester beleidigte und höhnte, oder über andere Leute spottete, kecke vorlaute Urtheile fällte, wenn ich log, oder im Geheimen Bücher las, die nicht für mein Alter paßten; sondern wenn ich mich widersetzte, immerwährend dasselbe Paradestückchen vorzuspielen, wenn es mich langweilte, eine Passage zu üben, und ich lieber versuchte, eine Weber'sche Oper vom Blatte zu spielen, oder wenn ich mich nicht überall gleich ans Klavier drängen wollte, um mein Talent zu zeigen, oder wenn ich den Liebkosungen alter Weiber gegenüber mürrisch oder einsylbig blieb. Bei solchen Gelegenheiten wurden mir die lästigsten Predigten gehalten; ich antwortete hochfahrend, der Vater nahm zu Scheltworten Zuflucht, die Schwester mischte sich auch darein, klagte über das freudenlose Leben, das sie führte, während ich allein mir alles erlauben dürfe; so herrschte Unfriede in der Familie; die Eltern hatten keine Gewalt über mich; selbst der Mutter, die ich liebte, gehorchte ich nicht mehr; es ging mir wie fast allen Wunderkindern: ich habe meine Jugend nicht genossen. Auf Anrathen der hochfürstlichen Familie war meine musikalische Ausbildung einem berühmten Lehrer anvertraut worden, der täglich acht bis zehn Stunden Unterricht ertheilte, doch mir nicht die Sorgfalt widmen konnte, die ein weniger berühmter und weniger beschäftigter Lehrer verwandt hätte. Mein Vater drängte, daß ich bald ein Concert gebe, der Lehrer ließ sich bereit finden, obwohl er wußte, daß ich noch nicht weit genug vorgerückt sei, und schon nach einigen Monaten unseres Aufenthaltes in Wien verkündigte ein ellenlanger Zettel das erste Auftreten des dreizehnjährigen Albert Horst. Der Vater lief mit mir von Haus zu Haus, um Billete zu verkaufen; ich fand überall bereitwillige Abnehmer, der Saal war von einem sogenannten nobelen Publikum besetzt; ich spielte mit ziemlichem Feuer und Geschick, wurde viel beklatscht, und selbst die Kritik war freundlich nachsichtsvoll. Ein einziger grämlicher, aber ehrenhafter Berichterstatter meinte, es fehle mir die Sicherheit des Anschlagens und die Ruhe im Takte; ernste Elementarstudien und strenger Unterricht seien nothwendig. So urtheilten auch einige unabhängige Künstler, die der Vater um ihre Meinung frug. Doch unsere Freunde waren alles Lobes voll, und so ward jener wohlgemeinte Rath nicht beachtet; und die hohen Protektoren nahmen gar keine Notiz von dem öffentlichen Urtheile; diesen Leuten kommt's überhaupt nur darauf an, daß der Schützling ihnen angenehm sei; sobald er das nicht mehr ist, erscheint es auch gleichgiltig, was er leistet; er wird aufgegeben!

Das sollte ich auch erfahren. Zwei Jahre nach meinem ersten Auftreten gab ich wieder ein Concert; die Urtheile lauteten fast einstimmig dahin, daß ich Beweise erheblicher Fortschritte geliefert hätte; aber der Reiz des Wunderkinderthums war von mir gewichen. Die fürstliche Familie nahm einige Billete, und kam gar nicht; bei der hohen Aristokratie war auch die Theilnahme erkaltet; die Banquiers folgten natürlicherweise dem Beispiele des Adels. Meine bessere Leistung hatte den geringeren Erfolg. Mir war das ganz recht; ja, fast fühlte ich Freude darüber; ich hatte das Concert nur auf Andrängen der Eltern gegeben; die meisten Stücke, die ich zu diesem Zwecke studiren mußte, langweilten mich, ließen mich leer; seit einiger Zeit war ein Ahnen, daß es etwas Höheres in der Musik gebe, als Concertpiècen, in mir erwacht; der Unterricht meines Lehrers, der mich nur hier und da eine Sonate von Beethoven zwischen drei oder vier Herz'schen oder Kalkbrenner'schen Variationen studiren ließ, hatte keinen Reiz für mich, ich lernte nichts; mir schwebte ein Ziel vor, aber der Pfad dahin war mir unbekannt.

Das Mißlingen des Concertes hatte mich also insofern gefreut, als ich hoffen konnte, von nun an mit allen Aufforderungen zum öffentlichen Auftreten verschont zu werden, bis ich selbst die Lust in mir fühlte. Doch meinen Vater schmerzte es auf's tiefste; der Arme kannte keinen andern Maßstab der künstlerischen Leistung als die Protektion und den Gelderwerb, und mußte sich also in den kühnsten Hoffnungen, die er auf mein Talent gebaut, bitter getäuscht fühlen. Er sah ein, daß er mir eine ganz verkehrte Erziehung gegeben hatte, und daß es zu spät war, diesem Uebelstande durch sein Wirken nachzuhelfen, da er weder meine Achtung noch Liebe genoß. Dieser Gedanke erfüllte ihn mit tiefem Schmerze, erschütterte seine Gesundheit, und er begann zu kränkeln; wenige Monate nach jenem Concerte, und als eben die letzte Rate des fürstlichen Stipendiums fällig war, fiel er in ein Nervenfieber, das ihn binnen wenigen Tagen hinraffte. Meine trostlose Mutter wandte sich an den bisherigen durchlauchtigen Gönner mit der Bitte um weitere Unterstützung; sie ward ihr nach langem Zögern und Berathen für die nächsten drei Monate mit dem Bedeuten gewährt, daß von da ab nichts mehr zu erwarten sei; der hohen Familie war der ehemalige Liebling lästig geworden. Der lebhafte Geist und der ungenirte Ton, der einst am Kinde höchst interessant gewesen sein mochte, behagte nicht mehr am Jünglinge, von dem man Unterthänigkeit und Bescheidenheit forderte. Die drei Monate, für die eine weitere Unterstützung bewilligt worden war, verflogen rasch; einige Banquiers ließen sich noch zu einigen unbedeutenden Geldgeschenken erbitten. Hierauf wurde alles verkauft, was noch an Werthgegenständen aus der Zeit existirte, wo dem Wunderkinde von allen Seiten Geschenke zuflossen; dann wurden die Lehrer aufgegeben, die Magd aus dem Hause gesendet, Josepha übernahm deren Stelle. Ich versuchte meine Existenz durch Unterrichtertheilen zu fristen; doch das hielt sehr schwer; wer wollte seine Kinder einem fünfzehnjährigen, verwöhnten, ercentrischen Knaben anvertrauen? Die bitterste Noth stand vor der Thüre; — da kam die Hilfe von der Seite, von welcher wir es am wenigsten erwarten durften. Mein Bruder hatte sich durch Fleiß und Redlichkeit die Anerkennung und das Vertrauen seines Principals erworben und eine kleine Summe erspart; er sandte sie uns, damit ich, um dessenwillen er vernachlässigt worden war, meinen weiteren Studien obliegen könne. Auch die verheirathete Schwester besuchte uns unerwartet, und sicherte die Existenz für sechs Monate. Während dieser Zeit begann die gänzliche Umwälzung im Musikleben, die auch auf meine Entwickelung und meine Verhältnisse unermeßlichen Einfluß ausübte.

Werfen Sie nun einen Blick auf Ihre Kinderjahre, auf Ihre Erziehung und musikalische Entwickelung. Sie sind der Sohn eines sehr wohlhabenden Mannes, der Sie vor allem zu einem tüchtigen Menschen erzog, und der Kunst nur widmete, nachdem er durch das Urtheil der competentesten Künstler die Ueberzeugung gewonnen hatte, daß Ihr Talent ein bedeutendes war. Sie wuchsen auf im einträchtigen Familienkreise, in der Liebe der Geschwister, in der Achtung vor den Eltern; Sie blieben kindlich, kannten nie die elende Existenz durch Protektion, dieses Schwanken zwischen hohlen Eitelkeiten und erniedrigenden

Demüthigungen. Als wir uns trafen, hatten Sie schon den gründlichsten und strengsten Unterricht genossen, waren als für Ihr Alter ausgezeichneter Quartettspieler bekannt und geschätzt; Ihr Ruf war unter den Künstlern und in den Familien Wiens verbreitet, wo man die Musik wegen ihrer selbst, nicht als Salonamüsement pflog. Meine Studien waren leer und unersprießlich, nur auf das Glänzen, auf die Befriedigung meiner Gönner gerichtet, und das Rathen und Wirken all' dieser großen Herren und Banquiers, die mich mit Geld unterstützten, hielt meine künstlerische Entwickelung eher zurück, als daß es sie beförderte. Sie waren der Liebling der anständigen, gediegenen Leute, ich gehörte eine Zeitlang zu den Günstlingen der noblen Leute. Von Ihnen wurde das Gemeine, das Unschöne ferngehalten: jeder Einfluß von Außen brachte nur eine schönere Blüthe zur Reife; in mir erstickte jede Berührung mit der Außenwelt einen Keim des Besseren, und brachte der Eitelkeit, dem Haltlosen, Glänzenden, Gemeinen neuen Nahrungsstoff zu. Ich erwähne aller dieser Umstände nur, weil sie beweisen, daß sich die Individualität des Künstlers nicht nach den Anlagen, sondern sehr oft nach äußeren Eindrücken entwickelt."

„Das läugne ich —" fiel Ewalt ein —

„Lassen Sie mich weiter erzählen," entgegnete Horst; „ich bin ja erst am Beginne meiner Geschichte!"

„Wie wenig Anregendes in dem ganzen Musikleben der damaligen Zeit, vorzüglich aber in dem Unterrichte lag, den ich genoß, habe ich Ihnen angedeutet. Selbst die

Erscheinung Thalberg's, der ruhmgekrönt von Paris zurückkam, war nicht geeignet, die Apathie, die sich meiner bemächtigt hatte, zu bannen; ja, im Gegentheile, mit der Bewunderung für diesen großen Virtuosen war zugleich ein niederdrückendes Gefühl verbunden, welche unendliche Mühe, wie viele technische Studien zum Erreichen einer derartigen Vollendung in der äußeren Form nothwendig gewesen sein müsse, während ich zu einem regelmäßigen Ueben nie zu bringen gewesen war; und die halbgelehrten und doch meistentheils leeren Compositionen Thalberg's boten mir keinen Ersatz für das, was ich an die Stelle Herz'schen und Kalkbrenner'schen Klingklangs ahnte — ich sage ahnte, da mir Chopin noch gänzlich unbekannt war. Erst mit dem Auftreten von Klara Wieck, der nachherigen Gemahlin unseres edlen Schumann, erfaßte mich ein Gefühl freudiger Erregung und Befriedigung; sie, die herrliche — die damals noch in der ganzen jugendlichen Fülle ihres Talentes wirkte, und noch nicht an der Unruhe der Nervosität litt, durch welche ihre Vorträge jetzt hinsichtlich der äußeren Form manchmal wenig vollendet sind — entzückte damals alle Gemüther. Die Damen schwärmten für die blasse, so leidend blickende Jungfrau, die Männer für die treffliche Virtuosin, die Musiker für die hohe Priesterin der Kunst. Noch erinnere ich mich jenes vollen, warmen Tones, den sie aus dem Instrumente zog, jenes hinreißenden Feuers, mit dem sie Beethoven'sche Sonaten und Trios spielte; da war Alles edel, schön, künstlerisch. Sie stand eben auf dem Zenith ihres Erfolges in Wien, als plötzlich einer kam, der uns mit dämonischer Gewalt von ihr an sich riß, und uns in die Sphäre taumelnden Entzückens versetzte: das war Liszt. Ich habe wohl nicht nöthig, über seine Leistungen zu peroriren; wohl aber muß ich die Gründe erläutern, warum auch seine Persönlichkeit auf die jüngeren Talente so zauberhaft wirkte. Es war eine neue, unerhörte Erscheinung, daß ein Concertgeber die Räume, in welchen sich jeder andere als ein demüthiger Diener des Publikums zeigte, in einen Salon verwandelte, wo er geladene Gäste zu empfangen schien. Mit Staunen, mit Ehrfurcht blickten wir auf diesen Mann, der die vorragendsten Persönlichkeiten der prüdesten österreichischen Aristokratie wie seines Gleichen behandelte und von ihnen ebenso behandelt ward, — dem die Protektion, um welche sich die bedeutendsten Künstler eifrigst und gnadeheischend bewarben, fast aufgedrungen ward, ohne daß er sich viel darum zu kümmern schien, von dem die Welt sich sogar erzählte, er habe sich nicht gescheut, den stolzesten hochgebornen Damen, wenn sie sich eine ihm unpassend scheinende Bemerkung erlaubten, mit kühnem Künstlerstolze und schneidendem Sarkasmus entgegenzutreten. Und dieser Mann war nicht etwa wie Beethoven, über dessen unabhängigen Charakter erst die späteren gewissenhafteren Biographen das richtige Licht verbreiteten, als ein kränklicher Misanthrop, als ein launiger, wenig umgänglicher, verschlossen schweigsamer Mann verschrieen, sondern allenthalben und mit Recht als der liebenswürdigste, geistreichste

Mann der Gesellschaft, als ein höchst gebildeter, strebender Künstler, der allen wichtigen Fragen der Wissenschaft wie der Kunst gleichen Antheil widmete, gepriesen, gefeiert, ja besungen! Er besaß eine eigene Gabe, die Herzen der jungen Musiker zu gewinnen; ein jeder war ihm willkommen, ein jeder fand Anregung, Aufmunterung bei ihm; und ein jeder, der begeistert zu dem großen Mann hinaufblickte und die kühne Hoffnung nährte, ihm einst, wenn auch nur annähernd zu gleichen, war hierbei nicht blos von dem Gedanken beseelt, daß er die höchste Stufe der Künstlerschaft und des Ruhmes erreichen, sondern auch jener hohen Aristokratie äußerlich gleichgestellt sein würde, die ihm bisher als eine vom Nimbus der Unnahbarkeit umgebene Menschenklasse erschienen war. So begann sich in den jungen strebsamen Geistern die Eitelkeit neben dem künstlerischen Ehrgeize, jener Widerspruch zu entwickeln, über den uns die glänzende Zeit des Virtuosenthums nicht zur Klarheit kommen ließ, den wir erst erkannten, als mit ihrer absoluten Beseitigung auch unsere ganze Existenz gefährdet werden mußte. Sie, Ewalt, entgingen der Gefahr, indem Ihr Vater mit Ihnen nach Norddeutschland reiste, wo Ihr Talent sich inmitten ernstester Studien in der Nähe der edelsten Künstler zur höchsten Stufe der Kunst aufschwang. Ich — blieb in Wien.

Ein Jahr nach Liszt's Erscheinen erwachte zum erstenmale der Drang in mir, vor das Publikum zu treten. Ich veranstaltete ein Concert, das, wie Sie nach der Beschreibung meiner Verhältnisse und Beziehungen denken können, äußerst spärlich besucht war; auch hatte ich es verschmäht, irgend welche persönliche Einladungen zu machen. Mein Erfolg jedoch war ein so entschiedener, daß er in kurzer Zeit weit über den Kreis der versammelt gewesenen Zuhörer hinausdrang: zwar — so bemerkte man — wäre mein Spiel ungleich, der Vortrag öfters verworren, die Tempi nicht immer richtig; dafür aber entschädigte ich durch Feuer, Energie und charakteristische Nüancirung; und selbst die Kritiker meinten, es sei einem talentvollen Kunstjünger zu verzeihen, wenn er sich im Drange der Leidenschaft einen Fehler gegen die Technik zu Schulden kommen ließe, ja, es sei dies sogar besser, als wenn in seinem Vortrage bei der größten Reinheit und Klarheit „kein Ton warmen Gefühls an's Herz bringe."

Von dem ersten entschiedenen Erfolge aufgemuntert, trat ich noch öfter auf, fand Freunde und Gönner; auch Damen interessirten sich für mich; ich trug langes Haar, mein Gesicht war blaß, und man sagte, ich hätte einen schwärmerischen Blick. Vieles wurde mir um meines Talentes willen erlaubt, alles um meines jugendlichen Alters willen verziehen. Die aristokratischen Kreise nahmen mich wieder gnädig auf, ich ward immer vertrauter mit dem luxuriösen eleganten Leben, dem bürgerlichen immer entfremdeter; damals war es ja überhaupt noch Mode, nur den Adel als Freund und Beschützer des Künstlers, das Bürgerthum als allem Geistigen philisterhaft feindlich zu betrachten. Bei den vielen Gönnerschaften, die ich nun wieder plötzlich gefunden, fehlte es mir natürlich nicht an reichlichem Gewinne; dieser bestand in Honoraren für die Mitwirkung in Soiréen, in Geldgeschenken; es war also kein geregelter, mich zur Sparsamkeit, zu der ich von Haus aus einiges Talent besaß, anregender, sondern ein stoßweise aufsprudelnder und wieder versiegender.

In jener Zeit wurden auch, nach einer Pause von etwa zwölf oder fünfzehn Jahren, die ersten italienischen Opern von italienischen Sängern aufgeführt; diese haben sich von jeher durch jenen äußeren Schliff und die geschmeidigen Manieren ausgezeichnet, welche in der feinen Welt über allem andern stehen. Sie beherrschten, so zu sagen, die Wiener Salons. Ich lernte einige von ihnen kennen, sie gewannen mich lieb, und ich ward durch sie in weiteren Kreisen eingeführt. Wie sehr dies meiner Eitelkeit schmeichelte, brauche ich nicht erst darzulegen; freilich kam mir's auch manchmal vor, als ob diese Leute, die ich als eine Art von überirdischen Wesen betrachtete, bei all' ihren glänzenden Talenten tief unter den gewöhnlichen Menschen stünden, als ob gerade unter ihnen der kleinlichste Neid, schamlose Intrigue und ein Grad moralischer Verworfenheit herrschte, den ich noch gar nicht zu ermessen im Stande war: dessen Ahnung mich schaudern machte. Aber aus meinem leicht beweglichen Geiste entschwanden derlei vorübergehende Regungen bald vor dem lebhaften, schlüpfrig geistreichen Tone der Theaterwelt, dem eigenthümlichen, fremdartigen Zauber, den das We=

ben und Treiben hinter den Coulissen auf jeden Neuling ausübt, vor der liebenswürdigen Aufnahme, die ich dort fand. Man rühmte mir nach, ich wäre der scharmanteste junge roué; ich genoß den Ruf eines siebzehnjährigen Don Juan, und gab mir auch allen Anschein, diesen Ruf vollkommen zu verdienen; und doch war alles dies nur die niedere Manifestation knabenhafter Eitelkeit; mein Gemüth war reiner, mein Leben moralischer als das vieler jungen Leute meines Alters; ja, ich verstand lange Zeit hindurch kaum den Sinn mancher Reden und Anspielungen, und wenn eine Tänzerin meine Wange streichelte, erröthete ich wie ein junges Mädchen; freilich verlor sich diese „süße blöde Jugendeselei," wie sie Heine nennt, nach und nach; dennoch blieb in meinem Innern, in meinen Gedanken eine gewisse Schamhaftigkeit, die zu meinem Umgange in seltsamem Kontraste stand; dieser Widerspruch ist übrigens in der Theaterwelt häufiger zu finden, als man glaubt.

Zu jener Zeit lernte ich auch zwei junge Mädchen kennen, die sich dem Theater widmeten, und schon in allen Kreisen, die mit demselben zusammenhingen, und von allen jenen Herren, die aufblühenden Schönheiten besonderes Interesse widmen, als zu großen Hoffnungen berechtigend bezeichnet wurden. Die eine war bestimmt, in meinem Leben eine eigenthümliche Rolle zu spielen. Sie hieß Lina Wohlmuth, besaß außerordentliches Talent für den Tanz, und war überall unter dem Namen „die kleine Sylphe" bekannt; ungebildet und brüsk wie sie war, zog sie gerade die Besseren durch ihre wahrhafte Herzensgüte, durch ihr richtiges Urtheil, durch ihren derben Rechtlichkeitssinn an; während ihre Freundin, die vielversprechende Sängerin Sophie Herbold, bei ihren graziösen Manieren, ihrer eleganten Conversation und ihrem äußeren Anstande eigenthümlicherweise den eleganten Wüstlingen am meisten gefiel.

So verflossen fast zwei Jahre meines Lebens. Die Concerte boten damals noch, besonders für junge Virtuosen, reichlichen Ertrag, und es fehlte mir daher nie an Mitteln, meinen Hang zur Verschwendung und meine kostspieligen Neigungen zu befriedigen. War ich ohne Geld, was oft eintrat, so reiste ich, mit den besten Empfehlungen versehen, nach irgend einer Provinz des Kaiserstaates, veranstaltete einige Concerte, und erwarb immer ziemlich bedeutende Summen. Die ersten sicheren Erfolge waren die Hauptursache des Unglücks und des Elends, in das ich später verfiel: denn sie haben mich verführt, jede Verlegenheit als eine vorübergehende zu betrachten, und so schnell als möglich durch Aufnahme von Geldbeträgen zu beseitigen; der Credit, der mir leicht gewährt wurde — man wußte, daß ich protegirt war und meinen Verpflichtungen nachkommen konnte, — schmeichelte meiner Eitelkeit, ich trieb eine Art Ostentation damit, und gewöhnte mich an's Schuldenmachen. Meine Mutter, die ich reichlich unterstützte, äußerte zwar hie und da einige Besorgnisse über meine unregelmäßige Lebensweise; dann bereitete ich ihr gewöhnlich eine kleine Ueberraschung durch das Geschenk irgend eines Nippdinges — eines Porzellanfigürchens oder einer Kaffeetasse, — und sie war entzückt und beruhigt; die gutmüthige, schwache Frau theilte ja meine Ueberzeugung von der Unversiegbarkeit meiner Hilfsquellen, und wies selbst die freundschaftlichsten und vernünftigsten Bemerkungen, sobald sie einen leisen Zweifel gegen meine Unfehlbarkeit enthielten, mit Entrüstung ab. Mein Bruder Johann, der uns einmal besuchte und mein Leben beobachtete, sprach seine Mißbilligung in entschiedener Weise aus; sie nahm meine Partei, schalt ihn heftig aus und beschuldigte ihn des Neides; der Brave, der noch vor nicht langer Zeit seine sämmtlichen Ersparnisse geopfert hatte, um mich zu unterstützen, drängte die bitteren Gefühle, welche ein solcher Vorwurf in ihm erzeugen mußte, zurück; er schwieg, reiste sogleich ab und ließ nichts mehr von sich hören; und obwohl ich nie in brüderlicher Eintracht mit ihm gelebt hatte, obwohl sein unbeholfenes, etwas mürrisches Wesen, sein kaufmännisches Berechnen, seine Sparsamkeit bei Dingen, die ich für unentbehrlich hielt, mir nicht angenehm war, schmerzte es mich dennoch, ihn nicht wieder zu sehen, auch kein Schreiben von ihm mehr zu erhalten; ich liebte ihn mehr als irgend ein Glied in der Familie, und fühlte wohl, daß er der tüchtigste unter uns war.

Wie mit ihm, erging es der Mutter auch mit der verheiratheten Schwester, die uns mit ihren Kindern besucht hatte und gegenüber meinen Ausgaben für elegante

Toilette und für Miethwägen die harte, aber nicht ungerechte Bemerkung fallen ließ: sie habe das Geld, das wir in der Zeit der Bedrängniß von ihr erhielten, ihren Kindern entzogen, damit ich meine Studien fortsetzen könne, aber nicht, um mich zum Cavalier heranzubilden; und es wäre eigentlich anständig, daß ich, da meine Verhältnisse nunmehr so überaus glänzend schienen, jene Summe ihren Kindern zurückerstattete. Nur Josephine, die sich seit der Ankunft in der Residenz immer schöner entwickelte, und sich auch angenehme Manieren angeeignet hatte, schien ganz zufrieden; sie gefiel sich in den Bekanntschaften mit Herren und Damen vom Theater, die mich besuchten; ich führte sie öfter in die Oper und auf die Promenade, und freute mich über die Aufmerksamkeit, die ihr graziöses Gesichtchen und ihre schlanke Taille erregten."

Nach diesen Worten schwieg Horst plötzlich und versank in düsteres Nachdenken; es schien, als ob er zu dem, was er nun sagen sollte, sich erst sammeln, seine ganze Kraft zusammenraffen mußte; Ewalt fühlte den Ernst des Moments und blieb in gespannter, fast banger Erwartung.

Nach einer kleinen Weile begann Horst:

"Meine Erzählung gelangt nun an jene Phase meines Lebens, die in allem, was sie mir brachte, die unglücklichste war: denn nicht blos die Leiden, die ich ausgestanden, gehörten zu jenen, die eine nie ganz vernarbende Wunde im menschlichen Herzen zurücklassen;

auch die Freuden, die ich genoß, enthielten ein Gift, das zerstörend auf meinen geistigen Organismus wirkte, manche seiner schönsten Blüthen zerfraß, eine Zeit lang meine ganze Thätigkeit lähmte und sich noch heute, nach langen Jahren, oft plötzlich in mir regt, mein ganzes Wesen erfaßt und erst, nachdem es neue Spuren jener zerstörenden Kraft zurückgelassen, wieder zur Ruhe kehrt.

Mein Hang zur Verschwendung und zum lustig leichten Leben war immer mehr hervorgetreten; meine Ausgaben vermehrten sich in einem Maße, daß ich selbst darüber fast erschrak und nachzudenken begann, auf welche Weise ich zu größeren Einnahmen gelangen könnte. Die Reisen nach den Provinzen konnten doch nicht immer wiederholt werden; ein einziger Fehlschlag konnte die unangenehmsten Folgen nach sich ziehen; es mußte also ein Weg gefunden werden, der nach dem Ziele eines anhaltenden, sicheren und bedeutenden Gewinnes führte. An Sparsamkeit, die eigentlich das beste Mittel zur Vermeidung der Gefahren und zur Sicherstellung der nächsten Zukunft bot — denn noch immer gehörte ich zu den begünstigtsten jungen Künstlern, und gab sogar schon einige einträgliche Unterrichtsstunden — dachte ich nicht, die galt damals für unpoetisch, unkünstlerisch, philiströs; meine Phantasie trug sich mit Bildern von fernen Ländern, großen Koncerten von glänzendem Rufe und reichen Einnahmen; ich erinnerte mich, daß mein Bruder Johann bei seinem letzten Besuche von dem Plane gesprochen hatte, mit mir eine Reise nach Rußland und der Türkei

zu unternehmen; ich gedachte, dies nun auf eigene Faust
auszuführen. Ich frug Musiker und Freunde um Rath,
und erhielt von allen Seiten den aufmunterndsten Be=
scheid. Niemand warnte mich vor der Gefahr, im jugend=
lichen, unreifen Alter in einen Wirkungskreis einzutre=
ten, in dem ich, fern von Verwandten, theilnehmenden
Freunden und Gönnern, ganz allein auf meine eigene
Kraft angewiesen sein würde; keinem von all' den Künst=
lern und Lehrern fiel es ein, mich aufmerksam zu machen,
daß ich vor allem meinem Talente eine tüchtige solide
Ausbildung geben müsse, bevor ich an's Reisen dächte,
und daß es besser sei, gleichviel, unter welchen Verhält=
nissen, dort zu bleiben, wo ich diese Ausbildung erlangen
könne, als nach Ländern zu gehen, wo mir jede höhere
Anregung fehlen würde. Ja! bezeichnend genug — ge=
rade sie waren es, die nur von Geld sprachen, die auf
den Reichthum hinwiesen, der in Rußland zu erwerben
sei, während hie und da ein Laie doch auch noch
der anderen Motive gedachte, die einen jungen, streben=
den Künstler zu einer Reise bewegen können: des Dran=
ges, die Welt zu sehen, Ehre und Ruhm zu gewinnen
und ein selbstständiger Mann zu werden! Meine arme
Mutter, die an alles glaubte, wenn es von meiner glän=
zenden Zukunft handelte, träumte mit mir von goldenen
Bergen, und war überzeugt, mich in kurzer Zeit als
reichen Mann zurückkehren zu sehen; dann sollten wir —
das war unser Plan — nach Paris gehen; mich auf
der ersten Reise zu begleiten, gab sie nach kurzem Wider=

stande auf; sie fühlte es selbst, daß sie keinen Einfluß mehr auszuüben im Stande war, also mir nur hinderlich sein und die Unkosten der Reise vermehren würde.

Die hohe Aristokratie, an die ich mich um Empfehlungen für Polen und Rußland wandte, gewährte die Bitte in reichlichem Maße; die Banquiers ließen es auch nicht daran fehlen; einige derselben, denen ich noch heute für wahren freundschaftlichen Antheil Dank schulde, versahen mich mit Reisegeld. In meinem Plane lag es, zuerst nach Südrußland und von da nach Petersburg zu gehen; ein polnischer Graf, dessen Namen ich aus Gründen, die Ihnen bald einleuchten werden, nicht nennen kann, und den ich öfters in den Gesellschaften, wo ich musizirte, getroffen und als großen Musikfreund kennen gelernt hatte, fuhr eben auf seine in Südrußland gelegenen Güter; einige adelige Damen, die mich protegirten, und denen es sehr passend schien, daß ich meine erste längere Reise unter der Obhut und dem Schutze eines älteren Mannes und eines Cavaliers unternahm, der mir in seinem Lande außerordentlich nützlich sein konnte, bewogen ihn, der ganz allein war, mir einen Platz in seinem Wagen anzubieten; und mit den besten Wünschen und Hoffnungen meiner Freunde, unter heißen Thränen und Segnungen der Mutter verließ ich Wien.

Der Graf unterhielt mich die ganze Zeit unserer Reise durch die glänzendsten Schilderungen von seinem Lande und von dem Glücke, das ein junger, hübscher und kühner Mann, zumal ein Künstler, daselbst erlangen könne. Er war, wie die meisten Cavaliere seines Landes — und aller Lande — ein Epikuräer, der den Cynismus seiner Grundsätze in angenehme Formen kleidete, dabei ein ziemlich gutmüthiger Mensch und zu jeder Gefälligkeitsleistung bereit, wenn sie nur keine Geistesthätigkeit, wie z. B. Briefschreiben und dergl., erforderte.

Mein schnelles Eingehen auf seinen Ton und seine Ansichten, meine witzigen Antworten und Bemerkungen gefielen ihm; er hielt mich für einen ganz pfiffigen, praktischen Jungen und ahnte nicht, daß es nur Eitelkeit war, die mich leitete. Schon nach den ersten Wochen der Reise schien es mir fast unmöglich, die Gattung des Gespräches fortzusetzen, in der ich mich zuerst hervorzuthun gesucht hatte; doch die falsche Scham litt nicht, daß ich es eingestand.

Nach einer ziemlich langen und beschwerlichen Fahrt langten wir endlich in dem russischen Städtchen *, dem ersten Ziele meiner Reise, an. Der Graf stellte mich seinen Verwandten und Freunden daselbst persönlich vor, empfahl mich ihrer besonderen Theilnahme und ging weiter. Ich blieb zurück; wir trafen Verabredung, daß ich ihn, sobald meine Geschäfte in *, wo wir eben angekommen waren, beendigt sein würden, auf seinen Gütern aufsuchen sollte; er selbst wollte mich dann nach einer größeren Stadt führen, wo er der Verwandten noch mehr zählte, wo sehr viel reicher Adel wohnte und wo, wie er sagte, viel Geld zu verdienen, viel guter Wein zu trinken und viel schöne Frauen zu sehen waren.

Ich kann es gar nicht beschreiben, von welch' glänzendem Erfolge mein erstes Auftreten in Rußland begleitet war; meine Concerte fanden außerordentlichen Beifall; ich wurde in alle Cirkel geladen; die den Russinnen eigenthümliche nonchalance voluptueuse, wofür wir im Deutschen (vielleicht zum Glücke) keinen passenden Ausdruck haben, die Geschmeidigkeit und Liebenswürdigkeit, mit welcher die dortigen Cavaliere jeden behandeln, der sie zu amüsiren versteht, entzückten mich vollends; wie langweilig erschien mir schon die Wiener Gesellschaft in der Erinnerung! Dort hatte man mich protegirt, hier wurde ich fetirt! Ich befand mich so wohl und behaglich in diesem ersten Aufenthaltsorte, daß ich daselbst fast doppelt so lang blieb, als es in dem ursprünglichen Reiseplane lag; erst die Ermüdung und Erschlaffung, die sich meiner zuletzt bemächtigte, ließ mich an die Weiterfahrt denken. Ich schrieb an den Grafen, um ihn verabredetermaßen von meiner Ankunft in Kenntniß zu setzen; er sandte mir Pferde und Wagen; ich verbrachte einen Tag auf seinem Gute, wo er mit Nachbarn und Verwandten ein wüstes Schlemmerleben führte; dann gingen wir nach *.

An dem Tage, als wir daselbst anlangten, war eben bei einer Cousine des Grafen, die das glänzendste Haus in der Stadt führte, eine große Abendgesellschaft angesagt. Der Graf meinte, ich solle mit ihm in die Soirée gehen; „Sie lernen da," bemerkte er, „mit einem Male die ganze schöne Welt der Stadt kennen! Meine

Verwandte ist sehr musikalisch und singt sehr hübsch; man amüsirt sich sehr gut in ihrem Hause, und Sie werden sich daselbst wohlgefallen. Nur hüten Sie sich, der schönen Hausfrau zu tief in die Augen zu schauen; die haben schon manchem Gefahr, wo nicht Verderben gebracht."

Daß eine derartige Schilderung eher geeignet war, einen siebzehnjährigen, leicht erregbaren, eitlen Jüngling zu entflammen als zur Vorsicht anzuleiten, bedarf wohl keiner besonderen Erörterung; ich antwortete in herausforderndem Tone, daß ich Gefahren wie die von ihm bezeichneten wohl mehr als einmal bestanden hätte; und er nahm diese eitle Prahlerei für baare Münze hin.

Um seine Cousine von meiner Ankunft zu unterrichten und mir den besten Empfang zu sichern, stattete er ihr noch vor dem Abende einen Besuch ab; während ich meine Empfehlungsbriefe aussandte. Zur bestimmten Zeit holte er mich ab. „Man erwartet Sie mit Ungeduld," berichtete er, „Ihre glänzenden Erfolge in — (der Stadt, von der ich eben kam) sind hier bereits bekannt geworden, und ich zweifle nicht, daß Sie auch hier Lorbeeren ernten werden; nur müssen Sie hier Ihre Tasche wohl in Acht nehmen; hier lebt man schon nach großstädtischem Schnitt, und in dem Umgange mit den jungen Herren wird man zu großen Ausgaben verleitet, und es gibt unter ihnen manche, die sich ein eigenes Vergnügen daraus machen, Fremde zur Verschwendung und zum Selbstruine zu reizen. Sie werden unsere Hauptbandies heute kennen lernen. Lassen Sie sich nicht zum Spiele verführen."

Es war eine eigenthümliche Empfindung, mit der ich das Haus betrat, das mir wie ein Palast der Armida geschildert worden war; und der ganz fremdartige Luxus, der sich vor meinen Augen entfaltete, mußte beim ersten Anblick auch auf die Sinne eines weniger Erregbaren, auf eine weniger vorbeschäftigte Phantasie einen eigenthümlichen Zauber ausüben. Schon der große, taghell erleuchtete Vorhof, das Schellengeläute der Schlitten, deren Pferde mit glänzenden Schabracken geschmückt waren, und die Fackeln der hintenaufstehenden Diener boten mir ein seltsames, nie gesehenes Schauspiel. Die breite Aufgangstreppe war ganz mit karminrothem Tuche eingefaßt, auf welchem hie und da das in Gold gestickte Wappen des Hausherrn prangte. Die schwerseidenen Divans und Armsessel mit ihren reichvergoldeten Lehnen, die bronzenen, phantastisch geformten Kronleuchter, die reichen türkischen Teppiche mit ihren bunten Farben und Zeichnungen, die übermäßig breiten Goldrahmen der Gemälde zeigten eine Pracht, die großem Reichthume näher stand als gutem Geschmack, aber doch im ersten Momente das Auge blendete. Eine Schaar von Dienern, die ein Herr in solcher Anzahl nur im Lande der Leibeigenen halten konnte, stand in den verschiedenartigsten glänzenden Trachten da, des Eigenthümers Wink und Befehle erlauschend; eine Art von Haushofmeister, der zur Bezeichnung seiner Würde ein knutenartiges

I. 15

Instrument in der Hand trug, feuerte hie und da die Schnelligkeit eines Saumseligen durch Worte an, die ich nicht verstand, aus deren Ton aber mein musikalisches Ohr entnahm, daß ihr Inhalt nicht mit dolce oder soave zu bezeichnen war. Doch am meisten überraschte mich der Anblick der versammelten Gäste, vorerst der glänzend geschmückten Herren. Es war damals in Oesterreich wie in Deutschland noch nicht Sitte, daß die Offiziere überall in Uniform erschienen, und sie trugen, wo sie nur konnten, besonders in den Gesellschaften der Hauptstädte, den schwarzen Frack mit einer gewissen Vorliebe. In Rußland hingegen, wo das starre Soldatensystem des Kaisers Nikolaus zuerst das militärische Kastenwesen eingeführt hatte, dessen Nomenclatur sich sogar auf die Civilämter erstreckte — ein Präsident hieß General — durften Militärs wie Beamten sich nie anders als in ihren Uniformen zeigen; und da diese an Gallatagen sehr reich und fast überladen zu nennen waren, so mußten sie dem Fremden beim Eintritt in eine Gesellschaft zuerst ins Auge fallen. Aber auch die vielen schönen Frauen zogen meine bewundernden Blicke an, und es waren nicht blos ihre Reize, sondern auch die seltsamen, nicht immer geschmackvollen, doch originellen und reichen, diamantenstrahlenden Toiletten, die mir zuerst auffielen; besonders interessirte mich der russische National=Kopfputz mancher dieser Schönen, das mit Goldfäden und Perlen durchflochtene rabenschwarze Haar. Mit einer Art von kindischer Neugierde schritt ich an der

Seite des Grafen durch die Säle, und staunte eben eine überaus reiche und große Malachitvase an, als mein Begleiter plötzlich meinen Arm ergriff und die Worte: „Mr. Horst, hier ist meine Cousine, Gräfin *, die sich sehr freut, Sie kennen zu lernen," an mich richtete. Im ersten Momente der Ueberraschung brachte ich kaum eine linkische Verbeugung zu Stande, und vernahm kaum die verbindlichen Worte, welche mir die Gräfin sagte. Erst nach und nach gewann ich jene Sicherheit wieder, mit der ich immer geprunkt hatte, und betrachtete die Frau, die mir als so gefährlich geschildert worden war; und jener Moment entschied über das Schicksal von drei bitteren Jahren meines Lebens.

Eine lange Zeit ist seit dem Abende vorübergegangen, an dem ich zum ersten Male dem Weibe gegenüber stand, das die wildesten, verzehrendsten Leidenschaften in mir entflammte, das mich aus einer glänzend begonnenen, Ehre und Unabhängigkeit verheißenden Laufbahn herausriß und nach dem Irrpfade taumelnder Lust und gänzlicher Erniedrigung führte, — das mich zu Thaten hinzog, bei deren Ahnung ich früher zurückschauderte, und deren Erinnerung jetzt auf mir lastet wie ein drückender Alp. Ich habe seither viele schöne Frauen gesehen, manches edle weibliche Wesen hat mich seiner Theilnahme und Freundschaft nicht unwerth gehalten; aber ich habe nicht eine mehr erblickt, die Geist und Sinne in solchem Maße anzuregen und zu fesseln wußte, wie diese Russin, nicht eine, die, gleich ihr, einen Zauber ausübte, dem sich, nach dem Geständnisse aller Männer, auch der Gleichgiltigste im ersten Momente nicht entziehen konnte. Die Gesichtszüge waren nicht ganz regelmäßig schön, aber ganz auffallend, einzig in ihrer Art. Wenn Lucifer, der gefallene Engel, je in Weibesgestalt erschien, so mußte er diese Züge gewählt haben. Hoch und blendend weiß war die Stirne, mit jenen vorspringenden Hügeln über den Augenbrauen, die wir auf dem Porträt der höchstbegabten Männer sehen, das blitzende Auge tiefblau, jeden Ausdrucks fähig; ur: die halbgeöffneten Lippen des wunderbar schön geschnittenen Mundes zog sich ein eigenthümliches, unwiderstehliches Lächeln; die Büste, die Arme und Hände schienen den Meißel des Bildhauers zur Nachahmung herauszufordern. Doch der höchste Reiz dieser Frau, der ihr den Sieg sicherte, war der tiefe, melodisch vibrirende Klang ihres Organs. Unter allen Damen der Gesellschaft war sie die einfachst gekleidete; sie trug eine schwarze Atlasrobe, keinen Schmuck in den dunkelbraunen Haaren, um den Hals ein Perlenband; so stand sie da wie die Königin unter ihrem Gefolge. Sie sprach ziemlich lange mit mir, ich starrte hin in träumerischem Entzücken; sie schien zuletzt den Eindruck zu bemerken, den sie in mir hervorgebracht: denn sie er rö the te, wandte sich mit einem Lächeln ab und ging ans Klavier, um, wie sie fein bemerkte, durch ihr Beispiel die musikalischen Gäste zur Nachahmung anzufeuern. Sie sang das Duett von Rossini: „Mira la bianca luna" mit einem italienischen Gesanglehrer, und ich kann mit Bestimmtheit sagen, ich habe das Musikstück nie schöner vortragen hören. Und daß mein Urtheil in jenem Momente nicht etwa durch die erwachte Leidenschaft befangen war, beweist mir der Ausspruch des großen Sängers *, der sie sechs Jahre nach meiner Flucht aus Rußland in Petersburg kennen lernte und singen hörte. Er, der so lange mit den ersten Gesangskünstlerinnen zusammenwirkte, gestand in meiner Gegenwart, ohne eine Ahnung meiner Schicksale zu haben, daß der tief leidenschaftliche Vortrag, die poetische Auffassung und die wunderbare Stimme dieser Frau ihn im ersten Momente ganz bezaubert haben, wenn er auch über ihren moralischen Werth nicht einen Augenblick im Zweifel blieb. Aber jener Künstler stand, als er sie zum ersten Male sah, im reifen Mannesalter, und ihre Reize waren verblüht; es fiel also nicht schwer, der Verführung zu widerstehen; ich aber hatte zu der Zeit, die ich hier beschreibe, kaum das achtzehnte Jahr erreicht, und ihre Schönheit prangte in vollem Glanze; ihrer äußeren Erscheinung nach konnte ihr niemand mehr als vier und zwanzig Jahre zuschreiben, doch zählte sie deren neun und zwanzig; mit einer gewissen Ostentation wies sie, so oft man ihr jugendliches Aussehen rühmte, auf ihre Tochter, ein schönes Mädchen von fast vierzehn Jahren, das aber weit über seine Jahre, ja, fast vollkommen entwickelt war. „Hier steht die," sagte sie, „die mich an mein Alter erinnert; wird sie gleich mir im fünfzehnten Jahre verheirathet, so kann ich in zwei Jahren Großmama sein!"

Welche Macht mich am stärksten an dieses Weib fesselte, vermag ich heute nicht mehr zu entscheiden: war es die verzehrende Sinnenlust, die mich jeden Moment, den ich nicht in ihrer Nähe zubrachte, als verloren betrachten ließ? oder war es der falsche Ehrgeiz, den die Idee, von der Schönsten und Höchststehenden den glänzendsten Gunstbewerbern vorgezogen zu sein, so gewaltig entflammte? oder war es die Begeisterung des Musikers? — Genug, sie verstand es, jeden dieser Hebel im rechten Momente wirken zu lassen. Ob sie mich je liebte? fast möchte ich sagen: ja! soweit sie es überhaupt fähig war! Sie hielt mich, nach meinen Gesprächen und meiner Haltung im Anfange — wie ihr Cousin — für einen talentirten, praktischen, in galanten Abenteuern bewanderten jungen Mann, und war wohl fest überzeugt, daß ich unser Verhältniß als ein vorübergehendes betrachten und im rechten Momente aufgeben würde. Als sie meine Unerfahrenheit und die Leidenschaft, die ich zu ihr gefaßt hatte, erkannte, hielt Mitleid sie noch einige Zeit zurück, mich aufzuklären, bis zuletzt — doch ich will nicht vorgreifen.

Zwei Monate waren seit meiner Ankunft in * verflossen, meine künstlerischen Geschäfte beendet, und noch dachte ich nicht an die Weiterreise. Zwar hatte ich einmal versucht, mich aus der Betäubung aufzuraffen, aber ihre Schmeichelworte: „Nur noch einige Tage!" hielten mich zurück. Und wieder vergingen nach den zwei Monaten vier kostbare Wochen. Indessen war die

Concertsaison in Petersburg ihrem Ende genaht, und alle Gönner, sowie die mit den Verhältnissen der Hauptstadt vertrauten Personen widerriethen mir aufs bestimmteste, nunmehr dahin zu gehen; vielmehr — so lautete ihre fast einstimmige Meinung — sollte ich vor der Hand in *, wo ich so viele Freunde zählte, bleiben, in der Stadt und auf den Gütern meiner Freunde Unterricht ertheilen, und dann im nächsten Winter nach Petersburg gehen, wenn ich es nicht überhaupt vorzöge, meinen Aufenthalt an einem Orte zu nehmen, wo mir bei einigem Fleiß und einiger Sparsamkeit der Erwerb eines Vermögens binnen wenigen Jahren sicher stände. Obwohl mir die letzte Andeutung im höchsten Grade unpassend und demüthigend erschien, da ihr ein Zweifel an meinem Gelingen in Petersburg zu Grunde lag, so nahm ich doch den Rath, Unterricht zu ertheilen, freudig und dankbar an. Es war mir erwünscht, eine Beschäftigung zu finden, die meine Gedanken zeitweise im Zaume hielte, und auch sie war hocherfreut, daß sich ihr ein Mittel bot, mich öfters in ihrem Hause sehen zu können, und nicht mehr für jede Zusammenkunft einen unbequemen und gefährlichen Weg suchen zu müssen. Ihre Tochter besaß ziemliches Talent zur Musik, und sie hätte mich schon von vornherein ersucht, jenen Unterricht zu ertheilen, wäre dies nicht, so lange ich noch als Durchreisender betrachtet wurde, zu auffallend erschienen. Jetzt, da ich selbst mich dem Publikum als Lehrer vorstellte, war nichts natürlicher, als daß die

Cousine meines Gönners, die Dame, die ich zuerst kennen gelernt, mir auch in meiner neuen Stellung Antheil schenke; durch ihren mächtigen Einfluß ward ich bald mit so vielen Anträgen überhäuft, daß das Wort meiner Freunde in Bezug auf Erwerb eines kleinen Vermögens wirklich bald zu bewahrheiten gewesen wäre.

Es ist mir nicht möglich, eine klare Vorstellung meines damaligen Lebens von dem Momente, als ich mich entschloß, bis zu jenem des Erwachens ins Gedächtniß zurückzurufen. Ich weiß nur, daß meine rasende Leidenschaft täglich wuchs, und daß alle Warnungen von Freunden und von denen, die mir — vielleicht nicht immer aus den lautersten Motiven — ihren Antheil schenkten, vergeblich waren. Freilich lauteten jene Warnungen manchmal so fremdartig, und es wurden mir Enthüllungen über ihr Leben mitgetheilt, die ich nur als unwürdige Verläumdung oder als lächerlichen Versuch, mich durch irgend ein Märchen in thörichte Aufregung zu versetzen, betrachten konnte. Daß sie ursprünglich in beschränkten Verhältnissen lebte und die glänzende Stellung und den Reichthum ihres Gemahles durch ihre Nachgiebigkeit gegen ein Mitglied des kaiserlichen Hauses erlangt hatte, einen Herrn, dessen Alter und sonstige Eigenschaften, das Gefallen einer Frau zu erregen, wenig geeignet waren; daß sie noch immer, wenn ihr Gemahl Miene machte, sich um seine häuslichen Angelegenheiten bekümmern zu wollen, seine Bedenknisse durch neue Gnaden, die sie von oben zu erwirken wußte, beschwichtigte; daß

sie einst im wildesten Taumel der Leidenschaft für einen
schönen Mann Bacchanalien gefeiert hatte, zu denen
manche ihres Geschlechts, die von der anständigen Gesell=
schaft ausgeschlossen ist, nicht zu bewegen sein dürfte, —
das habe nicht blos ich nicht geglaubt, ja, jeder, dem die
Verhältnisse der Provinz und des Adels nicht bis auf
die unbedeutendsten Einzelnheiten bekannt waren, wenn
er sie erblickte in ihrer Liebenswürdigkeit und Anmuth,
wenn er ihre Stimme, ihr geistvolles Gespräch, ihren
Gesang vernahm, mußte solche Mittheilungen als Er=
findungen eifersüchtiger Rivalinnen behandeln. Noch
vor wenigen Jahren traf ich sie in Deutschland, und
zwar am *schen Hof, als Freundin der edelsten Prin=
zessin, als Muster einer Dame von gutem Ton und
vortrefflichem Charakter verehrt!

Meine Einnahmen waren ziemlich bedeutend, doch
standen sie zu den Ausgaben in keinem Verhältnisse;
jene jugendliche Sicherheit, die mich in Wien geleitet
hatte, war zum tollen Uebermuthe gediehen; ich hielt
Wagen und Pferde, wetteiferte in der Kleidung mit den
Elegants der Stadt, war der Gefährte ihrer Extrava=
ganzen; nur meine Treue gegen die Eine, die mein gan=
zes Wesen erfüllte, verletzte ich nie, und sie spornte
meinen Hang zur Verschwendung an, um mir bei jeder
Gelegenheit ihre Liebe und Hingebung zu beweisen! So
oft sie bemerkte, daß meine Mittel im Versiegen waren,
daß ich an eine Regelung meiner Lebensweise dachte,
wußte sie mich durch Schmeicheleien, durch Bitten, durch

die Bemerkung: es gebe ja in der Liebe kein Schenken, nur ein gegenseitiges Austauschen und Theilen, und ich solle doch auch an meine Mutter denken, die Unterstützung von mir erwarte, dahin zu bringen, daß ich Geldgeschenke von ihr annahm, die, wie alles nicht Selbsterworbene, keine Befriedigung gewährten, nie für den zunächst liegenden Zweck, Tilgung der Schulden, verwendet wurden, und bald wieder im Strudel sinnloser Verschwendung verschwanden. O schmachvolle, unerträgliche Erinnerung! Wenn ich früher in Wien, inmitten eines zerfahrenen, jedes inneren Haltes entbehrenden Lebens, manchmal auf die eigenthümliche, zweifelhafte Stellung geblickt hatte, in der sich so mancher junge Elegant ohne Vermögen und ohne sichere Erwerbsquelle bewegte, so erschien mir nichts niedriger, verächtlicher, als daß ein Mann seine Existenz einem Weibe verdanken sollte; und mit übermüthigem Stolz erfüllte mich der Gedanke, daß, wenn ich auch fast nie aus den Verlegenheiten herauskam, die eigene Kraft zuletzt doch genügte, um das Unangenehmste abzuwenden. Und nun ging dieses Bewußtsein verloren, ohne daß ich nur fühlte, wie ich immer mehr und mehr der Erniedrigung, der Selbstverachtung entgegenging! Was sind, was nützen uns die besten Grundsätze, wenn wir halbfertig in die Welt hinausgeschleudert werden, bevor die Widerstandskraft in uns ausgebildet ist? Nach jahrelangem vergeblichem Kämpfen und Ringen blicken wir auf ein verfehltes Leben zurück und entdecken, wie das Beste uns unbemerkt und un=

wiederbringlich verloren ging; je besser die Anlagen waren, um so größer ist dann unser Elend! Es ist ein vielleicht gemeines, aber richtiges Gleichniß: Ruhig und unbekümmert schreitet der Esel neben dem Abgrunde einher, in den das edlere Roß, wild sich bäumend, hinabstürzt; und nur der Aar fliegt darüber hinweg. So auch bestehen die unbedeutendsten Menschen die Gefahren ehrenvoll, in denen oft der Bestbegabte untergeht, und nur derjenige, dem ein unerforschlicher Rathschluß schon bei der Geburt die Adlernatur verlieh, dringt im kühnen Fluge, unbekümmert um alles, was unter ihm liegt, zur höchsten Höhe!

Acht Monate waren seit meiner Ankunft in * vergangen; ich hätte zwar schon seit geraumer Zeit merken können, daß jenes verführerische Weib meiner überdrüssig geworden war; aber die Leidenschaft, die mich noch immer mit gleicher verzehrender Gluth beherrschte, hielt ja alle meine Geisteskräfte umstrickt; ich war nur mehr der Schatten jenes kühnen, selbstvertrauenden Jünglings, der in der Zarenstadt Ruhm und Reichthum zu erwerben gedachte. Schon nahte der Zeitpunkt, wo ich nach Petersburg gehen sollte, schon berechnete ich — soweit war es schon mit mir gekommen — durch ihre Hilfe dahin zu gelangen; da trat die Katastrophe ein, die mit einem Schlage alle meine Hoffnungen und meine Kraft vernichtete. Ein französischer Violinspieler kam nach *; ihm ging ein großer Ruf voraus, den er vollkommen rechtfertigte; er gehörte zu den bedeutendsten Virtuosen aus der pariser Schule; sein Ton war immer rein und wohlklingend, seine Bogenführung außerordentlich leicht und elegant, sein Vortrag geschmackvoll, wenn auch jeder inneren Wärme entbehrend. Mit diesen Vorzügen verband er das angenehmste Aeußere, die einnehmendsten Manieren und vollendete Weltkenntniß. Er mochte ungefähr dreißig Jahre alt sein, war schon als Knabe durch die Verwendung adeliger Verwandten unter die Pagen der Herzogin von Berry aufgenommen worden, und hatte sich die Künste des eleganten Lebens durch Betrachtung und Selbstausübung vollkommen angeeignet. Die Julirevolution hatte seine Aussichten auf hohe Protektion und auf Hofcarrière zerstört und ihn gezwungen, sein Talent für die Musik als Broderwerb zu benützen; das faubourg St. Germain that nichts für ihn, weil er ein Stipendium des Königs Louis Philippe angenommen hatte, um nicht Hungers zu sterben; die nunmehr zur Macht gelangte französische bourgeoisie aber nahm den jungen Künstler unter ihren Schutz; sie schätzte seine Geschmeidigkeit und Eleganz und seinen vollendeten Hofton um so höher, als sie diese Eigenschaften nicht besaß, aber gerne affektirte; und er fand bald, daß das neue System in Frankreich für seine praktischen Zwecke besser paßte als das frühere. Seine Hauptneigungen waren Benützung des Momentes, leichter Genuß und möglichst großer Gelderwerb; der letztere war bei den Banquiers, den Hauptstützen der Orleans, viel eher zu finden, als früher bei den Herzögen und Fürsten, die nur über ihre durch die Revolution herbeigeführten Verluste an Gütern und Rechten und über die Undankbarkeit ihres Königs klagten, der den Industriellen, den Erben der régicides, so viele Vortheile zuwandte. Einige polnische und russische Damen, die ihn in Paris und Baden-Baden gehört hatten, luden ihn ein, nach Warschau und Petersburg zu kommen; bei der immer wachsenden Fluth von Virtuosen, die Paris damals überschwemmten, war es ihm keine unangenehme Aussicht, ein Land zu bereisen, wo man nicht in jeder Stadt mit einem halben Dutzend Concurrenten zusammentreffen mußte, und wo daher auch bedeutendere Einnahmen zu erwarten standen, als in der immer schwieriger werdenden Heimat. Er ging zuerst nach Warschau, wo er große Erfolge errang, und kam von da auf der Route nach Petersburg in die Stadt, wo meine Geschichte spielt. Bei den außerordentlich günstigen Empfehlungen, die er mitbrachte, konnte ihm eine glänzende Aufnahme nicht fehlen, und diese wurde durch seine angenehme Persönlichkeit noch mehr begünstigt. Seine leichte, etwas phlegmatische und oberflächliche Natur paßte vortrefflich in die Kreise, wo man sich vor allem amüsiren will, und wo man gegen alles, wozu ein tieferes Gefühl nothwendig ist, eine gewisse Abneigung zeigt. Dabei besaß er jene nichtssagende Gutmüthigkeit, die auch in unserem Deutschland unter dem Namen Gemüthlichkeit so hoch angeschlagen wird und darin besteht, daß man zwar vor allem die eigene Behaglichkeit und das Wohlleben im Auge behält, dabei aber gegen Jedermann

gleich freundlich und gefällig ist, den Damen Schmeicheleien sagt, sie ins Theater begleitet, Bücher aus der
Leihbibliothek besorgt, sich von keinem Vergnügen ausschließt, und hinter dem Glase oder der Theetasse ein
paar Stunden sitzen, und an der schaalsten Conversation
Gefallen finden kann.

Sein Erscheinen in * bewirkte eine gänzliche Umge-
staltung meiner Verhältnisse und meiner Stellung. Bisher war ich als das bedeutendste musikalische Talent in
der Stadt angesehen; es konnte keinen Cirkel geben,
wo meine Mitwirkung fehlte, und um dieser willen
ertrug man manche meiner Launen. Nun aber war ein
Künstler gekommen, der mich an Ruf und in seinen
Leistungen übertraf, und dabei bescheiden und anspruchslos auftrat; alle Gunst wandte sich ihm zu, meiner
ward nicht mehr gedacht. Wenn ich diese Demüthigung
in der Einbildung ertrug, daß ich mich mit dem Rivalen
bald auf einem größeren Felde messen würde, wo ihm
nicht der Reiz der Neuheit den Sieg im voraus sicherte,
so trat dagegen ein anderer Umstand ein, der alle meine
Gedanken verwirrte und mich aller Widerstandskraft beraubte. Seit dem Augenblick, als der fremde Virtuose
eingetroffen war, bemerkte ich in i h r e r Haltung eine
gänzliche, absichtliche Veränderung. Sie überhäufte ihn
mit Lobeserhebungen und Ehrenbezeigungen, und behandelte mich mit auffallender, beleidigender Nachlässigkeit.
In jedem anderen Zeitpunkte hätte ich ein derartiges
Benehmen nicht ertragen und es auf einen Bruch an-

kommen lassen. Es waren schon öfters Scenen zwischen uns vorgefallen, die immer mit Versöhnung schlossen; wie ich schon bemerkte, sie schien mit meiner Jugend Mitleid gefühlt zu haben. In jenem Momente aber, wo ich die Stadt bald zu verlassen gedachte, glaubte ich — um meiner Interessen willen — mir Zwang anthun zu müssen, und dieses erste Zeichen der Feigheit war vielleicht die Ursache meines Ruines. Sie ging von der Nachlässigkeit zum Hohne über, und als ich endlich nach langem Zaudern und nachdem ihr Benehmen unerträglich geworden war, eines Tages in der Unterrichtsstunde, die ich bei ihrer Tochter zu verbringen hatte, mit der trotzigen Frage vor sie trat, mit welchem Rechte sie mich zur Zielscheibe ihrer Launen wählte, — da warf sie mir mit kalter, tonloser, gleichgiltiger Stimme die Antwort ins Gesicht: „ich glaube dies Recht erkauft zu haben." Ich wankte nach Hause, ohne zu merken, daß ich vergessen hatte, meinen Mantel umzunehmen, und ohne zu bemerken, daß der Schnee in dichten Flocken herabfiel. Erst als ich in meiner Wohnung angelangt war, fühlte ich Frösteln in den Gliedern: ich warf mich mit den nassen Kleidern auf's Bett; wie lange ich dort gelegen haben mag, weiß ich nicht. Dunkel fühlte ich, daß man mir die Kleider abnahm, dann mit einem scharfen Instrument in meinen Arm schnitt, auch etwas sehr kaltes auf meinen Kopf legte — von da ab verlor ich jede weitere Vorstellung meines Daseins. —

Eines Tages schien es mir, als erwachte ich aus

tiefem, schwerem, beängstigtem Schlafe. Im Zimmer war es ganz dunkel, die Vorhänge waren herabgelassen, doch drang ein heller Lichtschein von der Straße herein, und auf der Thurmuhr hörte ich 11 Uhr schlagen. Ganz verwundert, daß ich so lange im Bett gelegen hatte, wollte ich schnell aufstehen, doch meine Kraft reichte nicht einmal zu dieser Bewegung hin; auch tauchte ein altes, häßliches Weib vor mir auf, das mich festhielt und mir in russischen Worten, deren Sinn mir nur halb verständlich war, bedeutete, mich still zu verhalten. Ich sank auf mein Kopfkissen zurück und suchte meine Gedanken zu sammeln, doch über das Wort: „erkauft" konnte ich sie nicht bringen, bei diesem einen Worte blieben sie immer stehen. Endlich ließ sich eine Stimme vernehmen, die mich in französischer Sprache anredete, es war die eines Arztes; von diesem erfuhr ich nun, daß ich bereits seit mehr als drei Wochen an einem Nervenfieber in den heftigsten Phantasien darniederläge, nunmehr aber — vorausgesetzt, daß ich die strengste Diät und sonstige Vorschriften einhalten wolle — als gerettet anzusehen wäre. Auf meine weiteren Fragen verwies er mich neuerdings zur Ruhe, theilte mir aber mit, daß ich über meine Verhältnisse und Bedürfnisse ganz unbesorgt sein möge, daß die ganze Stadt Antheil nehme an meinem Schicksale, und er sei beauftragt gewesen, meine Wagen und Pferde, die ich doch noch eine Zeit lang nicht benützen könnte, um den Preis anzukaufen, den sie mir gekostet, und sonst auch für alles nöthige zu sorgen. Ich sollte mir also jeden anderen Gedanken, als den an die Wiedererlangung meiner Gesundheit, aus dem Kopfe schlagen, vor allem noch sechs Wochen lang das Zimmer hüten, dann aber jede Aufregung vermeiden. — Nur langsam, sehr langsam kehrten meine Kräfte zurück, und erst nach langer Zeit brachte ich es dahin, eine klare Vorstellung meiner Lage zu gewinnen. An die Reise nach Petersburg war nicht mehr zu denken. Dazu fehlten mir die pekuniären und die physischen Mittel; alle stolzen Pläne mußten aufgegeben werden; ich war gezwungen, auf dem Schauplatze meiner Schmach, meiner Erniedrigung zu verweilen! Ich bat den Arzt, er möge jene Familien, in denen ich Unterricht ertheilt hatte, von meinem Entschlusse, mich vorläufig in der Stadt niederzulassen, in Kenntniß zu setzen; er erfüllte das Amt des Vermittlers getreulich, und schon nach wenigen Tagen brachte er mir die Kunde, daß alle meine Gönner noch gleich freundlich gesinnt seien, und daß nunmehr auch viele andere Häuser, die bisher im Hinblick auf meinen unsicheren Aufenthalt gezögert hatten, ihren Lehrer aufzugeben, mich, sobald ich hergestellt sein würde, einladen wollten, auch ihre Kinder unter meine Leitung zu nehmen. Meine Existenz war also gesichert, und ich hätte der Zukunft mit einiger Ruhe entgegensehen können, aber das eine Wort „erkauft" summte in meinem Gehirne, tönte in meinen Träumen fort. Als ich soweit hergestellt war, daß ich wieder ausgehen konnte, erhielt ich einen Besuch von — ihrem Gemahl.

Er kam, sagte er, um mich der innigsten Theilnahme über meinen Unglücksfall zu versichern, mir auch zugleich die Grüße seiner Frau zu überbringen, die mich, sobald es meine Gesundheit erlauben würde, zu sehen hoffte, und mich bäte, die Stunde für ihre Tochter ja frei zu halten. Einstweilen bot er mir auch seine Hilfe an, und entfernte sich mit erneuten Freundschaftsversicherungen. Aus seinen Reden und Anspielungen konnte ich entnehmen, daß er in der Ueberzeugung lebte, zwischen mir und ihr habe nie ein intimes Verhältniß bestanden, und nur eine heftige unerwiederte Leidenschaft habe meine Krankheit herbeigeführt. Wie ich später erfuhr, war auch während der letzten drei Wochen ein hoher Besuch in * eingetroffen; dem Gemahle stand wieder ein Orden oder eine Beförderung in Aussicht, und in einem solchen Momente war es leicht, ihn alles glauben zu machen.

Einen Augenblick gab ich mich dem eitlen Wahne hin, sie fühle Reue, und habe aus diesem Grunde ihren Gemahl zu mir gesendet; und ihr herzlicher Empfang, die liebenswürdige Theilnahme, das Befragen nach jeder Einzelheit meines Unfalls konnte mich in diesem Wahne bestärken. Doch diese Täuschung dauerte nicht lange, und bald sollte ich es fühlen, daß ich nur der Klavierlehrer war, den man nur aus Rücksicht für seine schlechten Verhältnisse und seinen erschütterten Gesundheitszustand mit einiger Milde behandelte. Ich ertrug diese neue Schmach mit einer Ruhe und einer anscheinenden Gleichgiltigkeit, die mir die Bewunderung und Complimente von Seiten mancher Damen eintrug; aber in meinem Inneren lechte das glühende Verlangen nach Rache, und in schlaflosen, qualvollen Nächten brütete mein kranker Geist über einer That, die zu meinem Unglücke gelang, deren Erinnerung auf mein ganzes Leben ein düsteres, unauslöschliches Stigma heftete.

Gestatten Sie mir, bevor ich zu der Erzählung dieser That schweife, einige Worte, nicht etwa der Entschuldigung — diese kann und will ich nicht suchen — aber der Erklärung, wie und warum ich gerade auf das Abnormste, auf das meiner Natur Widersprechendste gerieth.

Während und nach meiner Genesung bewiesen mir Freunde und Gönner ihren Antheil, indem sie mich durch Lektüre zu zerstreuen suchten, und zu diesem Behufe ihre Bibliotheken in meine Wohnung sandten. Diese bestanden fast ausschließlich aus den neuesten Erzeugnissen der modernen französischen Literatur, und in dieser fand mein Hang zur Selbstquälerei, zum Abenteuerlichen reichliche Nahrung. Mit Begierde verschlang ich die Romane von Balzac und Eugen Sue, die Dramen von Victor Hugo und Alexander Dumas, in denen mysteriöse Helden über unmögliche Schicksale oder eingebildete Leiden klagen, oder für vermeintliches erlittenes Unrecht fürchterliche Rache nehmen. In Erzählungen, die mir heute toll, aberwitzig, lächerlich erscheinen, fand ich damals Analogie mit meinen eigenen Erlebnissen; der Kampf gegen die Gesellschaft, der moralisirende Cynismus, den Balzac und Eugen Sue verherrlichen, interessirte mich am meisten; je größere Verbrechen der Held des Romans beging, desto bewundernswerther, nachahmungswürdiger erschien er mir; und wenn ich noch hinzufüge, daß ich in jener Zeit zum erstenmale Heine's Buch der Lieder las, das alle meine Gefühle wie eine zersetzende Tinktur durchsickerte, so mögen Sie ermessen, in welcher Gemüthsstimmung ich mich befand. Mein blasses, verstörtes Aussehen erweckte allgemeine Theilnahme, und nichts war mir angenehmer zu hören, als wenn man mich mit einem dem Grabe Entstiegenen verglich. In wilden nächtlichen Orgien wollte ich gleich meinen Idealen, den phantastischen Romanhelden, Zerstreuung und Aufregung suchen; dadurch wurde mein Körper nur schwächer, mein Geist trüber. Ich gab zwar meine Lektionen mit großer Gewissenhaftigkeit, und allgemein wurde es anerkannt, daß die Schüler unter meiner Leitung bedeutende Fortschritte zeigten. Aber selbst diese Beschäftigung, in deren Regelmäßigkeit ein anderer vielleicht einen gewissen Trost, einen Ableiter für die trübe Stimmung gefunden hätte, war für mich nur ein immerwährender Anlaß zur Selbstpeinigung; immer hielt ich es mir vor, daß ich als gefeierter Virtuose in Petersburg und Moskau glänzen könnte, wenn ihre Treulosigkeit und Grausamkeit mir nicht Kräfte und Gesundheit geraubt und mich gezwungen hätte, als obskurer Lektiongeber mein Leben in einer kleinen Stadt zu verbringen. So verging der Winter, und der Tag meiner vermeintlichen Rache nahte heran, — hätte ich ihn doch nie erblickt!

Anastasia — so hieß ihre Tochter — stand nun im sechzehnten Jahre und in der vollendeten Entwickelung ihrer üppigen Schönheit.. Daß sie mein Verhältniß zur Mutter gekannt hatte, war leider nicht zu bezweifeln: denn wenn ich auch während der Unterrichtsstunden sorgfältig jedes Wort, jede Bewegung vermied, die meine Leidenschaft verrathen konnten, so war doch das scharfsichtige Auge eines frühentwickelten Mädchens nicht zu täuschen. Ihre Phantasie war im höchsten Grade erregt, und noch vor Eintritt jener Katastrophe, die mich auf's Krankenlager warf, konnte ich bemerken, daß die Gefühle der Mutter auf die Tochter übergegangen waren; indeß erschien mir diese Neigung eine rein kindliche und nicht weiter beachtenswerthe. Doch als ich in jenes Haus, wo ich manche Stunden wie in einem verzauberten Schlosse verlebt hatte, unter ganz veränderten Verhältnissen zurückkehrte, als sich die üppigen Reize Anastasiens täglich mehr und mehr vor meinen Augen entfalteten, als ihre leise hingeworfenen Bemerkungen und Andeutungen mir die Ueberzeugung verliehen, daß sie bereits mit klarem Bewußtsein Verhältnisse und Menschen betrachtete; da erwachte und befestigte sich ein Gedanke in mir, das Weib, das sich so schändlich gegen mich benommen hatte, an seiner empfindlichsten, an der einzig verwundbaren Seite zu treffen.

Haben Sie einen Roman der George Sand: „la dernière Aldini" gelesen?"

Ewald verneinte.

„Glücklicher Mensch!" fuhr Horst fort, „dessen Geist ein günstiges Geschick vor dem Contakt mit allem Gemeinen und Hohlen bewahrt hat, der nicht in Jahren der reiferen Erkenntniß eine verfehlte Bildung zu beklagen braucht! Doch um wieder auf jenen Roman zurückzukommen. Dort faßt eine venetianische verwittwete Marchesa Albini nach einigen oberflächlichen verliebten Abenteuern eine heftige Leidenschaft zu ihrem Gondelier Nello, der ein sehr schöner Junge und im Besitz einer prachtvollen Stimme ist; die Liebe dieser großen Dame für diesen Fischerssohn ist so groß, daß sie ihm ihre Hand anträgt! Nun aber ist Nello ein Halbgott — wie wäre sonst der Roman möglich? — der, obwohl blutarm, doch einer Art von Aristokratie, nämlich einer alten Chioggiottischen Fischerfamilie entstammt, daher eine natürliche Scheu vor Mesalliancen trägt; er macht philosophische Betrachtungen über die Standesunterschiede, hält seiner geliebten Marchesa eine moralische Rede, worin er ihr vorstellt, daß sie durch eine Verbindung mit ihm ihre und ihres achtjährigen Töchterchens Zukunft vernichten würde, entflieht, geht zum Theater, und wird berühmter Sänger. Zehn Jahre später erblickt er in Neapel, während einer Vorstellung im San Carlo=Theater, ein junges wunderbar schönes Mädchen, in das er sich verliebt. Sein Freund, der Graf Nasi, sagt ihm, daß dieses Fräulein eine Contessa oder Principessa Grimaldi sei. Mehrere Monate später, nachdem er Neapel verlassen, trifft er sie in der Nähe von Florenz wieder. Zwischen ihr und dem Sänger entspinnt sich ein kleiner, ganz unschuldiger Liebeshandel, der jedoch ernsthaft wird, als der Conte Nasi und ein anderer Cavalier um die Hand des millionenreichen Fräuleins werben. Das ercentrische Dämchen, um die Angelegenheit in kürzester Zeit zu beenden, fährt auf die Villa des Sängers, und trägt ihm ihre Hand an; ja, sie will gar nicht fortgehen, wenn er nicht stante pede die Ehe verspricht; doch er, Nello, machte indessen die Entdeckung, daß diese kleine Prinzessin keine andere ist, als die Tochter jener Marchesa Albini aus Venedig, die inzwischen einen Grimaldi geheirathe hat, dessen Namen nun auf die Stieftochter überging. Sein ehrliches Gemüth bebt bei dem Gedanken an die, wenn auch nur geistige nahe Verwandtschaft dieser beiden Passionen, die er hervorgerufen, er schreibt an die Mutter, daß sie komme, ihr Kind vor Gefahren zu bewahren, bringt es dahin, daß die ercentrisch kleine Principessa den Conte Nasi ehelicht. Die ganze Geschichte löset sich in Jubel und gegenseitige Zufriedenheit auf. Jetzt erscheint mir dieser Roman der George Sand, wenn auch weniger verächtlich und gleißnerisch lügenhaft als die anderen glänzenden Schriften dieser genialen Frau, doch lächerlich und abgeschmackt; aber in jenem Momente erblickte ich einen Fingerzeig in ihm; ich habe diesen Roman in seinen beiden Phasen selbst gespielt; nur waren meine Heldinnen keine Albini's, ich noch weniger ein Nello! Unterdrücken Sie, Ewalt, die Aufregung, die ich in ihren Zügen lese. Was Sie mir immer sagen können, wird fahl klingen gegen das, was mir die innere Stimme Jahre hindurch zurief.

Gottlob, ich kann heute mit gutem Gewissen sagen, jene That lag nicht in meiner Natur; als ich sie verübte, war mein Geist krank und von allen verzehrenden Leidenschaften verwirrt! Wäre ich wirklich so verderbt gewesen, als sich aus der Art meiner Rache schließen ließ, so hätte ich mich ihrer nur freuen können; schien es doch, als ob das Geschick mich besonders begünstigte und alle die gefährlichen Folgen von mir abwandte! Gleichzeitig mit der Entdeckung des Verhältnisses zwischen mir und Anastasien traf ihre Mutter ein vielleicht noch härterer Schlag, die Ungnade des Hofes! Wie es scheint, ließ ihr Gemahl im Vertrauen auf die nie fehlende Protektion des hohen Hausfreundes sich Unterschleife und Stellenverkauf in einem Maße zu Schulden kommen, daß es selbst in dem damaligen Rußland nicht ignorirt werden konnte. Eine Untersuchung ward zwar aus besonderen Rücksichten vermieden; jedoch mußte der Gemahl seine einträglichen Aemter aufgeben, und zog es sogar vor, eine Zeit lang das Land zu meiden. Einige Jahre später scheint es ihrem Einflusse gelungen zu sein, die Rückkehr und die Wiedererlangung einer Stelle und sogar den Zutritt bei Hofe für ihn zu erwirken, doch ihre Blütezeit war vorüber, und mit dieser die Hoffnung, je wieder die einstige glänzende Rolle zu spielen.

Mein Triumph war also ein vollkommener, doch ich genoß ihn nicht. Von dem Augenblick, als die That, über welche ich so lange gebrütet, vollbracht war, stand sie mir gegenüber wie ein Feind, den ich lange gefangen hielt. Endlich aus dem Kerker entlassen, hatte er nun, plötzlich mächtiger als ich geworden, mich auf allen Wegen und Stegen verfolgt. Obwohl ich keine Verfolgung von den beleidigten Eltern zu fürchten hatte, die auch fast unmittelbar nach der doppelten Katastrophe abreisten; obwohl mein Abenteuer damals, anstatt mich in der öffentlichen Meinung zu vernichten, mir sogar einigen Nimbus verlieh — vielen Damen erschien ein noch so junger Mann, der schon eine derartige Energie und Zähigkeit entwickelte, besonders interessant — so litt es mich doch nicht länger in *. Ich hatte während des Winters nach meiner Krankheit einen jungen Gutsbesitzer kennen gelernt, der sich vor allen anderen Cavalieren seines Alters auszeichnete; er hatte im Ausland ernsten und fleißigen Studien obgelegen, und war zu einer gediegenen wissenschaftlichen Bildung gelangt; bei seiner Rückkehr nach Rußland stellte ihn die Regierung vorläufig an als eine Art von Collegieninspector in *, wo meine Geschichte spielt. Da er die einflußreichsten Familien zu seinen Verwandten zählte, so stand ihm eine glänzende Carriere offen; er aber fühlte sich bald von dem Treiben der Kreise, deren Besuch er in seiner Stellung nicht vermeiden durfte, angewidert, verließ den Staatsdienst, zog auf ein in der Nähe gelegenes Gütchen, und kam nur selten in die Stadt. Mein Talent interessirte ihn; auch hatte er bei unserer ersten Begegnung entdeckt,

daß ich bessere sittliche Anlagen besaß, als ich bisher
auszubilden Gelegenheit hatte; er näherte sich mir nach
und nach, und als er bemerkte, wie das Bewußtsein
meiner That mich niederdrückte, bot er mir ein Asyl in
seinem Landhause an.

So wirkte er zugleich beruhigend und belebend auf
mich ein; nach wenigen Monaten war mein Geist ge=
sünder, mein Körper erstarkt; ich fühlte wieder Lust zum
Ueben am Klaviere, und wenn ich auch oft mit Schrecken
bemerkte, wie sehr meine Technik in den letzten zwei
Jahren an Gleichheit und Sicherheit verloren hatte, so
tröstete mich doch der Gedanke, daß binnen kurzer Zeit
alles Versäumte nachgeholt sein würde. Mit Selbstver=
trauen, ja, mit kühner Ungeduld erwartete ich den kom=
menden Winter, um meine unterbrochene Concertlaufbahn
wieder aufzunehmen. Doch das Geschick wollte es an=
ders; es scheint, als ob es mir vorherbestimmt sei, daß
ich das Schwierigste, wenn es nicht mit der Kunst zu=
sammenhängt, mit Leichtigkeit überwinde, als Musiker
aber auch das Einfachste nicht ohne harten Kampf, mei=
stens aber gar nicht erreiche.

Mein Freund stand in fast immerwährendem Brief=
wechsel mit Gelehrten und sonstigen Capacitäten aller
Länder und in den innigsten Beziehungen zu den jungen
Russen und Polen, die sich mit gediegenen, ernsten Stu=
dien beschäftigten. Ein berühmter Dichter, dessen Genie
selbst Zar Nikolaus ehrte, und dessen trotzigen Unab=
hängigkeitssinn der mächtige Beherrscher Rußlands weder

durch Drohungen zu brechen, noch durch Gnadenbezeigungen zu mildern im Stande war, gehörte zu den eifrigsten Besuchern des kleinen Schlosses, in dem ich Erholung und Belehrung gefunden hatte. Er kam öfters in Begleitung von Gelehrten und Professoren der russischen Universitäten und Adelsschulen; das Gespräch kam dann immer auf die inneren Angelegenheiten des Landes, und es wurden, besonders wenn Polen anwesend waren, die leidenschaftlichsten Beschuldigungen gegen das herrschende System der Unterdrückung und der empörenden Knechtung vorgebracht. Mein Freund, obwohl er solche Ausdrücke gerechten Unwillens im Prinzipe nicht tadelte, verwies doch immer die Leidenschaftlichkeit der Rede und ermahnte zur Ruhe; doch konnte ich bemerken, daß er, so oft politische Veränderungen in Frankreich oder England vorfielen, sich mit einigen seiner Gäste besonders angelegentlich unterhielt, und daß nicht, wie zur Zeit meiner Ankunft, blos Männer der Wissenschaft den Kreis der Besuchenden bildeten, sondern daß hie und da auch hochgestellte, der reichsten und ältesten Aristokratie des Landes angehörige Persönlichkeiten, die ich von dem Aufenthalte in der Stadt her kannte, sich, jedoch immer allein, und wenn sonst kein Fremder im Hause war, einfanden, und nach kurzer, geheimer Unterhandlung wieder verschwanden.

Eines Morgens kam der Freund mit verlegener Miene und aufgeregter, als er gewöhnlich zu sein pflegte, in mein Zimmer. Nach einigen banalen Phrasen bemerkte er, daß zu seinem großen Leidwesen wich= tige Geschäfte ihn von seinem Hause in eine entfernte Provinz des Reiches riefen, wo er einige kleine Liegen= schaften besitze, und ihm empfindliche Verluste drohten. Da nun gar nicht zu bestimmen sei, wie lange sich der Aufenthalt in jener entfernten Provinz verzögern könnte, so riethe er mir, einstweilen zu einem entfernten Ver= wandten, den ich schon bei ihm gesehen hatte, zu fahren; derselbe hatte schon bei seiner letzten Anwesenheit den Wunsch geäußert, mich auch einige Zeit in seinem Schlosse zu beherbergen; dort könne ich also getrost den Herbst und den Anfang der Concertzeit abwarten; die Anstal= ten zu meiner Beförderung seien bereits getroffen. Meine Antwort ist leicht zu errathen.

Wenige Stunden nach diesem Gespräche verließ ich das Haus des edelsten Mannes. Beim Abschiede über= gab er mir eine kleine Summe mit den Worten: „Sie wissen, ich bin nicht reich, kann also leider in diesem für mich selbst schwierigen Augenblicke nicht mehr für Sie thun. Meine Hoffnung und Absicht war, Sie bei dem Neubeginne Ihrer Virtuosenlaufbahn zu begleiten, und Ihnen während einer kurzen Zeit an der Seite zu gehen. Wären Sie nur einmal in's richtige Geleise gekommen, so war Ihre Zukunft gesichert. Das konnte aber nicht geschehen, ich muß jetzt für andere Interessen besorgt sein. Uebrigens wird Ihnen mein Verwandter nach einer Richtung hin ebenfalls sehr gute Dienste lei= sten können. Er hat viele Bekanntschaften und ist ein großer Musikfreund. Und nun leben Sie wohl, und wachen Sie über sich so gut, als es eben gehen wird. Sie haben eine schlechte Erziehung erhalten, und die Folgen derselben ganz zu entfernen, ist nur das Privilegium der bedeutendsten Naturen; eine autodidaktische Bildung ist in der Moral wie in der Kunst und Wissenschaft außerordentlich schwer zu erlangen, und fast nie ganz zu verläugnen. Gott schütze Sie!" Er grüßte freundlich ernst, der Kutscher ließ die Peitsche knallen, die Pferde flogen, bald entschwand das Haus meinen Blicken; mein Herz zog sich zusammen, ich ahnte, daß ich etwas zurückließ, was auch der glücklichste Mensch nur einmal im Leben findet — die Freundschaft eines tüchtigen Mannes, der im Antheil nicht die Fehler übersieht, aber auch im Momente des Tadels den besseren Eigenschaften Anerkennung widerfahren läßt; in dem Antheile, selbst der liebenswürdigsten Gönner, liegt oft etwas so demüthigendes, daß es fast zur Undankbarkeit verleitet!

Die Zeit, die ich in der Nähe dieses Mannes verlebte, war eine segensreiche. Er wirkte bildend und veredelnd auf meinen Geist; da er merkte, daß mir noch von meinen kurzen und oberflächlichen Gymnasialstudien einige Vorkenntnisse der lateinischen Sprache geblieben waren, so versuchte er, mich mit den römischen Classikern bekannt zu machen; ich wendete den angestrengtesten Fleiß an, und seine Bemühungen waren vom schönsten Erfolge begleitet. Zu gleicher Zeit benützte ich seine reichhaltige

Bibliothek, um die Meisterwerke der großen Dichter unserer Sprache zu studiren. Ich las freilich ohne Auswahl und allmählige Vorbereitung und mit großer Flüchtigkeit, aber die Wirkung war nichtsdestoweniger eine entscheidende. Ein neues Land öffnete sich vor meinen Blicken, ich lernte die wahre Leidenschaft von der gekünstelten unterscheiden, meine eigenen Empfindungen anders beurtheilen. Ich begriff, daß die wahre Poesie nicht, wie die modernen Franzosen und einige ihrer deutschen Nachäffer beweisen wollen, dem Häßlichsten, Widrigsten eine schöne Seite abzugewinnen sucht, sondern vielmehr durch die Darstellung des Schönen das Gemeine, Unästhetische von uns abhält, und dieselben Heroengestalten der französischen Romane, zu denen ich bewundernd hinaufgesehen, erschienen mir nun als glänzend kolorirte Fratzenbilder. Hätte ich den Umgang des edlen Freundes länger genießen können, so würde sein Einfluß gewiß nicht ohne Folgen auf meine ganze Lebensrichtung geblieben sein; denn obwohl er in der Musik dem allgemein herrschenden Geschmacke der italienischen Oper huldigte, und in meinen Talenten vor allem das Mittel zur unabhängigen, glänzenden Stellung, nicht die Kunstfähigkeit pries, so lag doch auch in dieser Anschauung insofern etwas Sittliches, als er aus dem Grundsatze: die Freiheit werde nur durch die Intelligenz erworben, die Folgerung leitete, der Künstler, besonders aber der Musiker, der durch seine Fähigkeit allein über die Gemüther herrscht, sei das freieste und von allen Nebenrücksichten unabhängigste Glied der menschlichen Gesellschaft.

Das war freilich Irrthum eines edlen Russen, des Unterthanen eines despotisch regierten Landes; in dem Gehirne eines Engländers würden derartige Prinzipien keinen Platz finden —"

„Und doch sind sie wahr, wir sind die Freiesten, wenn wir es zu sein verstehen," bemerkte Ewalt.

„Nun, ich will jetzt darüber nicht streiten," entgegnete Horst.

Mein Freund sprach nie über meine Vergangenheit, am wenigsten über die letzten Abenteuer in *; so oft ich selbst versuchte, davon zu reden, meine Reue darzulegen, Meinung und Rath von ihm zu hören, gab er ausweichende Antworten. „Es ist besser," bemerkte er dann immer — und seine Rede war mir nicht ganz klar — „solche Dinge ein= für allemal als abgethan zu betrachten; seien Sie froh, daß das Böse aus Ihnen herausgetreten ist; es handelt sich jetzt nur darum, daß Sie nicht neues Böses in sich wieder aufnehmen; dies kann nur durch allmähliges Erstarken des Charakters vermieden werden, und die Bildung eines Charakters bedarf der Zeit, und wenn die ursprünglichen Anlagen heterogene Elemente in sich fassen, auch günstige Verhältnisse. Gute Lehren helfen da nichts, sie verwirren — sondern Anleitung und eigenes Nachdenken."

Als ich in dem Schlosse, an dessen Besitzer ich gewiesen war, anlangte, feierte derselbe eben den ersten

Jahrestag seiner Vermählung, und hatte hierzu eine große Gesellschaft geladen; es kam ihm außerordentlich erwünscht, dem Feste durch ein Concert Abwechslung geben zu können; er empfing mich mit der liebenswürdigsten Cordialität, bat mich, sein Haus als das meinige anzusehen u. s. w., und stellte mich seiner Frau und den versammelten Gästen mit den größten Lobpreisungen meines Talentes und meiner Persönlichkeit vor. Heutzutage weiß ich wohl, wie hoch derlei Phrasen anzuschlagen sind; aber bedarf es wohl einer Entschuldigung, wenn ich sie zu jener Zeit noch als baare Münze annahm?

In der Gesellschaft waren meine Abenteuer allgemein und genau bekannt; es fehlte nicht an Anspielungen, die mir keinen Zweifel ließen; im Anfange war ich auf's höchste erschrocken und dachte, daß mein Ruf und meine Existenz in Rußland für immer vernichtet sein dürfte; doch mein nunmehriger Gastfreund beschwichtigte alle Besorgnisse und erklärte mir, daß das Bekanntwerden jener „pikanten Geschichte" höchstens einer Carriere als Lehrer hinderlich sein könnte, hingegen für den Concertgeber sogar noch von dem Vortheile sei, daß es ihn als interessant erscheinen lasse. „Etwas Skandal ist in der Welt immer nöthig," meinte er zuletzt, „um die Leute in Bewegung zu erhalten; die Familie, in der das Abenteuer passirte, ist gestürzt, von ihr ist also nichts zu fürchten, und alles andere ist nur günstig für Sie." Die Haltung der versammelten Gäste mir gegenüber bestätigten seine Worte; ich ward mit Complimenten und Liebenswürdigkeiten überhäuft; schon in den ersten Wochen nach meiner Ankunft erhielt ich Einladungen von benachbarten Gutsbesitzern, einige Tage auf ihrem Schlosse zu verbringen; die meisten derselben sandten sogar ihre Equipagen, um mich abholen zu lassen. Man zeigte mir so viel Antheil, und versicherte so eifrig, alle meine für den nächstkommenden Winter projectirten Concerte durch directes Einwirken wie durch Empfehlungen unterstützen zu wollen, daß ich mir fast schon einbilden durfte, alle Leiden hätten eine Ende, und eine glänzende Zukunft warte meiner. Aber es liegt nun einmal in meinem Geschicke, daß ich in allen Unternehmungen, auf allen Wegen, die ich betrat, mehr Glück fand, als ich erwarten durfte, nur nicht in meiner Laufbahn als Musiker! So oft mir da eine Hoffnung zu lächeln schien, ward sie bald durch die unerwartetsten Umstände, die merkwürdigerweise fast immer mit meinem **besseren** Streben zusammenhingen, vernichtet; das Unrecht, das ich begangen, habe ich um seiner äußeren Folgen willen, fast noch nie zu bereuen Ursache gehabt.

Eines Tages war ich bei einem der vornehmsten Adeligen der Umgegend zu Tische geladen. Das Gespräch kam auf meinen ehemaligen Gastfreund, und einige junge Herren fanden sich veranlaßt, über den Herrn Professor, wie sie ihn bezeichneten, zu spötteln und sogar sein Wissen und seine Bildung zu bezweifeln, und es für bloße Windmacherei auszugeben. Ich hielt es

für meine Pflicht, den edlen Mann, der mir so viel
Gutes erwiesen, zu vertheidigen, und nannte die Beschul=
digung des Stolzes eine ganz irrthümliche, da er der
leutseligste, bescheidenste und gegen alle Fehler nachsich=
tigste Mensch sei; was nun aber seine ausgebreiteten
Kenntnisse betrifft, behauptete ich, so dürften diese um
so weniger bezweifelt werden, als viele berühmte Gelehrte
aus allen Ländern mit ihm correspondiren, und auch
die bedeutendsten Männer aller Stände Rußlands in immer=
währendem Verkehre mit ihm stünden. Ein in meiner
Nähe sitzender Herr nahm meine Partei gegen die jungen
Cavaliere, die ganz erstaunt schienen, und frug mich
dann, wer wohl die eifrigsten Besucher in dem Hause
meines edlen Freundes gewesen seien, und mit wem er
überhaupt am liebsten verkehrte, und ich nannte mehrere
Namen, wie sie mir eben einfielen. Auch die Erkundi=
gung, wie lange mein Aufenthalt in seinem Hause ge=
währt, und warum ich es eigentlich verlassen hätte, be=
antwortete ich ohne Hehl und in der besten Absicht.
Die Unterhaltung nahm nun eine andere Wendung;
ich freute mich, daß die Spötter jede weitere Anspielung
vermieden, und schrieb dies meiner energischen imponi=
renden Vertheidigung zu.

Bei der Rückkunft nach Hause — ich wohnte noch
immer bei jenem Verwandten meines Freundes — be=
richtete ich das ganze Tischgespräch in allen Einzelheiten.
Zu meinem Erstaunen bemerkte ich, daß der Hausherr,
anstatt Zufriedenheit mit meinem Verhalten und meiner

Dankbarkeit für seinen Verwandten zu äußern, offenbar verlegen war, und sich schweigsam verhielt. Seine Frau, eine sehr gutmüthige, junge, etwas häßliche Dame, die er nur wegen ihres großen Vermögens geehelicht hatte, richtete einige Bemerkungen über nothwendige Vorsicht im Gespräche u. s. w. an mich; er aber unterbrach sie mit einem „Laß das!", frug, ob ich an allen Versammlungen, die bei seinem Verwandten stattfanden, Theil genommen hätte, ich verneinte, und das weitere Gespräch stockte. Wenige Tage nachher kamen einige Herren mit ihren Frauen zum Besuche auf dem Schlosse an, unter ihnen auch derselbe Herr, der sich bei jenem Diner am eifrigsten nach meinem Freund erkundigt hatte; es war ein Cavalier aus alter griechischer Familie, der aber schon lange in russischen Diensten stand, und einen ziemlich hohen Posten bekleidete; ein sehr liebenswürdiger und feingebildeter Herr, der mein ganzes Herz durch seine ungemeine Bewandertheit in der deutschen Sprache, durch seine schöne Ausdrucksweise und sein wohlklingendes Organ gewann. Wir gingen nach dem Essen im Garten spazieren; er unterhielt sich eifrig mit mir, sprach von meiner Vergangenheit, scherzte anmuthig über gewisse Jugendabenteuer, und wußte es so einzuleiten, daß ich selbst von dem Aufenthalte bei jenem Manne, für den ich schwärmerische Anhänglichkeit bewahrte, zu reden begann. Der fremde Herr lobte meine schönen Gefühle, drückte seine Anerkennung für meinen Freund und sein Bedauern aus, daß ein solcher Mann keinen seiner Fähigkeit würdigen, Wirkungskreis gefunden hätte, und endete mit der Frage, ob denn die Regierung meines Wissens keine Schritte gethan hätte, um seine Dienste wieder zu gewinnen, oder ob er überhaupt keine Anstellung wollte? So führte er die Unterhaltung über mehrere Punkte leichthin weg und wußte doch immer das von mir zu erforschen, was ich überhaupt mittheilen konnte. Er ertheilte mir auch manchen guten Rath für mein künftiges Leben und meinte unter anderm, es gebe kein besseres Mittel zur Selbstkenntniß für einen jungen Mann, als ein Tagebuch, in dem er seine Empfindungen und Erlebnisse niederschriebe; daraus könne er am sichersten lernen, was er zu suchen, was zu vermeiden habe; und als ich ihm antwortete, daß ich ein solches Tagebuch schon seit längerer Zeit führte, schien er hocherfreut, und bemerkte noch, die Hauptsache sei, daß man alles klar und sorgfältig ausarbeite und ja nicht rhapsodisch zu Werke gehe, und nahm mir das Versprechen ab, daß ich ihm einmal eines jener Kapitel, die ich noch im väterlichen Hause erlebte, mittheilen würde. Hierauf gingen wir zur Gesellschaft zurück, der ich etwas vorzutragen versprochen hatte. Eh bien! frug der Hausherr meinen neuen Freund, wie finden Sie den jungen Künstler? O, antwortetete der andere lächelnd, c'est un coeur bien innocent! er ist nur den Damen gefährlich; hierauf wechselten sie einige Worte in russischer Sprache; ich ging ans Klavier.

Schon am nächsten Morgen wollte ich den Rath

des so anmuthig redenden Herrn befolgen, und die früheren Kapitel meines Tagebuches mit größerer Sorgfalt und Ausführlichkeit bearbeiten; zu diesem Zwecke kürzte ich meinen gewöhnlichen Morgenspaziergang ab und kehrte um fast anderthalb Stunden früher nach Hause zurück; es war mir aber trotz alles Suchens nicht möglich, das Heft zu finden; da ich nun sehr unfähig war, in meinen Büchern, Musikalien und Schriften Ordnung zu halten, so erschien mir ganz natürlich, daß ich das Gesuchte in der Zerstreuung irgendwo verschleppt hatte und es gelegentlich wiederfinden würde. An den Diener wollte ich keine Frage richten, da es schon zu oft vorgekommen war, daß ich das ganze Haus um eines unbedeutenden Gegenstandes willen in Bewegung gebracht und denselben dann in meiner nächsten Nähe gefunden hatte; das gab dann immer Stoff zu unangenehmen Scherzen und Spöttereien; ich konnte es wohl merken, daß die Diener mich nicht gerne und nur aus Furcht vor dem Herrn bedienten, und mir, wo sie es ungefährdet konnten, Aerger bereiteten. Es liegt ja in der Natur eines jeden Sklaven, nicht bloß des Leibeigenen, daß, wo er nicht kriechen muß, er gerne treten möchte.

Zu meinem Erstaunen jedoch fand ich das Heft am anderen Tag in der Lade meines Schreibtisches und zwar zwischen den Blättern einer Musikmappe wieder, in der ich gewöhnlich nur des Morgens schrieb, und sie dann wieder zurücklegte; zufällig aber hatte ich sie am Nachmittage zuvor, also nach meinem Suchen des Tage-

buchs, hervorgenommen, würde dieses also nothwendiger=
weise gefunden haben; es mußte daher erst später am
Abende, während ich nicht im Zimmer war, hinein=
gelegt worden sein. Mein erster Gedanke ging
dahin, daß irgend ein Diener durch das Brieftaschenfor=
mat des Heftes auf die Idee, es enthalte Geld, gerathen
sei, es entwendet, nach Entdeckung seines Irrthums aber
wieder zurückgelegt habe. Ich theilte dem Schloßherrn
den ganzen Vorfall mit; er schien, als ich die Ueber=
zeugung aussprach, das Heft sei absichtlich weggenommen
und wieder zurückgelegt worden, etwas überrascht, erklärte
sich aber ganz damit einverstanden, daß die Entwendung
nur in Aussicht auf einen Geldinhalt geschah, und rieth
mir, den Thäter durch absichtliches Liegenlassen von klei=
neren, mit irgend einem Merkzeichen versehenen Bei=
trägen zu neuen Versuchen zu reizen. Nur bat er mich
auf's dringendste, seiner Frau nichts von allem dem
mitzutheilen, weil sie sehr ängstlich sei, bei dem kleinsten
Anlaß erschrecke, und über den Gedanken, daß man mich
bestehlen gewollt, ganz außer sich gerathen würde. Ich
versprach zu schweigen und hielt mein Wort. Obwohl
ich jedoch mein Geld markirt oder unmarkirt, absichtlich
oder in der Zerstreuung auf Tisch oder Kommode legte,
oder meine Brieftasche in den Kleidern stecken ließ, so
kam auch nie das Geringste abhanden; ich setzte indessen
meine täglichen Rückblicke fort, und hatte bald eine Masse
von Seiten vollgeschrieben.

So verflossen fast zwei Monate rasch und inmitten

des angenehmsten Lebens; die Concertzeit rückte heran, es war nothwendig, Vorbereitungen zu treffen, und ich verließ das Haus meines Gastfreundes, der mich durchaus zurückbehalten wollte; vielleicht hätte sein freundliches Drängen mich zum Verweilen bewogen; aber meine Eitelkeit flüsterte mir zu, daß aus den eigenthümlichen Blicken, mit welchen mich seine junge Frau manchmal betrachtete, aus ihren verstohlenen Seufzern, aus dem leisen Druck ihrer Hand, die unwillkürlich in meiner zurückblieb, wenn ich sie des Morgens oder vor dem Schlafengehen begrüßte, eine schlechtverhaltene Neigung spreche, und mein Gewissen schauderte vor dem Gedanken eines zweiten Bruchs der Gastfreundschaft. Ich eilte nach *, wo in den nächsten Wochen eine große Versammlung der adligen Gutsbesitzer und ihrer Pächter stattfinden sollte. Dort gedachte ich die Concertlaufbahn wieder zu beginnen, und so viel zu erwerben, daß ich direct nach Petersburg gehen konnte.

Man sagt, daß der Ton unter den jüngeren Cavalieren Rußlands jetzt ein besserer geworden sei, und ich selbst fand bei meiner letzten Reise, die sich freilich nicht über die Ostseeprovinzen erstreckte, daß eine Veränderung im Anzuge sei. Was aber in der Periode, die ich jetzt beschreibe, bei einer Zusammenkunft jener Leute vorkam, die sich als die Herren des Landes betrachteten, und kein Gesetz über sich erkannten, als den Willen des Zaren, das übersteigt alle Begriffe.

Ich traf viele Bekannte unter den Versammelten,

und diese glaubten mir keinen besseren Beweis des Wohlwollens geben zu können, als indem sie mich zu ihren Gelagen zogen. Ich sah eine Entfesselung der Leidenschaften, ein Toben der wildesten Begierden vor mir, das fast eine schaudernde Bewunderung vor der titanischen, unverwüstlichen rohen Kraft einflößte, die solches durchzuführen im Stande war. Ein junger Fürst, der als Muster der Eleganz galt, veranstaltete ein Souper, das zwei Tage und Nächte hindurch dauerte, bei dem das rasendste Spiel mit dem unmäßigsten Trinken abwechselte, und wenige Stunden Ruhe reichten hin, um die Genossen des Gelages am dritten Abende auf dem Balle des Gouverneurs so frisch nnd munter erscheinen zu lassen, als hätten sie die Woche zuvor in der geregeltsten Weise verlebt. Ein anderer Cavalier, ebenfalls dem höchsten Adel angehörig, Gemahl einer der liebenswürdigsten Frauen Rußlands, und wegen seiner herkulischen Stärke bekannt und gefürchtet, wettete, daß er die Polizeiwache aus ihrem Lokale vertreiben würde; er stellte sich betrunken, insultirte den Posten, prügelte die anderen, die auf das Geschrei ihres Kameraden herbeigekommen waren, entriß endlich einem das Seitengewehr und jagte sie sämmtlich in die Flucht; hierauf verschloß er die Thüre des Wachtzimmers, steckte den Schlüssel ein und entfernte sich; die mit Verstärkung zurückkehrenden Polizeisoldaten mußten, da noch keine Schlosserwerkstätte geöffnet und keine Brechwerkzeuge bei der Hand waren, in ihr eigenes Lokal durch das Fenster einsteigen. Am britten Tage darauf kutschirte der Held dieser Aventüre in leichter russischer Britschka auf der Landstraße im rasendsten Galoppe nach seinem Garten; ein schwerbeladener Karren kam ihm entgegen, der Fuhrmann konnte nicht schnell genug aus dem Wege fahren, die heranbrausende Britschka zerschellte fast im ersten Anprallen, der adelige Wagenlenker stürzte auf den Boden und erhielt eine leichte Contusion; wüthend sprang er auf und tödtete den Fuhrmann durch einen Faustschlag. Und diese beiden Männer waren die eifrigsten Verehrer und Gönner der Musik; der Herkules konnte unmittelbar, nachdem er in einem Anfalle brutaler Wuth seine Frau mißhandelt hatte, durch das Finale aus der Lucia di Lammermoor zu Thränen gerührt werden, und der junge Fürst hielt in seinen heliogabalischen Ausschweifungen nur dann ein, wenn er — componirte. Ja, er componirte! und ich kann Ihnen versichern, manche seiner musikalischen Ideen zeigten von nicht unbedeutendem Talente! Oefters lud er mich ein, mit ihm zu musiciren, war dann für niemanden sichtbar und ermüdete nicht, eine schwierige Stelle so oft zu wiederholen, bis er sie ganz rein spielte; sein ganzes Wesen erschien in solchen Momenten umgewandelt, und das Entzücken, das er beim Vortrage Mozart'scher Melodien kundgab, war kein erheucheltes; er, der unter seinen Cumpanen das Verdienst der witzig-gemeinsten Rede beanspruchte und behauptete, drückte sich edel, geistreich und ohne gesuchten Bombast aus, wenn er über Musik sprach; er erklärte mir zuerst, warum sie mich selbst auch immer sinnlich aufregte. „Jenes unerklärliche, unendliche Sehnen, das die geheimnißvollen Tonreihen und Harmonieen in uns erwecken," sagte er, „bleibt ewig unbefriedigt, nur der Reiz der Nerven behält sein Recht, und gerade weil die Gefühle, die uns überkommen, überirdischer Natur sind, treten auch in der Berührung mit dem sinnlichen Leben die Contraste stärker und wirksamer hervor!"

In der Gesellschaft solcher Menschen erwachte bald die Gluth meiner Leidenschaften wieder, die während des Aufenthaltes bei dem Gastfreunde zu schlummern schienen, und all' die bösen Triebe, die jenes Weib in mir entwickelt hatte, übten wieder ihre Macht über mich aus. War es früher eine Art von Ostentation, die mich in den Strudel des wüsten Lebens geführt hatte, so konnte ich mir nunmehr einbilden, daß meine excentrische Natur auch eine andere Lebensweise bedinge als die gewöhnlicher Menschen; ich fühlte mich auch nie ermüdet, vielmehr besser als je zur Musik gestimmt; die noble Gesellschaft aber, in der ich mich bewegte, weit entfernt, an meinen Extravaganzen Anstoß zu nehmen, reizten mich zu neuen durch ihre Bemerkungen. Die Männer meinten, ich wäre ein Genie, und müsse daher selbstverständlich auch ein mauvais sujet sein, und die Frauen — fanden mich im hohen Grade interessant. Die kleine Summe, die mein edler Freund mir beim Abschiede gegeben hatte, verschwand schon in den ersten

Wochen meines nunmehrigen Aufenthaltes, im Hazard=
spiele; der musikalische Fürst, der meine Verlegenheit
erkannte, honorirte mich, so oft wir zusammen musicir=
ten, oder ich eine seiner Compositionen ausbesserte, auf's
glänzendste. Selbst der Herkules, der bei seinem im=
mensen Reichthume schmutzig geizig war, wo es sich
nicht um Befriedigung seiner Lüste handelte, übergab
mir eines Tages, als ich ihn durch den Vortrag einer
Phantasie über Motive aus der Lucrezia Borgia ent=
zückt hatte, ein bedeutendes Geldgeschenk, dessen größten
Theil er mir hintendrein im écarté wieder abnahm.
Ich traf indessen alle Vorbereitungen für meine Con=
certe, mit denen ich nach dem Rathe meiner Gönner
erst nach der Ankunft des Gouverneurs der Provinz
beginnen sollte. Es war damals in den kleineren Städten
Rußlands gebräuchlich, daß keine öffentlichen Vorstellun=
gen und selbst kein großer Ball in der Gesellschaft statt=
fand, so lange die im Range höchststehende Person er=
wartet wurde und ihr Nichtkommen nicht officiell ange=
kündigt hatte. Eigentlich kam mir diese Verzögerung
nicht unerwünscht; denn durch sie gewann ich Zeit,
meine, bisher ganz vernachlässigten Studien mit Eifer
aufzunehmen und meinem Repertoire neue Stücke bei=
zufügen. Ich gedachte, mehrere Concerte hintereinander
zu geben, und dann ohne weiteren Aufenthalt nach Pe=
tersburg zu gehen. Wie mir allgemein versichert ward,
genügte es, daß ich das Wohlwollen des erwarteten
Gouverneurs gewönne, und Empfehlungen nach der

Hauptstadt erhalte, um des Erfolges im voraus sicher zu sein.

Der hohe Herr kam endlich mit großem Gefolge an, unter dem sich auch jener anmuthige Herr befand, der mir zu der genauen Führung des Tagebuches gerathen hatte. Ich beeilte mich, die bereits vollständig vorbereiteten Concerte auszuführen, bevor noch die angekündigte Operngesellschaft mir gefährliche Concurrenz bieten würde. Dem allgemein üblichen Gebrauche zufolge, stellte ich mich „Sr. Excellenz," dem Herrn Gouverneur vor, um ihn persönlich um die Gnade seiner Gegenwart zu bitten. Er empfing mich sehr gütig, erkundigte sich nach meinen bisherigen Erlebnissen in Rußland, sprach leichthin von „verliebten Abenteuern" u. s. w., schien aber besonderes Gewicht auf die Mittheilungen von meinem Aufenthalte bei dem jungen Gastfreunde zu legen, und entließ mich mit der Versicherung aufrichtiger Theilnahme und mit den Worten: „Wenn Sie in Ihren Angelegenheiten Rath oder Schutz bedürfen sollten, so wenden Sie sich nur an mich!" Als ich von ihm wegging, begegnete mir der Gastfreund, in dessen Schloß ich zuletzt gewohnt hatte. Ich frug ihn nach seiner Gemahlin; er antwortete, sie befände sich noch auf dem Gute ihrer Schwester, werde aber bald eintreffen. Dann erkundigte er sich nach der Aufnahme, die ich bei dem Gouverneur gefunden hatte, und verließ mich mit den besten Wünschen.

Tags darauf, am Nachmittage, besuchte ich den jungen

Fürst *, meinen Gönner. Es waren eben mehrere junge Cavaliere bei ihm versammelt, man sprach über die nächst zu veranstaltenden Feste und Bälle, auch von meinen Concerten, als ein neuer Gast, ein junger Graf, den ich ebenfalls bereits kannte, mit geschäftiger Miene eintrat und ihm leise und in russischer Sprache eine Nachricht mittheilte, die besonders überraschend sein mußte, denn mehrere der Anwesenden entfernten sich sogleich, um, wie sie sagten, genaue Erkundigungen einzuziehen. Die Unterhaltung wurde hierauf in französischer Sprache fortgesetzt; nichtsdestoweniger waren mir die Anspielungen, die Fragen und Bemerkungen, die sie untereinander wechselten, ganz unverständlich; nur soviel konnte ich entnehmen, daß es sich um eine Staatsangelegenheit handelte, und nahm meinen Hut, um die Herren ungestört zu lassen. Beim Abschiede frug mich einer derselben: „Haben Sie nicht auch den polnischen Grafen * gekannt, der oft auf das Gut Ihres Busenfreundes kam?" als ich bejahte, sagte er mit einem eigenthümlichen Lächeln: „Nun, dann trachten Sie nicht, ihn wiederzusehen, denn er wird sich wahrscheinlich bald in einer Gegend befinden, wo man keine Concerte gibt." Ich antwortete nichts weiter; einen Augenblick zwar dachte ich über den Sinn nach, den diese Worte wohl verbergen möchten; doch da mir der Mann, der sie zu mir gesprochen, als ein hochfahrender, unangenehm witziger Mensch bekannt war, der keine Gelegenheit zu kaustischen Bemerkungen vorübergehen ließ, jeden Nichtabe=

ligen in der impertinentesten Weise behandelte und mich von der ersten Begegnung an in jeder Weise zu beleidigen getrachtet hatte; so schlug ich sie mir aus dem Sinn und ging an meine Geschäfte. Mein Concert sollte schon am zweitnächsten Abende stattfinden, und es waren noch mehrere Anordnungen zu treffen, und mit dem italienischen Gesanglehrer, der einige Arien als Zwischennummern vorzutragen hatte, Proben zu halten. So vergingen mehrere Stunden; inzwischen war es Nacht geworden; bei dem Gouverneur fand, wie ich wußte, große Empfangssoirée statt; ich konnte also keine Besuche abstatten. Da alle meine Bekannten voraussichtlich mit ihren Toiletten beschäftigt waren; so begab ich mich denn nach Hause und übte an meinen Concertstücken.

Ich mochte wohl lange vor dem Instrumente gesessen haben; an der benachbarten Thurmuhr schlug es eben ein Uhr nach Mitternacht, als plötzlich meine Thür aufging und eine weibliche Gestalt hereintrat, die ich als die Gemahlin meines letzten Gastfreundes erkannte. Bevor ich noch von meinem Erstaunen mich erholt hatte, flüsterte Sie die Worte: „Fliehen Sie, sonst sind Sie verloren; der Verwandte meines Mannes, bei dem Sie vor Ihrem Aufenthalte bei uns wohnten, ist in eine Verschwörung gegen das Leben des Kaisers verwickelt, und wie ich eben im Hause des Gouverneurs von meiner Schwester, deren Gemahl Polizeichef ist, vernahm, werden auch Sie als Mitwisser verhaftet werden; ich bin mit einem Miethwagen schnell hierhergefah=

ren; Niemand ahnt meine Entfernung; ich muß gleich wieder zurück; fliehen Sie!"

„Aber wie kann ich — —"

„Mein Bruder," unterbrach sie meine Rede, „sendet heute Nacht einen Feldjäger mit Depeschen bis in die Nähe der österreichischen Gränze; ich habe es durch mein Flehen, und weil er Mitleid mit Ihrer Jugend fühlte, durchgesetzt, daß er Ihnen erlaubt, diese Gelegenheit zur Flucht zu benützen; in einer Viertelstunde wird der Courier an der nächsten Straßenecke einen Augenblick halten; erwarten Sie ihn dort, steigen Sie ohne Verzug mit den Worten: na prawa (nach Rechts!) ein; es ist dies die Losung. Fahren Sie bis *, dort wenden Sie sich an den Besitzer des Gasthofs, der vor der Stadt steht; er ist ein Oesterreicher, und wird Ihnen weiter helfen."

„Aber," suchte ich dagegen einzuwenden, „ich bin ja ganz unschuldig, niemand kann mir auch nur das mindeste anhaben, und der Gouverneur, der mit mir noch gestern über meine Beziehungen zu dem edlen Manne sprach, den er heute als Verschwörer verfolgt, sagte mir ausdrücklich, ich solle mich in allen Angelegenheiten direkt an ihn wenden."

„Unglücklicher! Verblendeter!" rief die Dame leidenschaftlich, „wissen Sie denn nicht, daß der Gouverneur ein naher Verwandter des Weibes ist, dessen Sturz allein Sie von der fürchterlichsten Rache retten konnte? Wird er nicht die günstige Gelegenheit ergreifen, um die seiner Familie angethane Beleidigung zu ahnden? Und selbst wenn er das nicht wollte, wenn er die beste Absicht gegen Sie hegte, so muß er Sie festnehmen und nach dem Kerker bringen lassen; wo es sich um politische Verbrechen und Verschwörung gegen den Zaren handelt, ist keiner im Reiche stark genug, um auch den unschuldig Verfolgten zu schützen. Und Sie halten sich nun für unschuldig; jener Grieche, mit dem Sie in unserem Hause so schnelle Freundschaft geschlossen, dem Sie Ihr Tagebuch mitgetheilt haben, verrieth den Inhalt an die Regierung; Sie bedachten wohl nicht, was Sie in einem Lande wie dieses dem Papiere anvertrauten; doch die Zeit vergeht; fliehen Sie, um Gotteswillen!"

Wenn ich bisher allem Drängen widerstanden hatte, wenn ich sogar im Bewußtsein meiner Unschuld entschlossen war, den Ort nicht zu verlassen und ruhig einer Untersuchung entgegenzusehen, aus der ich glänzend gerechtfertigt hervorgehen mußte; so erschütterten die letzten Worte meiner Retterin alle Entschlüsse, vernichteten jede Hoffnung. Die Entdeckung, daß der Gastfreund, in dessen Hause ich ein Asyl gefunden zu haben wähnte, mein Tagebuch entwendet hatte, um es einem Spione mitzutheilen, der mich mit heuchelnden Worten zur genauen Darlegung meiner Erlebnisse und Gedanken aufmunterte, um desto mehr verrathen zu können, verirrte meinen Geist und beraubte ihm alle Kraft des Nachdenkens. Ich murmelte leise vor mich hin: „Entfliehen, ja, entfliehen; doch wie? mit was?"

„Ich hatte schon daran gedacht," unterbrach mich die Freundin, „daß Sie ohne Mittel sein werden; mein und Ihr Unglück wollte, daß ich nur eine ganz kleine Baarschaft auf den Ball mitgenommen, und daß mein Bruder sein Geld eben, bevor ich ankam, bereits am Spieltische verloren hatte; nach Hause fahren durfte ich nicht; die Minuten sind kostbar; hier in diesem Säckchen sind die wenigen Goldstücke, die ich im Momente der Unglücksbotschaft bei mir hatte; ich habe einen Gegenstand beigefügt, den Sie vielleicht noch verwerthen können; suchen Sie vor allem nach Oesterreich zu kommen. Doch um Gotteswillen, säumen Sie nicht länger; vielleicht sind die Schergen jetzt schon ausgesandt; fliehen Sie! wenn Ihnen ein Unglück geschieht, es wäre mein Tod!" „Adieu!" Ich fühlte mich umschlungen, ein heißer Kuß brannte auf meinen Lippen, und sie war verschwunden.

In dumpfer Betäubung packte ich ein Bündel der nothwendigsten Effekten; mein Tagebuch warf ich in die Flammen und wartete, bis das letzte Blatt verzehrt war; dann schlug ich den Mantel um und verließ das Zimmer. Erst vor der Thüre kam mir der Gedanke, daß ich doch eine weite Reise unternähme, und daß da noch ein Säckchen auf dem Klaviere liege, bestimmt, die unentbehrlichsten Bedürfnisse zu bestreiten. Ich kehrte zurück und öffnete es; es enthielt einige Goldstücke und ein Armband, mit werthvollen Steinen besetzt; Erst als ich dieses erblickte, ward mir meine Lage recht klar.

Wieder verdankte ich meine Existenz einem Weibe, und
— mußte fliehen wie ein Verbrecher! Ich stürzte fort. —
In dem Momente, als ich an der bezeichneten Straßen=
ecke anlangte, sauste ein Schlitten heran; ein Mann, in
einem dichten Pelz, gehüllt saß darin; ich unterschied die
Mütze eines Feldjägers, rief das Losungswort; der Schlit=
ten hielt einen Moment still, ich sprang hinein; der
Kutscher schlug auf die Pferde, wie die Windsbraut
schossen sie vorwärts, an dem hellerleuchteten Palais des
Gouverneur vorüber. In wenigen Minuten lag die Stadt
hinter uns, wir waren in der Steppe; die Nacht war
trübe, und das fahle Schneelicht warf einen unheimlichen
Schein auf die Gegend; kein Haus, kein fernes Licht
zeigte, daß hier Menschen lebten; hie und da schoß
der Schlitten an dunklen Punkten vorüber, mir dünkten
sie Kreuze zu sein, zum frommen Andenken für im Schnee
verunglückte, von Wölfen zerrissene Wanderer errichtet.
Manchmal glaubte ich auch, fernes Pferdegetrappel zu
hören; waren es die Häscher, ausgesendet mich zu fahn=
den? Ein eisiger Wind blies mir ins Gesicht, meine
Ohren brannten, ich band ein Tuch darüber, zog den
Kragen des Mantels auf und befolgte das Beispiel mei=
nes schweigsamen Reisegefährten, der tief in den Pelz
mehr vergraben als eingehüllt, stark nach vorwärts ge=
beugt den Luftdruck zu vermeiden suchte. Nach und nach
sammelten sich meine Gedanken; da erinnerte ich mich,
daß schon am nächsten Tage mein erstes, nach einer
Woche das zweite, endlich in vierzehn Tagen das dritte

Concert angesagt war; dann gings rasch nach Peters=
burg, — das war freilich nicht mehr möglich! Dann fiel
mir ein anderer Umstand ein: Gerade vor drei Jahren,
um dieselbe Zeit, war ich im geschlossenen, bequemen,
wohlgepolsterten, auf Schlitten gestellten Landauer nach
Rußland gekommen, und der lustige Graf, der sich's
zum Vergnügen rechnete, einen jungen, ihm wohl em=
pfohlenen Virtuosen in jeder Weise aufzumuntern, meinte
oft scherzend, wenn ich die Füße aus dem Pelzsacke zog
und mich behaglich streckte: „Sehen Sie, nach drei Jah=
ren werden Sie in ihrem eigenen, ebenso bequemen
Wagen aus Rußland fahren, mit einer Cassette voll
schöner Dukaten und einer Kiste voll Liebesbriefe." Dann
begann ich zu rechnen, wie alt ich sei; auch der Mutter
gedachte ich; meine Augenlider wurden schwer, Melodien
summten in meinem Kopfe; plötzlich weckte mich heftiges
Rütteln. Mit dem Schrei: „ich bin unschuldig," fuhr
ich in die Höhe; der Schlitten hielt vor einer Post=
station; der Feldjäger hatte mich aus dem Schlummer
geweckt und bot mir seine Rumflasche mit den Worten:
pas dormir! an. Ich verstand die wohlgemeinte War=
nung, rieb Gesicht und Nacken mit Schnee, trank einen
Schluck; der Posthalter trat neugierig an den Schlitten
und wollte eine Frage thun, doch der Feldjäger donnerte
dem bärtigen Kutscher ein Vorwärts! zu, und fort gings
wieder mit Windesschnelle. Vier und fünfzig Stunden,
ohne Unterbrechung, ohne längern Aufenthalt, als den der
Pferdewechsel erheischte, dauerte die Fahrt; kein Schlaf

kam in meine Augen, meine Glieder erstarrten, und meine Nahrung bestand aus trockenem Brod, betäubend starkem Branntwein und der Hälfte eines kalten Huhnes, das mein Amphitryon in einer Judenherberge aufgetrieben hatte und endlich mit mir theilte. Manchmal schien es mir, als ob er einen mitleidigen Blick auf mein jugendliches blasses, bekümmertes Gesicht würfe, doch sprach er keine Sylbe, und als ich einmal versuchte, mit dem wenigen Russisch, das ich erlernt hatte, eine Unterhaltung anzuknüpfen, that er, als ob er mich nicht verstände, hüllte sich in den Pelz und schlief, wohl auch nur zum Scheine, ein. Endlich beim Anbruch der dritten Nacht schlug die Stunde der Erlösung, wir langten in einem kleinen Städtchen an; gleich vor den ersten Häusern ließ der Feldjäger stillhalten, zog ein kleines gefaltetes Papier aus der Tasche, gab es mir, zeigte auf das Schild eines ganz nahe liegenden Wirthshauses, half mir aussteigen und fuhr dann blitzschnell weiter. Alles das war das Werk eines Momentes. Mit Mühe schleppte ich mich bis an das niedere, neben der Einfahrt liegende Thor; es erschien mir, trotz des davor angehäuften Schmutzes, wie der Eingang zum Paradiese; sollte ich doch endlich einige Stunden Ruhe finden können! Auf mein Läuten erschien ein langbärtiger Jude in grobem schwarzem Talare; mit scheuer Miene fragte er in russischen Worten nach meinem Begehren; als ich ihm in deutscher Sprache antwortete, wurde er freundlich und führte mich nach dem einzigen Fremdenzimmer, das sein

Haus bieten konnte, und eilte hinweg, um mir von seiner Frau ein Mahl bereiten zu lassen. Ich öffnete das Papier, welches der Feldjäger mir zurückgelassen hatte, es enthielt in verstellten Zügen Folgendes in französischer Sprache: „Man hat sie auf falschem Spiele ertappt und Ihnen alles Geld weggenommen; in der Furcht vor weiterer Verfolgung suchen Sie jetzt nach Ihrem Vaterlande Oesterreich zu entfliehen. Verbrennen Sie dies." Der Bruder meiner Retterin — denn nur von ihm konnten diese Zeilen kommen — dachte, daß ich eher als verfolgter Spitzbube auf meinem gefährlichen Wege Vorschub erlangen mochte, denn als politisch Verdächtiger, und hatte die Verhaltungs-Maßregeln niedergeschrieben, damit ich nicht etwa durch Offenheit und Betheurung meiner Unschuld bei andern Furcht oder Habsucht — die Lust mich zu verrathen — anregte; und daß er die Verhältnisse richtig berechnete, erwies die Folge. Schon der Gastwirth, als ich am nächsten Morgen seinen Beistand für meine Weiterbeförderung ansprach, war im Anfange sehr ängstlich, erklärte sich aber, nachdem ich ihm meine Lage nach der erhaltenen Weisung darstellte, bereit, unter seinen Bekannten einen Führer aufzutreiben, jedoch meinte er, wird es Sie ein gutes Stück Geld kosten. Ich bot ihm, da meine kleine Baarschaft voraussichtlich nicht reichen konnte, meine Uhr zum Verkaufe an; nachdem er sie einigen verständigen Männern unten in seiner Branntweinschenke gezeigt und mir weitläufig erklärt hatte, daß er als armer Mann einen derartigen Gegenstand gar nicht benützen könnte, trug er mir etwa den achten Theil des Werthes an, und ich — war durch die Umstände gezwungen, auch darauf einzugehen. Gegen Abend fand sich der Führer ebenfalls mit dem Juden ein, der mich an die österreichische Gränze führen sollte. Die Reise ward in der Nacht zu Pferde unternommen, da wir bald in den Gebirgen anlangen mußten, wo der Schnee so tief lag, daß Fußgänger nicht durchkommen konnten. Wir eilten die halbe Nacht hindurch, ruhten in einer Judenherberge einige Stunden bis zum frühen Morgen aus, und setzten dann die Reise wieder einige Stunden fort; bei Tage blieben wir gewöhnlich verborgen; Dennoch wurden wir entdeckt. Einige Meilen von der Gränze hatten wir oben in einem elenden Weiler bei einem Verwandten meines Führers Halt gemacht, um den Einbruch der Nacht abzuwarten, als ein Polizeibeamter aus der nächsten Stadt, den zufällige Geschäfte in die Gegend führten, vorüberritt, die Pferde bemerkte, den Sattel und das daneben liegende Gepäcke als fremden Besitzern gehörig erkannte, und sogleich nach diesen frug. Die Juden gaben sich und mich verloren; die Verzweiflung flößte mir Besonnenheit und Muth ein und rettete uns alle. Ich trat an den Beamten und redete ihn in französischer Sprache, die er zum Glücke einigermaßen verstand, an; und nun erzählte ich ihm, wie ich als Klavierlehrer mir eine kleine Summe erspart, sie nunmehr in * bei der Adelskongregation verspielt, und dann versucht hätte, den Ausfall durch meine Ge=

schicklichkeit im Stoß (russisches Pharao) zu ersetzen; das wäre mir insoweit gelungen, wenn nicht gerade der mächtige Fürst * starken Verlust erlitten und die Polizei gegen mich gehetzt hätte. Ich wollte den Plackereien ausweichen und nach Oesterreich zurückkehren. Zuletzt deutete ich meinem Inquirenten an, daß ich gewiß recht erkenntlich sein wollte, wenn er mich ungehindert ziehen ließe; während er im Gegenfalle sich kein anderes Verdienst erwürbe, als daß man mich vielleicht, nach ausgestandener ungerechter Strafe, durch ihn an die Gränze befördern ließe. So brachte ich es dahin, daß er wirklich ganz und gar überzeugt schien, er habe einen falschen Spieler vor sich. „Junger Herr," meinte er lachend, „Sie sind noch zu jung, um das nöthige Kaltblut zu haben und unsere Cavaliere hinters Licht führen zu können. Diese verstehen dergleichen Künste selbst zu gut, um sie nicht bei andern gleich zu entdecken." Und nun erzählte er, nachdem er den ihn begleitenden Gensdarmen vorausgesendet- und meine „Erkenntlichkeit" geprüft hatte, ganz vertraulich, wie er selbst als junger Mann in einer Stadt bei einer solchen Versammlung großer Herren sein ganzes Vermögen gegen einen Grafen eingebüßt hätte, von dem es allgemein bekannt war, daß er ein falscher Spieler sei, dem aber niemand zu nahe zu treten wagte, weil er Neveu des Regierungschef war." „Ja," endete er mit einem gotteslästerlichen Fluche gegen alle die großen Herren, „deßwegen will ich auch gegen Sie Nachsicht üben; Sie sind ein junges Blut und werden Ihr sauer erworbenes Geld nicht gerne eingebüßt haben; und wer fehlt nicht einmal? Wenn Sie sich nur nicht in Politik gemischt haben!" und dabei hafteten seine graublauen Augen wie Distelnadeln in meinem Gesichte. Das Blut in meinen Adern stockte, doch mit lachendem Munde antwortete ich: „Politik?! In Tri sa bok*), das war meine Politik, und hol mich der T..., sie ist mir schlecht genug bekommen!" „Ha! Ha!" meinte der andere, „Sie sind ein gewichster Junge, ich wünsche Ihnen Glück; aber wenn Sie meinem Rathe folgen wollen, so gehen Sie nicht direkt an die österreichische Gränze; es giebt dann auf beiden Seiten mehr Schwierigkeiten für einen, der aus Rußland kommt, und dessen Paß nicht ganz in Ordnung ist; aber wenn Sie erst nach der Moldau zu gelangen trachten und von dort aus nach der Bukowina oder nach Siebenbürgen gehen, so werden Ihnen wenig Hindernisse begegnen; zuletzt finden Sie auch in jenen Gegenden Schmuggler genug, die für ein paar Rubel alles unternehmen; „nicht wahr," schloß er, „so ein guter Rath, ist wohl noch ein paar Dukaten werth." Ich gab ihm die verlangten Goldstücke, er strich sie behaglich ein, und mit den Worten: „Gott schütze Sie!" verließ mich der Staatsdiener. Vor der Kirche des Weilers hielt er still, stieg vom Pferde ab, kniete nieder, ent=

---

*) (Russisch) „Drei an der Seite," so kündigt der Banquier manchmal, bevor die Karte umgedreht ist, einen Sechser, Siebener oder Achter an.

blößte sein Haupt und schlug andächtig das Kreuz dreimal; dann winkte er mir noch freundlich mit der Hand, gab einem daherfahrenden Bauer einen Hieb mit der Peitsche, weil er nicht zeitlich genug ausgewichen war, und sprengte von dannen. Mein Führer wollte keine andere, als die vorausbestimmte Richtung einschlagen; und obwohl er sich von seinem Wohnorte nicht weiter entfernte, wenn er einige Meilen mehr südwärts ritt, als wenn er mich an die Gränze geleitete, so mußte ich doch seinen Lohn erhöhen, um ihn zu einer Aenderung des Weges zu bewegen. In der Nähe der russisch-moldauischen Gränze gelang es mir — dem Rathe jenes Beamten folgend — einen Schmuggler als Wegweiser zu gewinnen, um die Moldau zu erreichen; nach kurzer Rast fand ich einen galizischen Juden, der mich nach der Bukowina zu geleiten übernahm. Drei Tage lang eilten wir bald über schneebedeckte Gipfel der Karpathen, bald durch unwegsame Wälder, dann über kahle Felsen; endlich erklangen die süßen Worte: „Nun Herr, sind Sie in Oesterreich!" Der Jude führte mich selbst bis an die Quarantäne, die ohne die größte nutzlose Gefahr nicht zu umgehen war, und zog sich dann schnell zurück. Die österreichischen Gränzbeamten wollten mich zuerst gar nicht einlassen, weil ich gar keine Legitimationspapiere besaß; erst als ich einige Briefe der Mutter aus Wien, die sich zufällig unter meinen Kleidern befanden, vorzeigte, erlaubte mir der inzwischen hervorgerufene Wachtcommandant, auf seine Verantwortung, den Eintritt ins Vaterland. Er

war gleich mir aus Deutschösterreich, seine Mutter lebte
ebenfalls in Wien. „Sie haben ein ehrliches Gesicht,"
meinte er; „werden halt dumme Streiche gemacht haben,
aber für schlecht kann ich Sie nicht halten." Zum
erstenmale nach langer Zeit hörte ich Worte des herz=
lichen Vertrauens zu mir sprechen, nicht gleißnerische
Complimente oder ercentrische Lobeserhebungen; ein schmerz=
lich=freudiges Gefühl überkam mich, heiße Thränen ent=
stürzten meinen Augen. Die Soldaten und Beamten
schauten verwundert darein; der wackere Offizier nahm
einen Vorwand, um das Zimmer zu verlassen, doch die
Perlen, die in seinen treuen Augen glänzten, hatten
bereits verrathen, was in seinem Innern verging. Meine
Kleider und sonstige Habseligkeiten wurden nun den Qua=
rantänegesetzen gemäß einer Prüfung und Räucherung
unterworfen. Hierauf stellte mir das Gränzamt ein Zeug=
niß aus: „Albert Horst, angeblich aus Eschbach, ein wan=
dernder Musikant, hat heute die Gränze überschritten,
befindet sich in gesundem Zustande und geht nach Wien.
Derselbe hat sich übrigens binnen sechs Wochen mit dem
vorschriftsmäßigen Legitimationsscheine zu versehen." —
Dies genügte vorläufig, um mich bis zu dem Momente,
wo ich einen Paß in die Heimat erhalten konnte, vor der
Gefahr zu schützen, als heimatloser Landstreicher angehal=
ten zu werden.

Was sollte ich nun beginnen? Wohin mich wenden?

Was mir an Baarschaft geblieben war, reichte kaum
für den Bedarf der nächsten Tage hin. Mein Aeußeres

war verwildert, meine Kleidung befand sich in Folge der mühseligen Reise, während welcher ich meistens auf Bänken oder auf dem Tische der elenden Herbergen geschlafen, meinen Mantel als Decke, mein Bündel als Kopfkissen benützt hatte, in abschreckendem Zustande. Das Armband meiner Retterin — ich trug es in einen Handschuh genäht um den Hals — durfte ich jetzt nicht zu verwerthen suchen. Wer hätte wohl einen Gegenstand von solchem Werthe in meinen Händen erblickt, ohne zu argwohnen, daß ich in unrechtmäßiger Weise dazu gelangt sei? ohne mich der Behörde anzuzeigen? Und wie hätte ich die Wahrheit erzählen, beweisen können?

Von allen Werthsachen, von allen Geschenken, die ich während der Glanzzeit meiner Virtuosenlaufbahn erhalten hatte, war mir nichts geblieben, als der kleine Goldring, den die kleine Fürstentochter auf Schloß Eschenheim mir an den Finger gesteckt hatte. Er galt mir immer als eine Art Talisman, ich wollte mich nie von ihm trennen. Jetzt mußte ich ihn veräußern, um in die nächste Stadt gelangen zu können. Dort — so hatte man mir in der Gränzstation erzählt — war eben eine neue große Orgel in der protestantischen Kirche erbaut, und ein Organist aus Deutschland, den man als großen Künstler pries, angestellt worden. Zu diesem wollte ich gehen. Er — dachte ich — wird einen jungen unglücklichen Musiker nicht von sich weisen, wenn dieser auch in zerrissenen Kleidern vor ihn tritt. Er wird mir, wenn auch nicht Unterstützung gewähren, doch einen Weg zei=

gen, auf welchem ich, das Vagabunden-Leben aufgebend, wieder zum Ausüben meiner Kunst gelangen, einer besseren Zukunft entgegen gehen kann. Fröhlicher Hoffnungen voll, langte ich auf einem elenden Hausirerkarren in * an. Meine erste Frage galt natürlich dem Organisten. Er befand sich eben in der Kirche; das war mir eine frohe Vorbedeutung; sollte ich doch wieder einmal die Töne der Orgel vernehmen, die von jeher mein Herz mächtig ergriffen und zur Andacht stimmten. Als ich eintrat, sang der Chor eben: „Was Gott thut, das ist wohlgethan." Ich kniete nieder und betete: Allmächtiger König und Herr! der Du Berge und Meere erschuffst und die großen Meister meiner Kunst herabgesandt hast, auf daß sie der Welt Deinen Ruhm in Tönen verkündigen mögen, blicke auf einen Jüngling herab, der schwer gesündigt hat, und doch nicht ganz schlecht und verderbt ist; aus tiefer Noth rufe ich zu dir, erlöse mich von den Leiden, und lasse mich wieder zu Ehren kommen; sollte aber anders über mich bestimmt sein, dann nimm mich zu Dir, denn es ist besser nicht zu sein, als so weiter zu leben!" In dem Augenblicke, wo ich vom Gebete aufstand, begann der Organist ein Nachspiel, ich horchte, um in seiner Musik neue Nahrung für meinen Muth zu finden; aber vergebens! Vielmehr schlich sich der Hohn heran, und flüsterte: „Ist das der große Künstler, den sie eigens herbeigerufen haben, auf daß ein Würdiger die neue Orgel zur Ehre Gottes ertönen lasse? Wahrlich, da hat ja unser alter * in Wien, der sich in

seiner Phantasie nie sehr anstrengte, Besseres und Schö=
neres geleistet!" Und in solcher Stimmung betrat ich die
Stufen, die zum Chore führten. Der Herr Organist
verließ eben seinen Sitz, als ich vor ihn trat; bei mei=
nem Anblick fuhr er zurück; er mochte mich wohl für
einen Banditen halten, sein Schrecken wich jedoch einer
steifen und förmlichen Haltung, sobald ich ihm erklärte,
wer ich und was mein Anliegen sei. Er meinte bedau=
ernd, gar nichts für mich thun zu können; er wollte
jedoch mit den Herren vom Orchester sprechen, und sie
zu einer Sammlung für mich auffordern. Ich dankte
ihm für dieses Anerbieten und entgegnete, daß es mir
nur darum zu thun sei, in seiner und der andern Herrn
Gegenwart irgend etwas vortragen, mein Talent beur=
kunden zu dürfen; doch er schnitt mir alle Hoffnung
durch die Bemerkung ab, sie wären alle zu sehr beschäf=
tigt, um für Gewährung meines Wunsches Zeit zu
finden. Dabei zog er seine Börse, augenscheinlich, um
sich den lästigen Besuch durch ein Viaticum vom Halse
zu schaffen. Er mochte jedoch etwas in meinem Auge
lesen, das ihn anders bestimmte, denn er ließ die Börse
wieder in die Tasche gleiten, und drückte in höflicheren
Worten das Bedauern aus, daß er mir nicht dienlich
sein könne; ich drehte ihm den Rücken und verließ die
Kirche.

Ich sehe Ihnen an, Herr Ewalt, Sie sind von
dem Benehmen dieses Organisten entrüstet, und Sie
denken, ein derartiger Fall stehe wohl vereinzelt da, kein

wahrer Künstler könne in dieser Weise gegen einen
Musiker verfahren, der im tiefsten Elende seine Hilfe
beansprucht? Sie sollen im Verlaufe dieser Erzählung
jedoch eines Besseren belehrt werden. Meine Mittel
waren nun ganz erschöpft, mein Elend war auf dem
höchsten Punkte angelangt. In der Stadt wollte ich
nicht bleiben, der Anblick der Kirche, in der ich gebetet,
machte mich rasend; ich wollte mich irgendwo als Knecht
verdingen und abwarten, was das Schicksal mir bestimmt
hatte. Da fiel mir ein, daß in einer Stadt, die von
dem Schauplatze der eben erzählten Erlebnisse etwa acht
Meilen entfernt lag, eine Wienerin als Gemahlin eines
höheren Beamten lebte, die ich in ihren Mädchenjahren
gekannt hatte, und es überkam mich der tolle Gedanke:
„Wird sie wohl den Herrn Horst wiedererkennen, dessen
blaue Cravatten ihr so sehr gefielen? Ich habe ihr
einst den Hof gemacht, als sie noch ein recht armes
Mädchen war, und ich in Saus und Braus lebte; jetzt
ist sie eine vornehme Dame; ich habe ihr einmal zum
Geburtstage ein sammtnes Halstuch beschert; vielleicht
kauft sie mir jetzt mein Armband ab!" Und so faßte ich
den Entschluß nach * und zwar — zu Fuße zu wandern,
da meine Tasche, trotz allen Suchens, nicht mehr als
einige Kupfermünzen aufwies, mit denen kaum ein Laib
Brod, geschweige denn ein Platz im Wagen bezahlt wer=
den konnte. Als ich noch in Wien lebte, hatte ich jeden
Moment zu Partien in die Berge benützt, und sogar
einigen Ruf als guter Fußgänger und kühner Kletterer

erworben. Nun — sprach ich zu mir — gilts, den alten Ruf zu bewähren; freilich unternahm ich keine Lustpartie; mein Körper war ermüdet, mein Geist niedergedrückt; auf den Feldern lag der Schnee, von den Karpathen wehte die Luft eisig; doch mich trug der Muth der Verzweiflung. -

Im Anfange ging die Wanderung ziemlich gut von Statten, ich schritt rüstig voran; das trockene Brod, das ich zum Abendmahle genoß, schmeckte vortrefflich, das Plätzchen auf dem Boden, das mir eine mitleidige Wirthin in der Nähe des großen Herdes einräumte, war ein herrliches Nachtlager.

Am zweiten Tage zog ich muthig weiter. Doch nach einigen Stunden wurden meine Schritte matter und langsamer; ich hatte ja auch seit zwanzig Stunden nichts genossen als trockenes Brod und etwas Branntwein! Ein vorüberziehender Fuhrmann, der einen schwer beladenen Karren nach * führte, erlaubte mir, auf den obersten Ballen zu klettern und dort auszuruhen; als aber ein wandernder Schmiedegeselle für denselben Platz eine kleine Bezahlung anbot, die ich nicht leisten konnte, ward ihm der Thron eingeräumt, von dem ich wieder herabsteigen mußte. Ich keuchte einige tausend Schritte weiter, bis zum nächsten Dorfe; dort verließen mich die Kräfte.

Vor dem Posthause hielt eben der Reisezug eines großen Herrn: zuerst eine prachtvolle Kalesche — so eine, wie ich bei der Rückkehr aus Rußland zu besitzen gedacht hatte — dann eine kleinere Chaise für die Diener=

schaft, endlich mehrere Bagagewägen. Bediente und Lackaien schwärmten geschäftig ab und zu; eine Kammerjungfer stand vor dem Hausthore und klagte in affektirt schmachtendem Tone über die elende Kost in diesem wilden Lande. Postknechte spannten die Pferde an, vier vor jeden Wagen; aus ihren Reden entnahm ich, daß die Reisenden der kommandirende General * und seine Gemahlin seien, die sich nach Wien begeben; auf ihrem Wege mußten sie über *, das Ziel meiner Wanderung fahren. Ein Jäger sprang heraus und öffnete den Kutschenschlag, die Herrschaft erschien, ein stattlicher, schöner, gutmüthig aussehender Mann, an seinem Arme eine in kostbarsten Pelz gehüllte Dame. Ich trat mit abgezogener Mütze vor; der Jäger wollte mich zurückstoßen, der Herr aber winkte mit der Hand und griff in seine Tasche; seiner Mildthätigkeit zuvorkommend, erklärte ich, nicht um Almosen, sondern nur um die Erlaubniß zu bitten, daß ich auf einem der Bagagewägen bis nach * fahren dürfe; der Herr schien einen Augenblick nachzudenken und eine Frage an mich richten zu wollen. Da sagte die Dame in französischer Sprache zu ihm: „Sieh nur, was der Mensch für einen Blick hat, wahrhaftig, er sieht aus, wie ein entsprungener Verbrecher; laß ihn nicht in unsere Nähe," und er antwortete: „Du hast Recht, liebe Albertine." Bei dem Nennen dieses Namens erkannte ich die Dame, deren Gesicht und Stimme dunkle Erinnerungen in mir hervorgerufen hatte; es war die Tochter des Fürsten von Eschenbach, dieselbe, die mir einst auf dem Schlosse des Fürsten den Ring geschenkt hatte, den ich bei der Ankunft in Oesterreich verkaufen mußte. Ihr Gemahl sagte in barschem Tone zu mir: „Das geht nicht!" stieg ohne mich weiter eines Blickes zu würdigen, in den Wagen; der Jäger stieß mich auf die Seite, die Postknechte ließen die Peitsche knallen, fort rollte der Wagen.

Ich stand noch immer auf demselben Platze und starrte in die Leere nach, als mich eine Stimme weckte: „Holla! Freund, warum so traurig und so bleich? — sind Sie krank? kommen Sie doch in die warme Stube und trinken Sie einen Kaffee." Es war der Schmiedegesell, der meinen Platz auf dem Lastwagen erkauft hatte, der so zu mir sprach. — Ich wollte, ohne zu antworten, weiter gehen, doch er hielt mich zurück: „Mein Freundchen," sprach er, „ich lasse Euch so nicht fortgehen; Ihr seht krank aus, und ich habe Euch vorhin von Eurem Platze vertrieben; Ihr müßt etwas Warmes nehmen. Und wenn Ihr kein Geld habt — nun ich besitze ein paar ersparte Gulden, war auch schon in Noth, und werde um einer lumpigen Bagatelle willen einen armen Teufel nicht darben oder vergehen lassen." Damit zog er mich in die Schenkstube des Posthauses und ließ Kaffee und Brod herbeibringen. Mit Wohlgefallen sah er zu, wie ich meinen Heißhunger stillte; dann frug er mich nach meinem Stand und Namen; ich erzählte ihm beiläufig alles, was ihn interessiren konnte — nur von den Abenteuern in Rußland schwieg ich. — Er hörte mit großer Aufmerksamkeit zu: „Ja, seht, Freundchen," begann er dann, „in der Welt hängt alles vom Glück und von ein wenig praktischer Weltklugheit ab; man darf die Leute nie merken lassen, daß man sie braucht, und wenn man schon in den harten Apfel beißen und anderer Menschen Hilfe ansprechen muß, dann soll man sich nie an die wenden, mit denen man ein und dasselbe Handwerk treibt; wenn ich Geld gebraucht habe, bin ich eher zu einem bekannten Tischler, als zu einem Schmied gegangen, und selten verweigerte man mir Unterstützung, und ich glaube, ein Buchhändler oder sonst ein Geschäftsmann hätte Euch vielleicht auf die Beine geholfen, während der Orgelspieler Euch nicht einmal recht anhörte. Wißt Ihr was? ich gehe auch nach *, dort habe ich einen weitläufigen Vetter, der wird und muß Euch Kleider anschaffen; in diesem Aufzuge könnt Ihr nicht zu den nobeln Herren gehen, mit denen Ihr zu thun habt; diese Leute haben nur Mitleid mit dem Unglück, wenn sie davon lesen, wenn aber ein Unglücklicher vor ihnen erscheint, dann wenden sie die Augen ab, weil er zerrissene Stiefel trägt; unser einer aber weiß, wie das Unglück aussieht, und deßwegen hilft er auch, ohne viel zu fragen. — Ich wollte dem Braven danken, — Thränen erstickten meine Stimme. Ruhig, ermahnte er: Keine Scenen! Hier braucht niemand zu wissen, was wir verhandeln. Uebrigens will ich nur gerade heraus sagen, ich helfe Euch, weil Ihr mir guter Leute Kind scheint, und ich auch von Hause aus nicht zum Schmiedegesellen bestimmt war." Und nun erzählte er mir, daß er der Sohn eines reichen Hofbesitzers im *schen sei, und seine landwirthschaftlichen Studien in der besten Schule Deutschlands fast schon beendet hatte, als seine Mutter plötzlich starb; kaum war sie begraben, als der Vater eine hübsche Wirthschafterin heirathete, mit der er schon während der Krankheit seiner Frau ein Verhältniß unterhalten hatte; er rief den Sohn von der Schule zurück; dieser kam, Grimm und Bitterkeit im Herzen, nach Hause, wollte sich nicht unter das Joch der Stiefmutter beugen, und schleuderte ihr schon in der ersten Woche eine Beleidigung vor die Füße, die sein ferneres Bleiben im Hause unmöglich machte; er lief zu seinem Onkel mütterlicher Seite, der war ein Schmied; der Neffe, dem vor Allem darum zu thun war, zu einer Beschäftigung zu gelangen, ohne des Vaters Hilfe zu brauchen, lernte das harte Handwerk. „Im Anfang" — so endete er seine Lebensbeschreibung — „kam's mir oft verdammt schwer an, und ich glaubte nicht, es aushalten zu können; dann aber dachte ich immer, es sei doch besser, Eisen zu schmieden, als das Herz eines Vaters zu erweichen, der nicht einmal den Tod seiner braven Frau erwarten konnte, um mit einer nichtsnutzigen Magd zu buhlen; und wenn ich mich gar daran erinnerte, daß die jetzt Herrin im Hause sei, da hieb ich drauf los, daß die Funken stoben, und die Gesellen auseinanderfuhren und schimpften: ich hätte wohl den T— im Leibe. So habe ich mein Metier ordentlich gelernt, lebe von meiner Hände Arbeit, und besitze Vertrauen zu mir selbst. Ein Mädchen habe ich auch schon gefunden, das mich liebt und mir treu bleibt und geduldig wartet, daß ich Meister werde und eine Frau ernähren könne; dann aber kann mir mein mütterlicher Erbtheil nicht mehr vorenthalten werden, und dann will ich zeigen, was ein Schmied noch ausrichten kann. Eine Werkstatt werde ich bauen, von der sie in ganz Deutschland reden sollen. Doch jetzt heißt's noch, keine Pläne für die Zukunft schmieden, sondern vor allem die nöthige Tagesarbeit versehen, und das tägliche Brod erwerben, und einen Wagen nach * bestellen." Er ging hinaus und kam bald mit der Nachricht zurück, daß er eine billige Fahrgelegenheit nach * gefunden hätte; wir nahmen noch ein stärkendes Mahl ein, dann fuhren wir nach dem gemeinsamen Ziele unserer Wanderung. Dort verwerthete ich das Armband; nach dem Rathe des praktischen Freundes ließ ich die Steine herausnehmen, verkaufte sie einzeln, und behielt sogar noch den werthvollsten zurück. So wurden alle lästigen Fragen vermieden, und ich gewann die Mittel, in anständiger Kleidung zu erscheinen. Bald nach unserer Ankunft trat der wackere Schmiedegeselle in eine Werkstätte; ich sah ihn vor meiner Abreise nur noch einmal. Die Dame, der einst meine blauen Cravatten so sehr gefallen hatten, fand ich als brave, glückliche Hausfrau wieder. Ihr Mann, ein enthusiastischer Musikfreund, bewies mir seinen Antheil in jeder Weise; nur als ich ihm eines Tages den Grund meiner Flucht aus Rußland mittheilte, wurde er ängstlich; er war kaiserlicher hoher Beamter, und schon das Wort Revolution oder Verschwörung trieb ihm das Blut von den Wangen. Wie mußte ihm erst der Gedanke auf der Seele lasten, daß sein Hausfreund, den er selbst in die Gesellschaft eingeführt hatte, trotz der Betheuerung seiner Unschuld am Ende doch ein gefährlicher Mensch sei? Ich konnte die Unruhe, die sich seiner bemächtigte, so oft er mich sah, auf seinem Gesichte lesen, und befreite ihn von dem drückenden Alpe meiner Gegenwart in *; ich verließ die Stadt und ging nach Siebenbürgen und Ungarn. Dort fand ich bei den meisten Einwohnern eine ganz andere Stimmung. Ihnen erschien ich als flüchtiger Verschwörer noch viel interessanter denn als guter Klavierspieler. Ich mochte meine Unwissenheit in politischen Dingen, meine Unschuld hoch und theuer beschwören, — es war vergeblich! Ich mußte nun einmal den Namen eines Märtyrers der Freiheit tragen, der nur durch ein Wunder der Knute und dem sibirischen Kerker entgangen war. Freunde und Gönnerinnen benützten diesen Glauben im Publikum und schmückten, vielleicht absichtlich, die Erzählung der Leiden und Abenteuer meiner Reise mit allerlei Erfindungen aus, um für meine Concerte noch höhere Einnahmen zu erzielen. Mir aber war der Gedanke unerträglich, daß Nebenumstände, die mit der Kunst in keiner Verbindung standen, meine Erfolge erhöhen sollten. Ich dachte damals noch, um Ruhm und Gewinn zu finden, müsse es genügen, daß einer in seinem Fache Tüchtiges leiste, und überlegte öfters,

ob es nicht das Beste wäre, nach Wien zu gehen,
und dort einige Jahre fleißig zu studiren. Doch da
kam die falsche Scham herangeschlichen und zeigte mir,
mit welchen großen Hoffnungen ich aus der Residenz ge=
gangen war, und unter welch' traurigen Umständen ich
nun zurückkehrte; sie malte mir vor, wie junge Virtuosen,
die ich einst als tief unter mir stehend betrachtete, sich
inzwischen emporgeschwungen hatten, und nunmehr mit
Hohn auf den früher so Uebermüthigen herabblicken würden;
schon der Gedanke an gewisse Anspielungen, an spöttische
Fragen trieb mir das Blut in die Wangen, und befestigte
mich in dem Plane, eine Summe zu erwerben, mit der
ich nach Paris gehen könnte, ohne mich in Wien auf=
zuhalten. In diesem Streben, in diesem Ringen nach
einem fernen Ziele, über dem ich das nächst Liegende über=
sah, vergingen mehrere Jahre frucht= und nutzlosen Aufent=
haltes in den Provinzen. Es fehlte mir nicht an Er=
werb, doch da ich den Werth des Geldes nie kennen ge=
lernt hatte, so schwankten meine Verhältnisse immer zwi=
schen kurz währendem Ueberflusse und bald darauf folgenden
Verlegenheiten. Zuletzt sah ich dennoch ein, daß der
Weg, den ich bisher verfolgte, zum Ruine führte, und
gerade in einem Momente, wo mir alle meine Mittel
versiegt waren, faßte ich den trotzigen Entschluß, in
Wien und Deutschland mein Glück zu versuchen, zu
sehen, ob ein strebendes Talent Anerkennung finden könne,
und ob ich durch Mühe und Fleiß mir eine ehrenhafte
Stellung in der Welt erkämpfen werde oder nicht. Ich

war, von wahrhafter Begeisterung für meine Kunst und von Vertrauen zu Gott erfüllt, gefaßt, Entbehrungen zu ertragen; all' mein Streben ging nicht weiter, als in bescheidensten Verhältnissen einige Zeit lang studiren zu können, und neue Kräfte für die Zukunft zu sammeln. Und so kam ich nach Wien. Bisher waren meine Abenteuer von der Art, wie sie wohl mehr oder weniger jedem begegnen können, der mit verschiedenartigen Menschen und Verhältnissen in Berührung kommt; doch von der Periode, in welche nun meine Lebensgeschichte tritt, sind alle Erlebnisse im innigsten Zusammenhange mit meinem Berufe; es ist spät geworden, Ewalt, soll ich Sie morgen besuchen, und meine Erzählung beendigen?"

„Nein," antwortete dieser, „ich bin jetzt, wo Sie mir die Beschreibung Ihrer künstlerischen Entwicklung in Aussicht stellen, gespannter denn zuvor; fahren Sie fort, ich höre Ihnen aufmerksam zu, und müßte ich auch die Nacht hindurch hier bleiben."

„Nun denn," begann Horst nach tiefem Aufathmen, „es sei! bereiten Sie sich vor, zu vernehmen, wie Einem, der mit den schönsten und herrlichsten Hoffnungen in die Künstlerlaufbahn trat, ein Traum nach dem andern, eine Ueberzeugung nach der andern schwand, wie seine reinsten Gefühle getrübt wurden, und Nichts blieb, als was man ihm nicht nehmen konnte: der Glaube an ein Höheres, Besseres! Bereiten Sie sich vor, von Elend, Enttäuschungen, Verfolgungen zu hören, deren Hauptgrund nicht etwa in Fehltritten, sondern in unpraktischer Handlungsweise, in Unkenntniß des Handwerks zu suchen ist; denn das Unrecht, das ich, wie ich schon einmal bemerkte, beging, zog nicht die übelsten Folgen nach sich, vielleicht schon aus dem Grunde, weil ich dann immer mehr Energie entwickelte, und das Vertrauen in die Menschen aufgegeben hatte; nur wo ich hoffen durfte, das Gute in mir anerkannt zu sehen, da ward ich unglücklich und elend.

Bei meiner Ankunft in Wien fand ich die Mutter in einem elenden Dachstübchen; Schwester Josepha war nicht mehr bei ihr. Als meine Geldsendungen aus Rußland aufgehört hatten, war sie als Wirthschafterin in das Haus eines Wittwers getreten, mit diesem später nach Paris gegangen. Hie und da hatte sie der Mutter Unterstützung zukommen lassen, doch seit einem Jahre keine Nachricht mehr gegeben. Mein Bruder Johann, hieß es, sei nach Südamerika ausgewandert; die ältere Schwester war gestorben. Die arme Mutter lebte nun einsam und verlassen von dem Almosen milder Seelen, in ihrem Elende von der einzigen unerschütterlichen Hoffnung emporgehalten, daß der geliebte Sohn Albert doch noch zu einem glänzenden Loose gelangen werde. Mein unerwartetes Erscheinen und die bedrängte Lage, in der ich nach Wien zurückkam, konnte diese Hoffnung nicht zerstören; sie fühlte sich überglücklich, daß ich nur wieder in ihrer Nähe lebte; sie stärkte meinen Muth und mein Vertrauen; sie träumte noch immer von Glück und Reichthum; wäre sie doch während dieses

Traumes gestorben! Aber die Arme sollte den Kelch des Leidens bis auf die Reige leeren.

In dem Musikleben der Residenz war während meiner Abwesenheit eine Verflachung und Apathie eingetreten, in der nur das Erscheinen eines neuen Virtuosen, der besondere technische Kunststückchen ausführte, momentane Bewegung brachte. Das Publikum enthusiasmirte sich in sechs Concerten für den Triller oder für die stupende Kraft des Handgelenks eines Clavierspielers, ohne darauf zu achten, daß sein Vortrag geist- und gemüthlos war; es beklatschte heute die Lind, morgen die Kunstreiterin Cuzent auf dem Hengste Buriban, am dritten Tage die Spielereien eines L. v. Meyer, dieses musikalischen Bajazzo, der noch heutzutage im lächerlichsten Virtuosen-Flitterstaate seine Sprünge und Lazzi auf dem gespannten Seile der Technik mit Erfolg ausführt. Es bewunderte einen Geiger, der nicht im Stande war, im Quartett fehlerlos zu spielen, aber auf seiner Geige Quartett spielte, d. h. alle vier Saiten zu gleicher Zeit erklingen ließ, und einen Flötenspieler, der auf seinem Instrumente keine reinen Skalen, aber Terzen hervorbrachte. Jene stille, aber mächtige Bewegung, die damals in Deutschland von den edelsten Geistern der Nation, Schumann und Mendelsohn, ausging, blieb in Wien selbst den meisten Musikern ganz unbekannt. Die Lehrer ließen ihre Schüler die schwersten Paradestückchen studiren und öffentlich vortragen, um ihre vortreffliche Unterichtsmethode zu zeigen, und Ruhm und —

theuer zahlende — Schüler zu gewinnen. Die Zeitungen berichteten kein Wort von dem Wirken und Schaffen Mendelsohn's oder Schumann's, sondern von dem immensen Erfolge Lißt's in Berlin und andern Hauptstädten, seinen Orden und Titeln, von den Reisen und lukrativen Concerten Thalberg's in England, von dem Carneval und der Elegie des „blassen Geigers," von der Anzahl Aufführungen dieser oder jener italienischen Oper, oder von Wunderkindern. Unter diesen sind mir nur zwei erinnerlich, die damals gerade in die Phase traten, wo sie die kurzen Jäckchen und den offenen Halskragen endlich aufgeben mußten: Chladini, der sich jetzt hier in Paris befindet, und Herzheim. Der erste hieß ursprünglich Chladni, aber sein Vater, der einige Jahre lang im Mailändischen angestellt war, hatte das italienische J eingeschoben, wobei er nur dem Beispiel so mancher deutscher Sängerin folgte, die als Holdhaus oder Cruvel nach Italien ging, und als Oldosi und Cruvelli heimkehrte. Der junge Chladini trug Thalberg'sche und Herz'sche Phantasien mit außerordentlicher Geläufigkeit und Glätte, wie eine Spieluhr vor. Dabei entwickelte er schon frühzeitig, unter Anleitung seines Erzeugers, jenes Talent zur Berechnung und zu kaufmännischen kleinen Kniffen, die bei den jetzigen Virtuosen an die Stelle der ehemaligen genialen Unbekümmertheit getreten sind. Herzheim hingegen war ein Knabe von den mächtigsten und vielseitigsten Anlagen, sein Vortrag zeigte schon damals eine Selbstständigkeit, die auf

Großes deutete. Ich bin ihm lange Zeit nicht mehr begegnet; er sprach schon damals von der Absicht, sich einige Jahre vom Concertwesen und Herumvagiren zurückzuziehen, um sich ernstesten Studien zu widmen, vielleicht reift er in diesem Augenblicke, in einem Winkel verborgen, zum großen Künstler heran, während dieser Chladini an allen Orten und Enden zu finden ist, der trotz seines geheuchelten Enthusiasmus für die Wagner= sche Kunstschule die fadeste und oberflächlichste Richtung vertritt.

Ich war, wie schon erzählt, in den beschränktesten Verhältnissen nach Wien gekommen, um durch mein Talent eine bescheidene, aber wenigstens gesicherte Existenz zu finden; doch es gelang mir, trotz den angestrengtesten Bemühungen nicht, weil — ich nicht practisch zu Werke ging. Ungeachtet der bitteren Erfahrung, die ich an jenem Organisten in * gemacht hatte, und uneingedenk der Lebensregel jenes wackeren Schmiedegesellen: daß man sich so wenig als möglich an die Gefährten des eigenen Hand= werks wenden müsse, gab ich mich der sichern Hoffnung hin, daß ältere Tonkünstler, die sich schon in einer ganz unabhängigen Stellung befinden, einem jungen, ehrenhaft Strebenden gewiß hülfreiche Hand bieten, daß seine Collegen, gegenüber der immer mehr drohenden Ver= flachung, gemeinsame Sache mit ihm machen würden. Aber ich fand viel schöne Worte der Theilnahme und des Bedauerns, mitunter Bemerkungen und Erstau= nen ob der vielen Klavierspieler, die sich jetzt kaum ernähren könnten, kein Wort der Anerkennung, der Aufmunterung. Ein oder zwei Herren verwendeten sich, ohne mich zuvor in Kenntniß zu setzen, bei Banquiers; diese ließen mir in der demüthigendsten Weise eine momentane Unterstützung zukommen; ich nahm sie an, weil ich doch eine alte Mutter zu ernähren hatte; aber die Verachtung gegen den Geldadel, die ich von früher her genährt hatte, ging in Haß über, und der war unsinnig; man darf im gesellschaftlichen Leben keinem zu sehr ausgeprägten Gefühl Raum geben; mit Gemüthlichkeit in homöopathischer Dosis kommt man am besten durch; für keinen Strebenden ist diese Lebensregel wichtiger als für den Virtuosen, dessen Erfolge heutzutage meistens unmittelbar von persönlichen Einflüssen und nicht von künstlerischen Leistungen abhängen, der vor Allem auf das Wohlwollen und nicht auf den Geschmack der Leute spekuliren muß.

Manchmal kam mir der Gedanke, die adeligen Familien aufzusuchen, die mich einst so wirksam protegirt hatten, doch mein Stolz empörte sich gegen ein Anbetteln der Großen wo es sich um künstlerische Resultate handelte, ich blieb versteckt und unglücklich. Ich könnte heute ziemlich ruhig, ja gleichgiltig an die Zeit meines Aufenthalts in Oesterreich und Deutschland zurückdenken, hätte ich im Anfange und auch später nur mit Noth und Entbehrung zu kämpfen gehabt; ich erfuhr doch hie und da manches Angenehme; aber da sind Erinnerungen aus meinem Künstlerleben, die ich nicht abweisen kann, die, so oft ich mich dem Glauben an ein besseres Streben unter den Musikern, an Collegialität hingeben will, gleich bösen Dämonen des Zweifels vor meine Seele treten und mich gewaltsam in die Stimmung zurückwerfen, in der ich nun seit zwei Jahren lebe.

Etwa drei Monate nach meiner Ankunft in Wien war ich zu einer musikalischen Abendgesellschaft bei einem Herrn geladen, der mit einem einträglichen Amte auch ein bedeutendes Talent zur Tonkunst verband. Man spielte ein Quartett und einige Lieder seiner Composition, die von allen Gästen mit Lob überschüttet wurden; Manche bedauerten, daß ein so außerordentliches Talent sich der Oeffentlichkeit entzöge; es waren dieselben, die, als der Gastfreund später einige seiner Compositionen aufführen ließ und nicht unmittelbaren Erfolg erzielte, die schärfsten Urtheile fällten.

An jenem Abende hörte ich zum erstenmale Instrumentalwerke ernsterer Gattung von einem lebenden Tondichter, der nicht wie Mendelsohn, Schumann und Berlioz bereits einen berühmten Namen trug; sie erweckten ganz eigenthümliche Gedanken in mir. Schon seit vielen Jahren hatte ich im Stillen ganze Notenhefte mit Skizzen und contrapunktischen Versuchen vollgeschrieben, denen ich nicht den mindesten Werth beilegte; ja die Phantasien und sonstige Schaustückchen, die ich zum Vortrage in Concerten zusammengestellt hatte, schienen mir nicht einmal der Mühe des Niederschreibens werth, geschweige denn, daß ich an ihre Veröffentlichung dachte. Nun erinnerte mich das Quartett des Dilettanten, daß ich vor nicht langer Zeit mehrere Skizzen und thematische Durchführungen zu Papier gebracht hatte, die sich zur Anwendung in polyphoner Form eigneten, und mit einem Male reifte der Entschluß in mir, ein größeres Tonstück zu componiren. Zwar fehlten mir gründliche Kenntnisse des Contrapunktes, da, so lange ich in Wien lebte, die vielen Ausflüge meine Compositionsstudien immerwährend störte, und die unglückliche Reise nach Rußland sie gänzlich unterbrochen hatte. Dafür waren aber meine Lehrer im Generalbasse immer der Meinung gewesen, daß ich ein eigenthümliches Talent zur Erfindung melodischer und zugleich contrapunktisch zu behandelnder Themate besäße. Ohne Verzug ging ich nun an's Werk und componirte ein „Concertstück für Piano allein," in das ich Alles, was mein Skizzenbuch an fugirten Sätzen, Nachahmungen und technischen Schwierigkeiten bot, hineinpfropfte. Der Zeitpunkt, in dem jenes Werk aus meiner Feder floß, gehört, was die äußeren Verhältnisse betrifft, wohl zu den traurigsten meines Lebens; ich wohnte in der Nähe der Mutter, in einem ganz elenden Zimmer, schuldete die Hausmiethe, und besaß manche Tage nicht einmal genug, um ein Mittagsmahl zu bezahlen; die alte Portiersfrau — in Wien nennt man sie Hausmeisterin — hatte mir hie und da durch ihren Kredit in einem kleinen Wirthshause ausgeholfen; wie es schien, dachte sie, als ich einzog, die Augen einer Sängerin, die im ersten Stocke wohnte, auf mich zu ziehen; dafür sollte ich ihre Tochter, die sie durchaus auf's Theater bringen wollte, unterrichten. Da ich aber — in Erinnerung an Rußland — jede Begegnung mit Damen vermied, die vielleicht irgendwie Antheil an meinen Schicksalen nehmen konnten, und auch der alten Frau den Rath ertheilte, ihr Kind, das meiner Ueberzeugung nach ganz talentlos war, lieber zu einer ordentlichen Hausfrau zu erziehen, als es dem schlüpfrigen Theaterleben auszusetzen, — da hörte alle Protektion auf; ein Chordirektor der Oper, der die Sängerin öfters besuchte, fand Wohlgefallen an der sechzehnjährigen hübschen frischen Portierstochter; er erbot sich, sie zu unterrichten, und ihr bald eine Stelle zu verschaffen; er brach die Knospe und ich — hatte üble Nachreden und Verfolgung zu dulden. Und dennoch arbeitete ich rüstig weiter und kann wohl sagen: in jenen schlaflosen, kalten Nächten, in denen ich mit erstarrten Fingern an dem Concertstücke arbeitete, war ich muthiger, selbstvertrauender, glücklicher, als ich es jetzt je sein könnte.

Als das große Werk endlich fertig war, erdachte ich eine Kriegslist, um ganz sicher zu einem unpartheiischen Urtheile der competenten Richter zu gelangen. Ich sandte an mehrere derselben anonymiter eine Abschrift des Concertes mit einigen Zeilen, worin ich die eigene Ansicht über dies Erstlingswerk, über die Fehler in der Form wie in den einzelnen Ausarbeitungen genau darlegte, zugleich aber die Ueberzeugung aussprach, es müsse dieses Erstlingswerk die Befähigung zu Bedeutenderem, Größerem beurkunden, aus welchem Grunde ich mir auch unter einer gewissen Chiffre ein strenges rücksichtsloses Urtheil ausbäte, damit ich ein für allemal eine Illusion aufgebe, die mich vielleicht „von anderen Beschäftigungen" abhielt. In fieberhafter Ungeduld erwartete ich die Antworten, von denen, meiner Einbildung nach, meine. ganze Zukunft abhing; wie oft lief ich nach der Post, um nach Briefen mit den von mir angegebenen Chiffern zu fragen! So vergingen acht Tage. Endlich — endlich kamen die Briefe, einer nach dem andern; wie zitterte ich bei der Eröffnung eines jeden; wie jauchzte mein Herz nach jeder Lesung! das Lob, das sie enthielten, überstieg meine kühnsten Erwartungen; der Meister, dessen Urtheil ich am bängsten entgegengesehen hatte, lud den unbekannten Componisten ein, ihn ja recht bald zu besuchen, auf daß er ihm mündlich den Ausdruck seiner Bewunderung wiederholen könne. Ich legte die Briefe vor mich hin, las und las sie immer wieder, bis mich die Augen vom vielen Lesen und Weinen schmerzten; ich sank in die Knie und sandte ein heißes Dankgebet nach oben! Dann saß ich am Claviere wieder, und spielte Beethoven's größte Hymne an die Gottheit, das Finale der C-moll Symphonie; das alte Portiersweib kam gerannt und schimpfte, daß ich die Leute aus dem Schlafe weckte, und meldete zugleich, daß mir der Hausherr sagen ließe, ich möge das Zimmer binnen acht Tagen räumen; ich lachte ihr fröhlich in's Gesicht und ging zu Bette; aber umsonst suchte ich den Schlaf; immer brauste die große Hymne in meiner Seele fort, kein Ton fehlte, deutlich vernahm ich jene Posaunentöne im zweiten Theile, bei denen mir's immer war, als tauchten die Leviathane des Meeres empor, um des allmächtigen Schöpfers Preis und Lob zu singen, und als endlich jene Stelle erschallte, wo, in dem Momente, als das Ende zu nahen scheint, das Fagott die Phrase beginnt:

die Hörner antworten, die Flöte jubelt, die Violinen Freudenrufe gen Himmel senden, da richtete ich mich im Bette empor, und sang nach jener Töne Weise: Ich preise dich o Herr! Und von allen Seiten hörte ich die Antwort weiter klingen, und ich sank zurück mit einem Halleluja, und betete: Herr, wenn du mich einst abrufst, dann lasse mich diese Töne wieder vernehmen. Höll' und Teufel — bei diesen Worten sprang Horst von seinem Sitze auf und starrte mit einem unbeschreiblichen Ausdrucke des Grimmes und der Verzweiflung nach einer dunklen Stelle des Zimmers, als wollte er einen Dämon von dort bannen, warum kann ich jene Nacht nicht vergessen? warum taucht sie immer vor meinem Gedächtnisse auf? Ich will nicht mehr daran denken, daß ich blöder Thor einst glauben gekonnt, durch das Wahre, Gute noch zu Ehren und Ruhm zu gelangen, ich will nur an meinen Vortheil denken, und mich nur erinnern, daß in dem Momente, wo ich nach jahrelangem Ringen endlich den rechten Weg erkannte, das Schicksal mich zwang, den zu betreten, wo ich auf jedem Schritt, und führte er auch über Rosenbeete, nur Gifthauch einathme. Möge denn mein Loos sich erfüllen.

Einige Minuten blieb Horst schweigsam und erschöpft, und rang mühsam nach Fassung; Ewalt, der einen derartigen Ausbruch inmitten der poetischen Beschreibung am wenigsten vermuthet hatte, schwieg verlegen; endlich ward Horst ruhiger, und begann:

Verzeihen Sie, wenn ich mich in Ihrer Gegenwart von Gefühlen überwältigen ließ, die ich schon lange für bemeistert hielt; es ist mir vollkommen klar, daß Sie, dessen künstlerische Entwicklung eine so gleichmäßige und so glücklich geleitete war, meine Emphase fast lächerlich finden müssen; ich verspreche Ihnen, im weiteren Verlaufe meiner Erzählung vollkommen ruhig zu bleiben.

Ich ging vor Allem zu dem Meister, der in seinem Briefe den Wunsch, mich persönlich zu kennen, ausgesprochen hatte; er schien etwas überrascht, in mir den Compositeur des Concertes zu sehen, wiederholte jedoch sein Lob in warmen aufrichtigen Worten, mit vielen auf das Werk bezüglichen Andeutungen, die mich freudig überzeugten, daß er es mit Aufmerksamkeit geprüft habe, und mir den Muth gaben, eine kleine Bitte an ihn zu richten. Er stand mit den Verlegern auf einem Fuße, daß sein Wort ihnen Machtspruch war; mehreren von ihnen hatte er seiner eigenen Versicherung zufolge einige Sätze des Concertstückes selbst vorgespielt; wollte er sich für mich verwenden, so war kein Zweifel zu hegen, daß sich Einer fände, der mein Werk in seinen Verlag aufnahm; ich beanspruchte kein Honorar, mir genügte es, meinen Namen dem Publikum in ehrenvoller Weise vorgeführt zu sehen; der Meister versprach es. Schon am andern Morgen ließ er mich rufen. Auf Windesflügeln eilte ich in seine Wohnung und erfuhr — daß die Verleger, mit denen er gesprochen, den Einwand erhöben, die Composition sei so umfangreich, daß die Menge der zu stechenden Platten zu große Unkosten bedingen würden. Ich verstand wohl, daß mein Concert zurückgewiesen, meine stolzen Hoffnungen vernichtet waren; die commerziellen Gründe aber, von denen ich zum erstenmale reden hörte, waren mir insofern nicht ganz einleuchtend, als ich wußte, daß die Verleger viele umfangreiche und ebenso kostspielige Compositionen ohne Rücksicht auf den inneren Gehalt veröffentlicht hatten, wenn sie irgend einem großen Herrn gewidmet waren, oder einen bekannten Namen trugen, und als ich mir sogar einbildete, daß, wenn auch mein erstes Werk nicht unmittelbaren Absatz fände, der pekuniäre Erfolg eines zweiten und dritten vielleicht Ersatz für die früheren Auslagen bieten konnte. Endlich ging auch meine Selbsttäuschung so weit, daß ich dachte, reiche Verleger sollten auch für die Kunst wirken, und das Streben eines jungen

Künstlers, der Tüchtiges zu leisten versprach, aufmuntern und unterstützen. Als ich dem Meister diese meine Ideen in bescheidenen Worten vortrug, und dabei auf meine bedrängte Lage, hinwies, als ich von meiner alten Mutter sprach, die sich inmitten bitterer Noth überreich fühlen würde, wenigstens den Namen ihres Sohnes geehrt zu sehen, wenn auch seine Verhältnisse noch so gedrückt wären, da meinte er, den ich bat: er habe schon daran gedacht, und mit einem Verleger gesprochen; dieser sei bereit, mir sofort einen kleinen Betrag vorzustrecken, wenn ich einige kleine „Salonstücke" componiren wollte; „gingen" diese, so wolle er dauernde und vortheilhafte Verbindung mit mir anknüpfen.

Ich drückte die Thränen hinab, die hervorzubrechen drohten, dankte für die gütige Verwendung, verbeugte mich tief und ging. Um Nichts unversucht zu lassen, stellte ich mich noch den andern Herrn Tonkünstler vor, denen ich ebenfalls eine Abschrift zugesandt hatte; sie nahmen mich alle recht freundlich auf, bemerkten auch, nun sie den eigentlichen Compositeur kannten, es wären doch zu viele Fugato's und andere contrapunktische Schwierigkeiten in dem Stücke angebracht, und wiesen alle, eine Rücksprache mit Verlegern als voraussichtlich fruchtlos, von sich ab; ein alter Compositeur meinte ganz wohlwollend: daß Concerte, Sonaten und dergleichen überhaupt gar kein Brod brächten; es wäre zwar recht schön, daß man sie componiren könne, ich sollte mich aber doch vor der Hand auf gangbare Dinge verlegen, und dann einmal später wieder größere Werke in Arbeit nehmen; dabei wies er auf sein Opus „hundert und soviel" mit dem Titel „Blumenstimmen," für das ihm der Verleger eine bedeutende Summe ausgezahlt hatte, während daß dieser selbst von ihm keine Sonate annehmen würde. Und ich drückte die Thränen hinab, die heiß hervorbrechen wollten, dankte für den gütigen Rath, verbeugte mich tief und ging. Es war inzwischen Mittag geworden, meine Mutter wartete auf die verkündete frohe Botschaft, auch hungerte mich; da begab ich mich zu dem Verleger, der die Salonstückchen wünschte; er ließ mich eine Quittung über erhaltenen Vorschuß unterschreiben, und gab mir eine Anleitung über die Form, in welcher ich „das Ding, Rhapsodie oder Nocturne" halten und durchführen sollte: Vor Allem mögen schwierige Tonarten mit vielen Kreuzen oder b's vermieden werde, dann dürfe die Parthie der linken Hand nicht schwierig sein, endlich sollte ich auch die Melodieen nicht zu breit halten, und nicht zu voll harmonisiren, wie ich dies in dem Mittelsatze meines Concertes gethan, der zwar recht schön und originell wäre, aber nur von musikalischen Leuten recht verstanden werden könnte; hierauf ging er an seine Kasse, nahm zwei Banknoten von zehn Gulden heraus, und drückte sie mir wohlwollend in die Hand, und ich — dankte für die gütige Unterstützung, verbeugte mich tief und ging. Das Geld theilte ich mit der Mutter; das Concert warf ich ins Feuer; das Adagio und Rondo daraus sind mir seither ganz aus dem Ge=

dächtnisse entschwunden, doch den ersten Satz, der mir noch ziemlich erinnerlich blieb, habe ich später öfters öffentlich vorgetragen und endlich vor einem Jahre in abgekürzter Form auf meine Kosten und unter dem Namen Christian Stroh, Anagramm von Horst, stechen lassen."

„Wie," unterbrach Ewalt den Erzählenden, „haben Sie dieses bedeutende Tonstück componirt? ich kann mich dessen genau erinnern, es fiel mir einmal zufällig in die Hand, und hat mein größtes Interesse erregt —"

„Also kennen Sie das Ding," entgegnete Horst nachlässig, „nun es freut mich, daß es Ihnen gefällt, und daß ich Ihnen gegenüber nunmehr von jedem etwaigen Verdachte der Selbstüberschätzung frei bin. Das Stück hat übrigens seine Rolle in meiner Erzählung noch nicht ganz ausgespielt, und wird wieder erscheinen; es ist so ein Gespenst, das lange Zeit nicht gut zu bannen war, hier in Paris wird es mich hoffentlich nicht mehr beunruhigen."

„Ich kehre zu der Erzählung meiner Wiener Erlebnisse zurück. Sechs Wochen lang arbeitete ich mehrere Stunden täglich, um die bestellten und vorausbezahlten Compositionen, um so ein „gangbares Ding", eine Rhapsodie oder Nocturne nach dem Recepte des Verlegers auszuarbeiten; und täglich stand ich mit der festeren Ueberzeugung vom Schreibtische auf, daß es mir nie gelingen werde, etwas derartiges zu Stande zu bringen. Zwei Sonatenthemata, eine Fuge, ja ein Symphonie-Entwurf datiren aus jener Zeit; aber nie konnte ich eine Melodie erfinden, die nicht breit war und nicht viele harmonische Wendungen bedingte! Vielleicht wäre es mir doch zuletzt gelungen; aber in meiner Naivität hielt ich damals Manches was mir in die Feder kam, und was heute unter der Firma: Voß, Ascher, Ch. Meier und Consorten zu „den besseren Erzeugnissen der Salonliteratur" wie die Musikzeitungen sagen, gehören würde, für zu schlecht, um es dem Publikum zu bieten. Zuletzt gab ich jeden weiteren Versuch auf. Der Herr Verleger, dem ich weder die bestellten Compositionen ablieferte, noch sein Darlehen zurückerstattete — beides war mir gleich unmöglich, — klagte bei den andern Musikern über mich, meinte, ich wäre ein Lump, und fand bereitwilligen Glauben. Nun, wenn ich's recht beim Lichte betrachte, so hatten die Leute nicht Unrecht. Ein Mensch von Talent, der nicht dazu kommt, sein tägliches Brod zu erwerben, vielmehr die verschiedenartigsten Mittel anwenden muß, um seine Existenz zu fristen, ist nach den Begriffen der Gesellschaft ein Lump; denn diese ist nicht gehalten, die Gründe der besseren oder schlechteren Verhältnisse ihrer Glieder zu prüfen; sie beurtheilt Jeden nach dem, was er ihr an Nutzen oder für ihre Unterhaltung bietet; ein Virtuose, der sich in gedrückter Lage befindet, kann vielleicht eine kurze Zeit lang als Gegenstand für mitleidige Regungen oder gefühlvolle Betrachtungen interessiren, sobald jedoch diese Gattung von Zeitvertreib ihren

Reiz verloren hat, kann er, der den Stoff lieferte, Hungers sterben, wenn er den günstigen Moment zu benutzen versäumte."

„Wie kommt es," meinte Ewalt, „daß Sie mit derartigen praktischen Lebensansichten, bei Ihrem Geiste und Ihren Fähigkeiten nicht egoistischer zu Werke gingen und sich nicht überall das angenehmste Leben sicherten?"

„Weil mir vielleicht richtige Anschauung der gesellschaftlichen Verhältnisse nie fehlt," entgegnete Horst, „wohl aber jener praktische Sinn für's Handwerk, ohne welchen es in der Kunst, zumal in der Musik, ganz und gar unmöglich ist, weiter zu kommen. Deßwegen glückte mir, wie ich schon bemerkte, Vieles, was ich in Bezug auf gesellschaftliche Annehmlichkeit oder Gelderwerb, also auf allgemeine Lebenszwecke wagte, deßwegen mißlang fast jeder Schritt, den ich in meinem speciellen Berufe als Künstler unternahm, wo ich immer redliches Streben für genügend hielt. Ich meinte meine Existenz durch Lektionen, für das bescheidenste Honorar fristen zu können; das war nicht möglich gewesen, ich mußte an andere Mittel denken. Ein Freund rieth mir, eine Anstellung als musikalischer Kritiker zu suchen. Ich schrieb eine ziemlich genaue Analyse einer neuen Oper, über welche die Stimmen im Publikum getheilt waren; die Redaktion eines größeren belletristischen Blattes und die eben einen Referenten suchte, ließ meinen Artikel in ihrem Blatte „zur Probe" d. h. ohne Honorar zu zahlen, drucken;

dem Publikum gefiel die frische und offene Sprache des neuen Kritikers und ich wurde von der Redaktion als Berichterstatter angestellt, nicht allein, weil ich die nothwendigen Kenntnisse besaß, sondern weil ich auch die schlechteste Besoldung annahm; dafür verlangte man noch sehr schnelle, wenn auch nicht ausführliche Berichte.

Ich trug mich mit einer gar hohen Idee von meinem Amte; strenge Unparteilichkeit, genaues Eingehen in alle Einzelheiten, Aufmunterung des Anfängers, Rücksichtslosigkeit gegenüber dem Künstler der sich im Vertrauen auf seine Beliebtheit beim Publikum Nachlässigkeiten zu Schulden kommen ließ, waren meine leitenden Grundsätze. Eine Zeit lang ging Alles recht gut von Statten, das Publikum las die Berichte gerne, das Journal gewann selbst an Abonnenten; nur bei den Mitgliedern der Oper machte sich eine seltsame Stimmung bemerkbar und ich sah diese Herren und Damen oft ziemlich erhitzt aus dem Zimmer des Redakteurs kommen. Nach und nach begann dieser Bemerkungen gegen mich fallen zu lassen, die auf eine Veränderung in seinen Ansichten deuteten. Er fand, daß ich die gegebenen Verhältnisse nicht genau ins Auge faßte, meine eigene Stellung nicht recht erkannte, und nicht zu benutzen verstände. Es wäre zwar recht schön, meinte er, immer frei und unabhängig zu Werke zu gehen, aber es kämen doch Fälle vor, in denen gewisse Rücksichten nicht zu beseitigen seien, und wo man wenigstens die Gelegenheit zum Vortheile nicht unbenützt vorübergehen lassen dürfe. Es gab mitunter Streit, wenn ich mir leisen Tadel gegen gewisse besonders protegirte Sängerinnen erlaubte; die Mißhelligkeiten traten immer stärker hervor, und als ich eines Tages aus Gewissenhaftigkeit zögerte, über eine neue Oper ein endgültiges Urtheil gleich nach dem ersten Anhören zu fällen, und eine Frist bis nach der nächsten Vorstellung ausbat, wurde mir bedeutet, daß man meine ferneren Dienste nicht mehr benöthige! Der Redakteur drückte sein Bedauern aus, einen so tüchtigen Berichterstatter aufgeben zu müssen; aber meinte er, „Sie taugen nicht für das Handwerk. Es wäre nun z. B. ganz Recht, erst nach der zweiten Aufführung dieser neuen Oper einen erschöpfenden Bericht zu veröffentlichen; aber wir kämen zu spät; ich weiß aus sicherer Quelle, daß der — hier nannte er einen Recensenten, der als Ignorant allgemein bekannt war — seiner Redaktion einen Bericht bereits übergeben hat. Sie werden nun fragen, wieso dieser, der fast Nichts von Musik versteht, eine detaillirte Besprechung liefern konnte? Er verstand es, gleich bei der Ankunft des Componisten der neuen Oper seine Aufmerksamkeit auf sich zu leiten; darauf hat er ihn bald durch kriechende Schmeichelei, dann wieder durch eine gewisse imponirende Arroganz so zu beeinflussen verstanden, daß Jener ihm den Zutritt zu allen Proben gestattete, ihm die Partitur zeigte, die besten Sitze für die Hauptprobe und für die ersten Vorstellungen reservirte, und noch wahrscheinlich für seine Besprechung ein schönes Sümmchen bezahlen wird. So hat sich der Intrigant zum wichtigen Manne emporgeschwungen, und Sänger und Sängerinnen werden nun **ihm** den Hof machen, während Sie trotz Ihrer Geschicklichkeit und Ehrenhaftigkeit Nichts erreichten, als daß Sie mir Unannehmlichkeiten bereiteten. Die Stellung meines Blattes erlaubt nicht, daß Ihr Bericht daselbst später als der jenes Recensenten in seinem Blatte erscheine, und ich mußte, da Sie nicht zur rechten Zeit kamen, vom Hören-Sagen über den Erfolg der Oper schreiben, um nicht morgen von den kleineren Journalen verhöhnt zu werden, und **meinen Einfluß auf das Publikum zu verlieren.** Nach dem, was ich eben erklärt habe, werden Sie selbst urtheilen, daß Ihnen bei unbestreitbaren Fähigkeiten, der Takt, Sie für sich und Andere zu verwerthen, fehlt; unsere Beziehungen hätten also später oder früher aufgegeben werden müssen."

Ich schied ohne Groll von dem praktischen Redakteur. Einige Tage später verkündigte er, daß es ihm durch große Opfer gelungen sei, den ausgezeichneten Kritiker — es war derselbe den er mir als unwissenden Intriganten geschildert hatte — für sein Journal zu gewinnen. Daß der Redakteur, um seinen Einfluß zu vergrößern, Jemanden anstellt, der mit den Leuten vom Theater umzugehen versteht, wunderte mich nicht, doch that es mir wehe, daß das Publikum nach meinen gewissenhaften und unparteiischen Besprechungen an den Faseleien meines Nachfolgers Gefallen finden konnte; ich war naiv genug zu glauben, daß eine anständige Kritik auf die Länge bildend und überzeugend wirken müsse; ja ich gestehe es offen und gerne ein, ich glaube es heute noch, trotz meiner vielfältigen Erfahrungen.

Nach dem Bruche mit der Redaktion vergingen mehrere Monate, über die ich keine klare Vorstellung mehr besitze; es ist mir nicht mehr erinnerlich, auf welche Weise ich eigentlich meiner Mutter und meine Existenz fristete; nur das Eine ist mir im Gedächtnisse geblieben, daß ich immer tiefer und tiefer sank, daß durch Noth und Elend mein Zartgefühl in der Wahl der Mittel diese Existenz zu fristen, immer mehr abstumpfte, ja daß ich zuletzt eine Art von Gefallen darin fand, inmitten einer großen Stadt, die mich kannte, die mir Talent und Wissen nicht absprach, einen täglichen Kampf um die täglichen nothwendigsten Bedürfnisse einzugehen. Oft habe ich das Leben verflucht, oft habe ich mit heißen Zähren um eine Erleichterung der Last gebeten; es half Nichts; die Jugend flog dahin, und mit ihr die schönsten Träume, die reinsten Gefühle! Es ist eine herrliche Maxime, daß jeder Höherstrebende kämpfen, daß er Leiden ertragen, dulden lernen soll; und sie liest sich gar schön in moralischen Erzählungen für die Jugend, oder in Romanen, wo man weiß, daß der Held zuletzt doch mit den Eltern der Geliebten ins Reine kommt, und Alles sich in Freude und allgemeinen Jubel auf=
lösen wird. Aber im wirklichen Leben, das die meisten Moralphilosophen nicht kennen, gibt es Leiden, die des

Menschen sittliche Ueberzeugung erschüttern, und für die er selbst in den glücklichsten späteren Erlebnissen keine Entschädigung findet. In den Büchern erscheint gewöhnlich ein deus ex machina, der dem hungernden Helden aus der Noth hilft, aber in der Wirklichkeit kann er sicher sein, daß statt des helfenden Gottes noch irgend ein ungeduldiger Gläubiger herbei kommt, um ihm das Leben noch unerträglicher zu gestalten. Schön, ja herrlich ist's, auf dem Wege nach einem hohen Ziele die härtesten Drangsale bestehen zu müssen; wenn ich einen steilen felsigten Berg erklettern will, nun dann mag ich mir am Dorngestrüppe die Hände blutig zerreißen, dann mag mein Fuß in schwindelnder Höhe den Pfad zwischen klaffenden Spalten suchen, wo ein einziger Fehltritt den todtbringenden Sturz in die Tiefe nach sich zieht, dann mag mir der Angstschweiß von der Stirne rinnen! weiß ich doch, daß wenn die Gefahr überstanden ist, mir der freie Blick in unabsehbare Herrlichkeit vergönnt sein wird, daß ich die Natur in ihrer geheimnißvollen Größe bewundern, daß ich mich der Gottheit näher fühlen werde. Aber wenn ich im Sumpfe ringen und mich ängstigen muß, auf daß ich nicht ersticke, wenn nach allen Mühseligkeiten im glücklichsten Falle mir kein anderes Bewußtsein bleibt, als daß ich eben aus dem Sumpfe komme, und nicht erstickt bin, wo soll ich denn da den hohen Künstlermuth, den reinen Sinn schöpfen, von dem Ihr so viel redet?"

„Ich habe sogar inmitten der erstickenden Sumpf=

luft, die mich umgab, Muth gefunden, um einen letzten Versuch zu wagen, ich habe an das Publikum appellirt; sein Ausspruch sollte entscheiden, ob ich im Elende verkommen, ob mein Loos ein besseres werden solle; ich veranstaltete ein Concert. Schon die Mittel die ich anwenden mußte, um nur die Beträge für die nothwendigen Vorunkosten zu erschwingen, die Bedingungen, die mir unbarmherzige Wucherer auferlegten, die sich erst zu einer Hilfe herbeiließen, nachdem ich ihnen mit den Erträgnissen des Concertes auch meine Ehre in nicht zu beschreibender Weise verpfändet hatte, waren geeignet, den Muth jedes Anderen, als eines Verzweifelnden zu lähmen, doch ich schritt unbeirrt voran, entschlossen, Alles zu erdulden, um zu irgend einem Ziele zu gelangen. Mein lächelnder Mund, die Zuversicht, welche ich zeigte, ließ Niemanden ahnen, was in meinem Innern vorging, aber in der Nacht, wenn Alles um mich her in Schlummer lag, wenn ich nicht zu heucheln brauchte, wenn ich mir allein gegenüber stand, da war es mit der Selbstbeherrschung vorbei, da fuhr ich manchmal mit einem Weheruf aus dem Schlummer auf, da fürchtete ich den Schlaf, der mir doch keine Ruhe brachte! Damals beängstigte mich zum erstenmale der fürchterliche Traum, der seitdem oft wiederkehrte: eine riesenhaft große dunkelbraune Hand mit Krallen an der Stelle der Nägel erscheint mir; sie hält ein Blatt Papier und schwebt heran; und während zwei Finger das Blatt festhalten, scheinen die andern mit ihren Krallen nach meinem Herzen greifen zu wollen. Zu gleicher Zeit steigt ein Dunst aus der Erde, der mir die Brust beengt, immer näher und näher kommt die Hand, immer mehr Finger und Krallen streckt sie aus, der Dunst wird betäubender, ich will nach Hilfe rufen, doch die Stimme versagt mir; im Augenblicke wo ich zu ersticken vermeine, fliegt eine Feder vorüber, ich ergreife sie, schreibe meinen Namen auf das Papier, — der Spuck verschwindet, und ich erwache. Schon oft habe ich nachgedacht, welcher Vorfall in meinem Leben durch eigenthümliche geheime Ideenverkettungen eine solche Phantasmagorie in meinem Gehirne erzeugen konnte? Wahrscheinlich hat die schmutzig=braune, knollige Hand des Wucherers dem ich meine Ehre verschrieb, den ersten Anlaß zu dem Traume gegeben, der seither immer wieder emportaucht; doch genug hievon!

Der Erfolg meines Concertes überstieg insofern meine kühnsten Erwartungen, als das Publikum den ersten Satz des Concertstückes, das ich für ein nur den Künstlern verständliches Werk gehalten hatte, mit rauschendem Beifalle aufnahm, und ich also doch wieder die Hoffnung hegen durfte, daß sich ein Verleger zur Annahme herbeilassen werde.

Noch während des Concertes stellten sich die Männer ein, denen die Einnahme verpfändet war, um den Raub zu sichern; doch auch einen freudigen, ehrenden Besuch empfing ich; zwei bedeutende, ältere Musiker, die mich von dem ersten Moment meiner Ankunft, aus eigen=

thümlicher persönlicher Abneigung mit entschiedener Gleich=
giltigkeit, ja ungerecht behandelt hatten, kamen nach dem
Vortrage des Concertstückes zu mir, und bezeugten ihre
Theilnahme in aufrichtigen, wohlthuenden Worten. —
Meine Mutter — wie war sie seit einem Jahre ge=
altert! — stand in der Ecke des Zimmers und weinte
heiße Freudenthränen. Auch mein Herz jauchzte und
sang Beethovens Hymne!

Einige Tage nach dem Concerte erschienen die
Kritiken. In der einen sprach sich der Berichterstatter,
der in Wien den Ruf des Kenntnißreichsten genoß, dahin
aus: ich sei ein besserer Klavierspieler als Componist,
mein Anschlag sei sehr schön, aber mein Vortrag
fehlerhaft. Ein Anderer hingegen, dem man weni=
ger Fachkenntniß, aber das feinste Verständniß zuer=
kannte, meinte — und ich berichte wörtlich: ich sei ein
besserer Componist als Klavierspieler, mein Anschlag
ließe viel zu wünschen übrig, dagegen sei mein Vortrag
geistvoll! Die hämischeste Beurtheilung fand ich in jenem
Blatte, dessen Musikreferent ich einst gewesen; nur ein
einziger Kritiker lobte mich, und zwar aus einem Grunde,
den ich erst später erkannte; er wohnte in meiner Nähe;
um das Porto zu sparen hatte ich selbst die Freikarten
nach seiner Wohnung getragen; er traf mich auf der Stiege,
drückte große Freude über meinen — vermeintlichen —
Besuch aus, und führte mich nach seinem Arbeitszimmer.
Dort begann er von meinen früheren kritischen Versuchen
zu sprechen, lobte sie und ließ sich alle meine Ansichten

über Tonkunst im Allgemeinen darlegen, die er dann bei jeder Gelegenheit in seinen Kritiken wörtlich wiedergab. Das Lob, das er meinen Leistungen zollte, war also die Compensation für seinen geistigen Diebstahl.

Ich machte noch die Runde durch die Stadt, um einen Verleger für mein Concertstück zu finden; es war vergebens! Ein Jeder verweigerte es im Hinblick auf das Volumen und die technischen Schwierigkeiten, die es enthielt, dagegen bot mir ein Musikalienhändler ziemlich anständiges Honorar für zwei Salonpiecen, die ich in dem Concerte als Beigaben gespielt hatte. Was war zu thun? Ich mußte Geld herbeischaffen, um Gläubiger zu befriedigen, die nur durch Hinweisung auf die Einnahme zu beschwichtigen gewesen waren, deren größter Theil gar nicht in meine Hände, sondern unmittelbar in die der Wucherer gelangte! So ging ich denn auf das Angebot des Verlegers ein, und mein Name, der in meinen stolzen Hoffnungen, mit einer tüchtigen gediegenen Composition, und mit künstlerischen Ehren an die Oeffentlichkeit treten sollte, stand zuerst unter zwei schaalen „Morceaux de salon", die noch Jahre später von der Kritik zu den höhnendsten Angriffen benutzt wurden.

Ich verfiel in dumpfe Verzweiflung; das Leben in Wien war mir unerträglich, meine Stellung unhaltbar; nach Deutschland zu ziehen, fehlten mir die Mittel, ich begann wieder das Vagiren nach den Provinzen; manche Gönner aus früherer Zeit nahmen sich meiner an, und schützten mich wenigstens vor Mangel; fast war ich daran, eine dauerversprechende Stellung in einer Provinz zu finden, als die Revolutionen in Frankreich, Deutschland und Oesterreich losbrachen. Obwohl ich durch diese Ereignisse in dem Augenblicke, wo ich den sicheren Hafen erreicht zu haben glaubte, wieder in die stürmische Brandung hinausgeschleudert wurde, so erschien mir der plötzliche Umschwung meiner Verhältnisse, ja selbst die Noth, die ich einige Zeit nach den Märzereignissen erdulden mußte, bei weitem erträglicher, als alle früheren mißlichen Schicksale. Mich erhob der Gedanke, daß hier ein großes Weltereigniß walte, dem gegenüber der Einzelne kein Recht zur Klage über gefährdete Interessen habe; mich begeisterte die hohe Idee, daß ein so gewaltiger Umschwung in den Geistern auch eine neue Aera für die Kunst bringen müsse. Ich ging nach Wien zurück; einige Freunde hatten eben ein politisches Journal gegründet, und da damals alle Welt schrieb, und ich mir einbildete, manche Verhältnisse in den Provinzen besser zu kennen, als die meisten Tagesschreiber, die das große Wort führten, so versuchte ich mein tägliches Brod durch politische Artikel zu erwerben. Ich studirte fleißig, bereicherte meine Kenntnisse, schrieb, und siehe da, es gelang, — fast möchte ich sagen, leider — in glänzender Weise; diese politischen Artikel waren von höchster Bedeutung für meine musikalische Laufbahn. Sie staunen, hören Sie nur, wie das zuging. Von dem Grundsatze der Freiheit durch die Intelligenz ausgehend, bewies ich eines Tages die Gefahr, welche in der Sympathie, und der Verbrü=

berung der Studirenden — der Vertreter der Wissenschaft — mit den Arbeitern liege, auch über die Vorsicht, welche bei der Wahl von Geschworenen in einem Land anzuwenden sei, wo die politische Bildung noch in der Kindheit lag, veröffentlichte ich mehre Aufsätze. Sie erregten einen Sturm von Entrüstung und wurden irgend einem vormärzlichen Staatsmanne zugeschrieben; meine Freunde verschwiegen aus Rücksicht für meinen Ruf — damit ich nicht als ein Söldling der Reaktion verachtet und verfolgt würde, daß ich der Verfasser sei; nur ein Einziger, der meine Ansichten theilte, ging praktischer zu Werke, empfahl mich einer anderweitigen Zeitschrift, die meine Korrespondenzen glänzend bezahlte, und wußte es, nachdem die Ordnung hergestellt war, d. h. Kanonen an die Stelle der Gesetze traten, auf geschickte Weise einzuleiten, daß einige besonders einflußreiche Personen erfuhren, Wer die einst so verpönten und von allen Gutgesinnten mit so großem Vergnügen gelesenen Artikel geschrieben hatte. Zu gleicher Zeit aber drang der Wackere in mich, das unfruchtbare, wenn auch nicht erträglose Geschäft eines politischen Zeitungsschreibers aufzugeben. Er selbst hatte sich noch vor der gewaltsamen Beendigung der Revolution von seinen ehemaligen Parteigenossen getrennt, und war von der nunmehrigen Regierung glänzend angestellt worden; doch manche seiner unwillkührlichen Aeußerungen und sein immerwährendes Preisen meines Geschickes, das mir Talent zur Kunst verliehen habe, bewiesen, daß auch

21*

er an den politischen Zuständen, trotz der Vortheile, die sie uns brachten, keine Freude hatte, und bestärkte mich auch in dem Entschlusse, zur Musik zurückzukehren.

Während der Zeit, als mir die schriftstellerische Thätigkeit ziemlich reichlichen Gewinn brachte, hatte ich die Kunst mit doppelter Liebe gepflegt, weil ich der Sorge um das tägliche Brod enthoben war, weil ich nur das studirte, was mir als Künstler werth und theuer war, und hiebei nicht den unmittelbaren Erfolg und Erwerb im Auge behalten mußte. Ich fühlte zu meiner unsäglichen Freude, daß mein Anschlag an Kraft, mein Vortrag an Ruhe und Ausdruck gewann. Wie gern hätte ich wieder einmal ein größeres Tonstück komponirt! Gar oft erklangen Melodien in meinem Innern, gar oft dachte ich daran, eine Symphonie, ein Quartett zu schreiben! Dem Geiste fehlte es nicht an Ideen, aber an der technischen Uebung des Ausarbeitens, auch die seit Jahren ungewohnte Hand erlahmte bald, die Ideen verwirrten sich, und bei dem Entwurfe blieb es. Meine Jugendkraft war dahin, mit ihr der Muth der Ueberzeugung!

Der Freund, der mich so oft aufmunterte der Kunst allein zu leben, verschaffte mir die Bekanntschaft einiger höherer Beamten, in deren Häusern oft musikalische Zusammenkünfte stattfanden. Ich fand die beste Aufnahme, und einer Verbreitung bis in die höchsten Kreise, die mich selbst überraschte. Bei der damals herrschenden Abneigung gegen alle nicht offiziellen Politiker, besonders aber gegen die Zeitungsschreiber — die man für alles geschehene Unheil verantwortlich machte, hütete ich mich wohl, mit den Leuten je von meiner ehemaligen, nunmehr aufgegebenen schriftstellerischen Thätigkeit zu sprechen; ich hatte mich immer für einen Liberalen gehalten, und war es dem nunmehr herrschenden Systeme gegenüber, auch ganz entschieden; um so unerklärlicher mußte mir die hohe Protektion, die meine künstlerischen Bestrebungen fanden, erscheinen; ich schrieb sie der neu erwachten Theilnahme für die Kunst zu; der Freund, dem ich meine Verwunderung, sowie die Freude, einmal doch wieder zu Ehren gekommen zu sein, mittheilte, schmunzelte mit verschmitzter Miene, und munterte mich auf, nur fortzufahren, aber auch bald auf eine feste dauernde Stellung zu reflectiren, die — so deutete er an — vielleicht in Wien weniger zu hoffen war. Als ich endlich, des halt- und gehaltlosen Lebens in den hohen Kreisen überdrüssig, mich nach einer Künstlergemeinschaft sehnte, als ich den Entschluß faßte, nach Deutschland und Paris zu gehen, da erklärte mir der Freund, was er bisher absichtlich verschwiegen hatte, daß bei aller Anerkennung der großen Herren für meine Kunst auch noch andere Motive mitgewirkt hätten, mir ihre Protektion und die glänzenden Honorare, die sie mir zukommen ließen, zu sichern; sie beschäftigten und bezahlten nicht den Virtuosen allein, sondern den Mann, der in der Revolutionszeit ihre Ansichten und Interessen vertreten hatte. „Sie können sich denken — endete der Freund seine Mitthei=

lung — „daß ich, der zuerst Ihre Verdienste im hellsten Glanze darstellte, mir's nicht einfallen ließ, die Herren aus ihrem Irrthume zu reißen; doch die Zeit steht nicht fern, wo selbst Conservative vom besten Caliber noch zu oppositionell erscheinen dürften, und wo ein einziges unbesonnenes Wort oder eine herbeigeführte Aufklärung, durch Zufall oder Intrigue Ihre ganze Stellung mit einem Male kompromittiren könnte; es ist mir also sehr lieb, daß Sie Ihr Glück in fernen weiten Kreisen suchen wollen." Diese Entdeckung zerstörte wieder mit einem Risse alle die Illusionen von dem Werthe meiner Kunst, denen ich mich neuerdings hingegeben hatte; der künstlerische Aufrichtigkeitssinn, den ich bis auf den heutigen Tag bewahrt habe, empörte sich gegen das Stratagem, durch welches der Freund mir den größten Dienst erwiesen hatte. Ich habe mich nie gesträubt, irgend einen rein gesellschaftlichen oder pekuniären Vortheil von großen Herren durch das Benutzen von Nebenumständen oder Nebenwegen zu erlangen; ja es hat mir von jeher ein eignes Vergnügen bereitet, mich mit Leuten, die sich für gewiegte Diplomaten hielten, in Feinheit und Listen aller Art zu messen; aber für meinen Kunstzweck, d. h. für meine Geltung als Musiker war ich unfähig, irgend andere Mittel anzuwenden, als die ich mit der Ehre der Kunst vereinbar hielt; Kriechen, Hofiren, Schleifen und Wenden, den Liebenswürdigen mit aller Welt spielen, und Intriguiren um mir Concertbesucher und lobende Kritiker zu gewinnen, war mir verhaßt. Der Freund, dem ich meine Marimen kund=

gab, und Vorwürfe machte, daß er mich — in der besten Absicht — so sehr getäuscht hatte, lachte und nannte mich einen Phantasten. „Es giebt keinen Beruf, keinen Stand" behauptete er, „der sich über Nebenumstände, über das was ihm die Verhältnisse bringen oder gebieten, hinaussetzen kann; ein legitimer Monarch mag dies allenfalls thun, dafür — doch wir wollen keine Politik machen. Die künstlerische Gewissenhaftigkeit und Aufrichtigkeit ist sehr ehrenwerth, aber gefährlicher als das Beobachten der einmal maßgebenden gesellschaftlichen Regeln. Die Leute verzeihen noch eher einen Angriff auf ihren Charakter, als auf ihren Geschmack, und ein Virtuose, der mit allen Leuten umgehen muß, kann Göthe's Wahrspruch nicht genug beherzigen:

„Ohne Umschweife,
Begreife,
Was dich mit der Welt entzweit,
Nicht will sie Gemüth, will Höflichkeit."

Wer sich dem Gemüthsleben widmen will, der darf von der Gesellschaft gar Nichts erwarten.

Als der Freund so zu mir sprach, hielt ich ihn für einen kalten Egoisten, bei dem die Skepsis in der Politik jede andere Regung beherrschte; ich sollte noch einsehen, daß er über meinen Beruf klarer und richtiger urtheilte, als ich!

Es sind nun ungefähr zwei Jahre, daß ich zum

erstenmale nach Deutschland kam. Wonnegefühl und heilige Ehrfurcht erfüllten mein Herz bei dem Gedanken, daß ich nun den hehren Tempel betreten sollte, wo Polyhymnien's Cultus noch mit jener Weihe gefeiert ward, die einst in Wien die Jünger jener Zeit erfüllten, in der noch die drei großen Propheten daselbst lebten; daß ich Leipzig sehen würde, wo der herrliche zu früh verblichene Mendelsohn noch vor wenigen Jahren in voller schöpferischer Kraft wirkte, wo der edle Schumann, der nun in Düsseldorf weilt,*) von der Liebe zu Klara beseelt, seine wunderbaren Liederkränze geflochten hatte, wo Männer, deren Namen jeder Musiker nur mit Verehrung ausspricht, die aus allen Gegenden herbeiströmenden wißbegierigen begeisterten Jünglinge in die Lehren der göttlichen Tonkunst einweihen; daß ich in Berlin die Opern Glucks, die Motetten Palestrina's in klassischer Vollendung hören, den tiefsten Kenner und Forscher der Musikgeschichte Dehn, den Reformator der Musiklehre Marr, den Componisten der Hugenotten, Meyerbeer, kennen lernen sollte; daß mir das Geschick endlich vergönnte, Altmeister Spohr und Marschner von Angesicht zu Angesicht zu sehen, und Schumann, den ich schon in Wien kennen gelernt hatte, wieder begrüßen zu dürfen; daß ich endlich ein großes Musikfest hören würde, wo begeisterte

---

*) Horst spricht hier von Schumann unmittelbar vor dem Zeitpunkte, als der herrliche, unvergeßliche Tondichter von seinem fürchterlichen Schicksale — dem Wahnsinn — erfaßt ward.

Schaaren von allen Seiten herbeieilen, um die großen Meister in ihren Werken zu feiern; daß ich endlich eine klare Vorstellung von jener Zukunftsmusik gewinnen sollte, die damals in Wien nur erst dem Namen nach bekannt war. Wenn ich mir nun das Alles so recht lebhaft vorstellte, und dagegen auf Verhältnisse und Menschen zurückblickte, die ich in Wien verließ, so war es mir, als ob ich aus dem Lande der Pygmäen in einen Kreis von Halbgöttern treten sollte. Wenn mich schon die Idee, durch mein Concertstück einige Berechtigung zum Tonkünstler erwiesen zu haben, selbst inmitten der gedrücktesten Verhältnisse mit Stolz erfüllt hatte, welch' hohe Gefühle mußten in der Brust der großen Männer wohnen, die seit dem ersten Schritte ins Leben von einem Gotte vor Entbehrungen und der Sorge um den Tagesbedarf bewahrt, erhaben über dem kleinlichen Handwerksgetriebe, von allen Nebenbedingungen, die den Flug der Phantasie hemmen, unabhängig, nur der gebietenden Kunst gehorchend, die Welt mit ihrem Ruhm erfüllen, und bei ihrem Schaffen nicht an die Sprache gebunden sind wie der Dichter, noch an den Raum wie der Maler!? Klein erschienen mir die Großen dieser Erde, neben dem Manne, der den vierten Akt der Hugenotten geschrieben hatte. Der Dirigent eines großen Musikfestes stand in meinen Augen höher als ein Minister. Ein Mann, unter dessen Leitung Beethovens Symphonien, Mendelsohns Elias in höchster Vollendung aufgeführt werden, mußte ein tugendhafter, über alle Intriguen erhabener Mensch sein. Zwar mochte mich schon die Erinnerung an manche Wiener Kapellmeister eines Anderen belehren; diese aber hielt ich durch die immerwährende Beschäftigung mit der schaalen italienischen Modemusik der wahren Kunst entfremdet, nicht zu vergleichen mit den Männern, die Gluck's, Spontini's und Marschner's Opern dirigirten; in diesem Wahne bestärkte mich der Umstand, daß die Hofkapellmeister aus der alten Schule, die ich in ihren letzten Lebensjahren noch kannte oder öfters nennen hörte, Seyfried, Weigl, Gyrowetz, Aßmayer die meisten ihrer jüngeren Nachfolger an Wissen und Pietät weit überragten, und daß von diesen der Tüchtigste, — Nicolai — durch Mißhelligkeiten aller Art in seinem Streben beirrt, Wien verlassen hatte und nach Berlin übersiedelt war, wo er bald nachher starb. Ich hatte damals noch nicht gelernt, das was Einer als Mensch war, von dem was er als Künstler leistete, zu trennen und identificirte in der Kunst das Geistige mit dem Sittlichen.

So erschien mir Deutschland aus der Ferne wie ein gelobtes Land, in welchem der Musiker, den Leviten des alten Testaments vergleichbar, unbekümmert um die Güter der Erde, die heilige Bundeslade der Kunst bewachte, die Mysterien vor dem Auge der Profanen schützte, und von dem Tribute lebte, den ein dankbares Volk seinem Priester zollte. Von Diesen einst als würdiger Mitstrebender anerkannt, in ihre Genossenschaft aufgenommen zu werden, dünkte mir das sehnenswertheste schönste Ziel.

Von meinen Freunden und Gönnern mit Empfehlungen nach allen Richtungen ausgestattet, von dem österreichischen Gesandten protegirt, fehlte es mir nicht an gnädiger und gnädigster Aufnahme in den hohen und höchsten Kreisen Deutschlands, wo man damals die gutgesinnten, d. h. wohlempfohlenen Oesterreicher als die vortrefflichsten Unterthanen des Absolutismus besonders begünstigte. Ich werde noch auf den Kunstsinn und die Gönnerschaft der Höfe zurückkommen, jetzt muß ich darlegen, wie meine schönen Ideen von dem Musikleben Deutschlands nach und nach schwanden.

Fast unmittelbar nach meiner Ankunft veranstaltete ein berühmter Violinspieler, dem ich empfohlen war, eine Abendgesellschaft, um mich mit allen bedeutenden Musikern der Stadt bekannt zu machen. Ich gedachte Männer zu sehen, die im Bewußtsein der allgemeinen Achtung, die sie genossen, sich frei und würdig, in gegenseitiger Unabhängigkeit und anerkennender Collegialität bewegten; ich fand einen Hofkapellmeister, einen Kapellmeister, einen Concertmeister, zwei Hof- und drei Kammermusici, ein Paar Doctoren der Philosophie, und einige Professoren die alle mit einer Förmlichkeit, theilweise mit einer Zurückhaltung einander gegenüber standen, als wären es zufällig zusammentreffende Allöopathen und Homöopathen; und die Betonung die man auf die Titel, selbst bei den Frauen legte, erschien mir neu und hochkomisch. Kaum konnte ich den Lachreiz überwinden, als der Hausherr mich der Frau Concertmeister X., der Frau Musikdirektor Y. vorstellte.

Die Herren benahmen sich würdevoll=freundlich, legten aber eine Geringschätzung der Wiener Musikschule an den Tag, die mich als Gast verletzen mußte. Die Frauen — nun die Frauen sprechen von Theateraffairen, von der Zulage, die der Gemahl dieser oder jener Dame erhielt, von Gründen die dabei eingewirkt haben mochten, und von dergleichen interessanten Dingen mehr. Mitunter beehrte mich die eine oder die andere mit einer ästhetischen Unterhaltung, bei der ich zuletzt nicht mehr wußte, von was eigentlich die Rede war; wenn so eine gebildete Dame einmal in den Fluß der Betrachtungen kommt, dann mischt sie die heterogensten Begriffe in einander, man muß entweder eine jede Behauptung widerlegen, oder stillschweigen und sich überwunden geben. Endlich erschien der ersehnte Moment, man ging von der langweiligen Conversation zu musikalischen Vorträgen über. Ich wurde aufgefordert, eine Beethoven'sche Sonate zu spielen und glaube behaupten zu dürfen, daß ich an jenem Abende das mir möglich Beste leistete; die kühle Ruhe mit der man mir zuhörte, die kaum gelispelten Aeußerungen der Zufriedenheit nachdem ich geendet, erschienen mir im Anfange ganz natürlich; die im Norden beobachtete Zurückhaltung erstreckte sich meiner Meinung nach auch auf die Kundgebung der Gefühle, und gegenüber dem lärmenden Beifalle, der in Wien bei jeder halbwegs glänzenden Leistung losbricht, fand ich es ganz natürlich, daß ernste gewiegte norddeutsche Künstler nicht nach dem ersten Vortrage eines

Virtuosen, sondern erst nach genauerer Prüfung ein entschiedenes Urtheil abgaben. Doch als gleich nach meinem Vortrage die Frau Musikdirektor ein Lied von einem der anwesenden Herrn Doktoren vortrug, und nun plötzlich allgemeines Entzücken sich kundgab, da fühlte ich mich beschämt, verwirrt; denn abgesehen von der Demüthigung die meine Eitelkeit erfuhr, war es mir ganz unmöglich, in der vorgetragenen Composition irgend einen Vorzug zu entdecken, der diese plötzliche Erregung so kühler Leute erklärte. Es kann keinem Wiener, der bei Schubert'schen Liedern so zu sagen aufgewachsen ist, verargt werden, wenn er in seinem Urtheile einseitig ist, wenn er immer an „Sei mir gegrüßt," „Du bist die Ruh," „Danksagung an den Bach" zurückdenkt, und wenn ihm Nichts mit diesen Eingebungen vergleichbar dünkt; ich aber hatte diese Einseitigkeit des Urtheils größtentheils überwunden, und den Meisterwerken aus der Blüthezeit des Liedes in Norddeutschland fleißiges und gründliches Studium gewidmet. Mich begeisterten Mendelsohns herrliche Weisen, sein Morgengruß, sein Frühlingslied, ich schwärmte für Robert Franz Gesänge: „Als die Stunde kam," „Ja du bist elend", für seine prächtigen Schilflieder; Schumann's „Wehmuth," „Auf einer Burg," „Waldgespräch," seine wunderbaren spanischen Duos waren nächst den Schubert'schen die meinem Herzen theuersten Lieder. Auch Balladen von Löwe und Banck'sche Gesänge kannte ich und schätzte sie hoch. Das Lied von dem Herrn Doktor aber gehörte zu den wunderlichsten musikalischen Erfindungen, die mir im Leben vorgekommen. Es war ganz in die neue Form gefaßt, die seit den letzten Jahren, wo die Reflexion jeden Rest natürlichen Gefühls zu überwuchern droht, in Aufnahme und in gewissen Kreisen sogar zu Beliebtheit gekommen ist, die mir aber damals fremdartig erschien, und es noch heute nach reiflichster Prüfung geblieben ist. Dieses oftmalige Abbrechen der melodischen Phrase im Gesange, um sie von dem Klavier weiter führen zu lassen, dieses bei jeder Gelegenheit angewandte Unterordnen der menschlichen Stimme, die nur eine Art von ausfüllender Begleitung durchzuführen hat, während daß der Hauptgedanke dem Instrumente übertragen bleibt, das doch eigentlich als ein zwar integrirender, doch nicht dominirender Theil im Liede wirken soll, dieses eigenthümliche unmotivirte Wühlen im plötzlichen Harmonienwechsel, sind meiner Ueberzeugung nach der Natur des Liedes widersprechend; dies soll ja eine Stimmung wiedergeben, und keine Situation, daher einen fortgesetzten Gesang bieten, und keine rhapsodisch reflektirende Deklamation. Alle die angeführten Wunderlichkeiten waren aber in dem Liede des Herrn Doktors im Uebermaaße angehäuft, und das nannte der Herr Hofkapellmeister „interessant", die Frau Musikdirektor „höchst geistreich", die zwei anwesenden Doktoren der Philosophie „intuitiv"! Wie seufzte ich nach Proch's „Alpenhorn" oder nach dem „Mailüfter'l". Der gefeierte Componist ward aufgefordert, seine „Ansichten über die ästhetischen Intentio=

nen," die er so eben unter der Feder hatte, gesprächs=
weise mitzutheilen, und ließ sich herbei, dieselben in einer
kurzen erklärenden Abhandlung darzulegen, von der
ich sehr wenig verstand und nur soviel entnahm, daß
man wenigstens das Gelehrten=Gymnasium absolvirt
haben müsse, um komponiren zu können, und daß
Wagner nicht die nöthigen Fachkenntnisse der Technik,
„das Zeug" besitze, um wirklich der große Componist zu
sein, für den ihn seine Anhänger ausgäben. Diese letztere
Meinung schien damals noch neu zu sein, denn die Ge=
sellschaft bat um Erläuterung, die der Doktor in weit=
läufiger Auseinandersetzung von Stimmführung und
Instrumentation gab; auf meinen weiteren Wanderungen
durch Deutschland habe ich sie später oft und zwar mei=
stens von solchen wiederholen hören, die nur durch die
Parthei der Zukunftsmusik zu einiger Geltung gelangt
waren, von solchen, die nicht zwei Takte komponirten
ohne Programm, welche die Leere der Erfindung, die
Talentlosigkeit in einem Wust von technischen und har=
monischen Kunststückchen verbergen zu können glaubten,
und ihren Anbetern — welches Narrenscepter findet
keinen Hofstaat in Deutschland? — einredeten, sie ge=
hörten gar nicht zur Wagner'schen Schule, die Wagner=
frage sei abgethan, und der eigentliche Anreger derselben
habe seinen Platz an einen Würdigeren abzutreten.

Die Darlegungen des vortragenden Doktors wurden
von all' den anwesenden Herren, die auch ihren Namen
unter irgend eine Composition gestellt hatten, mit großem

Beifalle vernommen, besonders war es der Kapellmeister der den Faden, den Angriff gegen Wagner, weiter fortspann und zuletzt mich als Oesterreicher mit dem zweifelhaften Complimente beehrte, daß der Geschmack meiner Landsleute noch nicht von dieser neuen Pest der Zukunftsmusik angesteckt worden sei.

Ich hatte eben den Abend zuvor Wagner's „Tannhäuser" zum erstenmale gehört; seine Schriften waren mir fast ganz unbekannt, ich hatte noch kaum vom überwundenen Standpunkte reden hören, konnte also über Prinzipienfragen nicht richten; aber klar war mir, daß sich in Wagner eine große Kraft der Erfindung melodischer Phrasen, des dramatischen Ausdrucks offenbart, daß in seiner musikalischen Auffassung fast überall nicht bloße Reflexion, sondern eine wirkliche hohe Begabung hervortritt, daß ihm Deutschland jedenfalls den Dank dafür schuldet, daß er der Mosaikarbeit Meyerbeer's Halevy's und Auber's einmal doch ein im Style Ganzes wenn auch theilweise Verfehltes entgegengestellt hat. Seine Feinde und blinden Verächter die ihm dies streitig machten, — manche unter ihnen wollten ihm ja sogar jede Befähigung absprechen — haben zur Verbreitung seiner Werke mehr beigetragen, als der Enthusiasmus der Anhänger.

Ich antwortete dem Herrn Kapellmeister bezüglich seines Compliments über den Geschmack meiner Landsleute mit der Bemerkung, daß insofern er mich als einen Repräsentanten der Wiener Musiker ansehen wolle, er die Versicherung hinnehmen könne, daß sie die großen Schönheiten der Wagner'schen Musik, wenn diese ihnen in guter Ausführung zu Gehör kämen, gewiß mit um so größerer Theilnahme anerkennen würden, als diese ihre Theilnahme und ihre Aufmerksamkeit durch das Parteigezänk nicht beirrt sein werde. Die Wiener sind — behauptete ich — philosophischen Reflexionen über Kunstleistungen weniger zugänglich; sie halten sich vor Allem an das was ihnen geboten wird, und nicht an die darangeknüpften Ideen, an den wirklichen musikalischen Gehalt einer Oper und nicht an deren culturhistorische oder sonstige Bedeutung; und es läßt sich mit einiger Gewißheit voraussagen, daß von den Theaterbesuchern die herbeieilen, um eine Wagner'sche Oper zu hören, die allermeisten sich nur von der Musik und nicht von diesem oder jenem Prinzipe in ihrem Urtheile bestimmen lassen werden. Wenn auch von einem Publikum das weniger nachdenken als genießen will, vielleicht behauptet werden kann, daß sein Geschmack nicht der geläutertste ist — so darf ihm andererseits nicht abgesprochen werden, daß wo es einmal die Schönheiten irgend einer Kunstschöpfung oder Leistung erfaßt habe, sein Enthusiasmus reiner, hingebender ist, als der einer Zuhörerschaft, die erst durch Reflexion in eine Art von künstlicher Erregung gebracht werden muß.

Meine Antwort schien dem Herrn Kapellmeister nicht zu gefallen, denn er schwieg, aber der Herr Concertmeister der die Rolle seines Famulus zu spielen schien, nahm den Gegenstand des Gespräches wieder auf, und meinte, es wäre nicht zu denken, daß die österreichische Regierung in Wien die Aufführung der Werke eines Mannes dulden werde, welcher zu den gefährlichsten Gliedern der Umsturzpartei gehörte; wogegen ich einwandte, daß die Regierung eines Großstaates, wie Oesterreich, wahrscheinlich derlei kleinliche Rücksichten unbeachtet lassen, und von der Ueberzeugung ausgehen werde, daß ein Republikaner ebensogut ein bedeutender Compositeur wie der loyalste Kapellmeister ein ganz unbedeutender sein könne. Der Herr Concertmeister schwieg erschrocken, der Kapellmeister warf mir einen wüthenden Blick zu, alle andern Anwesenden die das Gespräch mit angehört hatten, waren sichtlich betreten; ich konnte mir den Grund dieser Stimmung nicht erklären, und schwieg ebenfalls, die Diskussion über Wagner war hiemit geschlossen, aber nicht die Prüfung, die ich an jenem Abende bestehen sollte.

Unter den Gästen befand sich ein Professor, ehemaliger Musiklehrer, der in dieser Eigenschaft unbestreitbare große Vorzüge besaß, daneben aber auch eine Selbstgenügsamkeit und Anmaßung entwickelte, die alle mit diesen Worten gewöhnlich verbundenen Begriffe übersteigt. Er betrachtete sich als eine Art von musikalischem Orakel, wollte als solches von Jedermann anerkannt sein; und nur der sich dieser Forderung unbedingt unterwarf, fand einige Gnade, d. h. er durfte allenfalls hoffen, nicht für einen Ignoranten und Unfähigen verschrieen zu werden;

denn bis zum Lobe brachte es Keiner, der nicht den Unterricht des großen Propheten genossen hatte. Seit einiger Zeit hatte er begonnen seine Orakelsprüche in Form von Vorlesungen, oder improvisirten Vorträgen zu spenden, die erst nur einem Kreise von Auserwählten, und dann hie und da — mit von Freundeshand angebrachten grammatikalischen Verbesserungen — in Zeitungen der übrigen profanen Welt mitgetheilt wurden.

Noch während ich am Claviere saß, hatte er aus der Rocktasche ein Heft gezogen, und seiner Umgebung mit wichtiger Miene gezeigt, nach jedem Satze der Sonate, den ich vortrug, wies er, zu seiner Nachbarin rechts, der Frau Doktor Philosophiae Nr. 1, oder zu seiner Nachbarin links der Frau Concertmeister gewendet, mit dem Finger auf eine Stelle jenes Heftes, welche von der betreffenden Dame mit großer Aufmerksamkeit und mit ehrfurchtsvollem Kopfneigen gelesen wurde; während des Liedes vom Herrn Doktor Philosophiae Nummer zwei, schien er mit Aufmerksamkeit zuzuhören. Den Bemerkungen gegen Wagner nickte er seine Beistimmung zu, meine Entgegnung gewann ihm nur ein verächtliches Achselzucken ab; dabei hielt er sein Heft immer in der Hand, bis die Frau Doktor Philosophiae ihn frug: „Sie haben da gewiß wieder neue kostbare Lehren für die musikalische Welt niedergeschrieben." Er erwiderte nachlässig, „er habe einige zerstreute Bemerkungen über den Vortrag Beethoven'scher Sonaten zu Papier gebracht;" von allen Seiten erscholl nun ein:

22*

„Bitte, ach, bitte schön, lesen Sie uns." Man brachte einen großen Lehnstuhl, der, wie ich bemerkt hatte, während des ganzen Abends in einer Ecke unbenutzt — als wie für einen besonderen Zweck vorbereitet — geblieben war; der Prophet setzte sich, nahm eine Prise, räusperte sich, legte sein Gesicht in ernste Falten und begann. Der Vortrag enthielt neben manchen sehr geistreichen Bemerkungen das abstruseste Zeug über die Art des Musicirens, des Uebens u. s. w., das mir je vorgekommen. Der Mann sagte, er ginge von den Kunstprinzipien aus, und predigte das reine Handwerk, so z. B. daß, wer ein bedeutender Clavierspieler werden wollte, seine Finger immer, selbst wenn er nicht an dem Instrument säße, in Bewegung erhalten müsse! Daß alle Zuhörer sich mir in förmliche Ertase versetzt gebehrdeten, erschien mir nach den an dem Abende bereits gemachten Beobachtungen vollkommen erklärlich, vielleicht wäre es auch von meiner Seite das Klügste gewesen, mich begeistert oder doch wenigstens belehrt zu stellen; das war mir aber nicht möglich, vielmehr fühlte ich mich gedrungen, einigen hämischen Bemerkungen über die Vorträge des Meisters, den ich am höchsten verehrte, entgegenzutreten. Der Prophet, der wahrscheinlich nicht an Widerspruch gewohnt war, glaubte Anfangs, einige leichthin abweisende, fast im verachtenden Tone gesprochene Worte würden genügen, um mir, den er als einen vorlauten Jünger zu betrachten schien, Schweigen aufzuerlegen; doch überzeugte er sich bald von seinem argen Irrthum. Aus einem salbungsvollen Pro=

pheten wurde nun mit einem Male ein grober Polterer, und ich fand es am angemessensten die Gesellschaft zu verlassen.

Ein junger Pianist, den ich als einen feingebildeten und unabhängigen Mann einige Tage früher kennen und schätzen gelernt hatte, geleitete mich nach Hause. Ihm drückte ich unverhohlen das Erstaunen über all' die unerwarteten Dinge aus, die ich so eben in einer Gesellschaft von Künstlern und Gelehrten erlebt, wo Jeder Einzelne hochachtbare Eigenschaften zu besitzen schien. Lächelnd hörte der Begleiter mein Klagelied eines Getäuschten und meinte dann: „Sie haben wahrscheinlich aus dem, was Ihnen in der Ferne von den musikalischen Schöpfungen und Leistungen dieser Herren bekannt wurde, auf ihre Persönlichkeit und gegenseitigen Beziehungen geschlossen. Was die erstere betrifft, so ist sie wie wohl in allen Ständen ganz unabhängig von dem Berufe zu beurtheilen und es steht mir als hier Ansässigem nicht zu, über den Charakter des einen oder andern der Künstler, die wir eben verließen, ein Urtheil auszusprechen. Was aber die Beziehungen betrifft, so werden dieselben durchaus nicht von künstlerischen Motiven bestimmt, sondern von gesellschaftlichen; die Stellung bei Hofe, die Gunst des Adels, in letzter Instanz des konservativen oder liberalen reichern Bürgerthumes, ja selbst die pekuniären Verhältnisse jedes Einzelnen sind maßgebend für die Beachtung die ihm seine Kunstgenossen schenken. Dies schließt jedoch nicht aus, daß sie dem gegenseitigen Neide und der Mißgunst bei jeder Gelegenheit Befriedigung gewähren, und in den Theater- und Musikzeitungen einander, so oft es nur geht und nicht immer in der feinsten Weise, angreifen. Die Entrüstung welche Ihre Bemerkung bezüglich der Anknüpfung künstlerischen Urtheils an politische Prinzipien beim Kapellmeister hervorrief, war Ihnen unerklärlich; ich kann Ihnen einiges Licht darüber geben. Der Herr Kapellmeister hatte in Erfahrung gebracht, daß eine hohe Dame den Amaranth des Herrn von Redtwitz, dieses zuckerwässerigen verseschreibenden Neu-Katholiken, mit besonderer Liebe liest und hat aus diesem Werke den Text zu einer Oper zusammengestoppelt, die er an unserer Bühne aufführen zu lassen und womit die frommen Hofseelen ebenso zu begeistern gedachte, als Wagner es mit seinem hyperplatonischen „Lohengrin" that. Nun hat er einzelne Bruchstücke vor einem kleinen auserwählten Kreise zu Gehör gebracht uud selbstverständlich ungemessenes Lob geerntet; fast unmittelbar darnach aber erschien in einer Zeitung, die ihn schon seit einiger Zeit befehdet, eine ziemlich detaillirte Darlegung des Textes und der Musik; darin wurde unter anderm auch bemerkt, die Hauptarie des Waldemar gliche auf ein Haar dem Liebesliede des Herrn Kapellmeisters, zu dem er ebenfalls selbst den Text gedichtet und das noch vor einigen Jahren von allen empfindsamen, männlichen und weiblichen, Dilettanten mit Vorliebe gesungen wurde, bis auch diese endlich ersahen, daß die Anfangsphrase des

Liedes, dem Terzette aus der Straniera von Bellini, die Mittelphrase aus dem Finale des Duo zwischen Melchtal und Tell entnommen ist. Der Artikel endete fast mit denselben Worten, mit denen Sie die österreichische Regierung gegen die alberne Zumuthung, daß sie die Aufführung Wagner'scher Opern aus politischen Gründen verbieten würde, vertheidigten; der Herr Kapellmeister mochte doch glauben, daß Sie jenen Artikel gelesen haben, und ihn direkt beleidigen wollen."

„Aber", wandte ich ein, „Nichts berechtigt ihn, mich einer derartigen Ungezogenheit fähig zu halten; eine Bemerkung, wie die meinige, lag so nahe, daß man sie wahrlich nicht erst aus einem Journale schöpfen muß."

„Ganz richtig," lautete die Antwort, „aber die beleidigte Eitelkeit denkt und prüft nicht; zudem war auch der Moment, in welchem die Discussion stattfand, ein dem Kapellmeister besonders unangenehmer; Sie müssen wissen, daß die meisten Glieder der heute versammelten Gesellschaft einander nicht ausstehen können; der Kapellmeister sucht schon lange des Hofkapellmeisters Stelle zu erlangen, und es dahin zu bringen, daß dieser pensionirt werde; dies ist dem Betreffenden natürlich nicht unbekannt; Jeder sucht sich eine Parthei im Orchester zu bilden, wodurch die unangenehmsten Spaltungen und unbehaglichsten Verhältnisse zu Tage gefördert werden. Die Doctoren der Philosophie sind insofern bei diesen Intriguen betheiligt, als sie für Journale schreiben, jede Parthei sucht ihre Gunst zu erlangen; der Compositeur des Liedes, das heute die Frau Musikdirektor sang, ist Berichterstatter an einem einflußreichen Blatte, und daraus erklärt sich's, warum die Zuhörer so entzückt waren. Im Grunde bin ich überzeugt, daß jenes Lied einem Jeden ebenso mißfallen hat, wie Ihnen und mir. Der Hausherr ist ein braver Mann, der es mit Niemandem verderben möchte, und daher nie eine entschiedene Meinung auszusprechen wagt; er weiß auch, daß die meisten Herren und Damen, die Sie heute bei ihm gesehen, sich in seinem Hause nur versammelt haben, um Sie, den neuen Pianisten, kennen zu lernen, der, wie die Fama bereits verkündigt hatte, im nächsten Hofconzerte mitwirken soll, daher besonders protegirt sein muß. Ein derartiges ungewöhnliches Ereigniß bringt einige Bewegung in die Gemüther und erweckt eine momentane Vereinigung heterogener Elemente; man will doch erfahren, ob der neuangekommene Virtuose etwa die Absicht hegt, sich hier niederzulassen, Unterricht zu ertheilen, oder was er sonst für Zwecke anstrebt, um zu wissen, durch was für Mittel man ihm am besten entgegenwirken könne; stellt es sich heraus, daß er blos auf der Durchreise begriffen ist, so beurtheilt man ihn nach der Geschicklichkeit, mit der er sich in die Verhältnisse zu schicken weiß, und hat er die Stadt verlassen, dann ist der Sturm im Glase Wasser vorüber; derartige Verhältnisse sind in Deutschland überall zu finden; in kleineren Städten treten sie schroffer hervor, in größeren verschwinden sie unter der Masse wichtigerer Angelegenheiten. Ich kenne zwei Residenzen, eine größere und eine kleinere, die selbst in Zeitungen aller Gattungen als eine Art von Paradies für Musiker gepriesen werden, weil die Regenten sich für unsre schöne Kunst besonders interessiren; ich mag mich irren, aber es scheint mir, als ob die daselbst ansäßigen Tonkünstler — mit wenigen Ausnahmen — sich nicht so sehr durch ihre — unbestreitbar ausgezeichneten — Leistungen am Hofe und im Publikum in Gunst zu setzen und zu erhalten suchten, als durch Ränke und Kniffe aller Art, wobei Hofintendanten und sonstige Beigaben bewußt oder unbewußt mithelfen. Das freieste und anregendste Künstlerleben herrscht noch immer in Leipzig; zwar steht es nicht mehr auf der Höhe wie zur Zeit, als Mendelsohn und Schumann dort wirkten; zwar macht sich hie und da ein Professoren-Kasten-Geist geltend, der auch das Publikum insofern beeinflußt, als es von dem Glauben ausgeht, jeder Künstler müsse das Diplom seiner Meisterschaft erst aus Leipzig holen; über das Conservatorium und seine Richtung ließe sich Manches sagen; aber bei allem dem hat Leipzig das vor allen Städten, wo Musik gepflegt wird, voraus: daß der deutsche Künstler dort mehr als irgendwo zum Bewußtsein seiner Pflicht, seiner Mission gelangt."

Die letzten Worte klangen etwas fremdartig und geschraubt und ich konnte mich der Bemerkung nicht erwehren, daß man jetzt überall nach mystischen Bedeutungen suche, damit aber nirgend einen Uebelstand heben wird, und daß, wenn die Herrn Tonkünstler sich in In-

triguen gefallen, das Bewußtsein ihrer Mission sie schwer=
lich davon abhalten dürfte. Doch mit ungewöhnlichem
Ernste unterbrach der junge Mann meine Rede und
sprach: die Mission des Musikers ist nicht blos eine künst=
lerische, sondern auch eine gesellschaftliche; wenn er die
Stellung begreift, die sein Talent ihm angewiesen hat,
dann wird er auch Nichts unternehmen, was dieser
Stellung unwürdig ist; aber zuvor muß er über das
Wesen seiner Kunst klar geworden sein, denn Das unter=
scheidet ihn vom Handwerker, der nur über die
beste und leichteste Art des Erwerbes nachdenkt. Diese
meine Worte — endete er — mögen vielleicht eben=
falls mystisch klingen, doch mich dünkt, die Zeit ist nicht
fern, wo sie Ihnen verständlich sein werden. Dann
schied er mit einem verbindlichen Compliment über meine
künstlerische Begabung und mit der Behauptung, daß auch
ich noch zu den berufenen Missionären gehören werde.

Meine weiteren Erlebnisse in * sind nicht besonders er=
heblich; ich spielte in einem Hofconzerte, das sich von
den gewöhnlichen dieser Gattung nicht unterschied, mir
aber — es war das erste in dem ich mitwirkte — über=
aus langweilig vorkam; dann veranstaltete ich eine
Matinée, die von keinem namhaften Künstler unterstützt
ward, weil keiner sich die Feindschaft des Kapellmeisters
und der anderen Herren — deren Ungnade seit der be=
schriebenen Soirée auf mir lastete — zuziehen wollte;
hierauf ging ich nach der großen Stadt *.

Obwohl nun die Erfahrungen meines ersten Aufen=

thaltes in einer deutschen Residenz, sowie die Mittheilungen jenes Pianisten wohl geeignet waren, meine sanguinischen Erwartungen für die Zukunft herabzustimmen, so kam ich doch voll schöner Ideen und Hoffnungen nach*. Denn dort wo so viele, so große Meister aller Künste und Wissenschaften wirkten, mußten kleinliche Nebenrücksichten, von denen sich weniger hochstehende Künstler vielleicht leiten ließen, ganz in den Hintergrund treten. Dort mußte ich Anregung, Belehrung, dort die hohe peripatetische Schule der Neuzeit finden.

Es gibt noch viele Leute in Deutschland, die sich für unabhängig, wie sie das nennen, halten, wenn sie grob sind; Andere glauben durch schmeichlerisches, höfisches Benehmen, Bildung und den Umgang mit höheren Ständen zu beurkunden. Dieser Umstand mag daraus herzuleiten sein, daß es in Deutschland überhaupt keinen Gesellschaftston giebt wie in Frankreich und England, wo Jeder, gleichviel wessen Standes und Ranges er ist, sobald er in eine Gesellschaft tritt, denselben allgemein geltenden Gesetzen der Convenienz unterworfen ist, auch gleichsam unter ihrem Schutze steht, während daß wir es bei uns täglich erleben, daß Hochstehende alle Gesetze des Anstandes und der Höflichkeit verletzen, und doch keine Verantwortlichkeit dafür zu tragen haben, was mehr Haß und Grimm im Volke hervorruft, als politische Uebergriffe, die nicht so unmittelbar in die Augen springen. Wie dem auch sei, jene beiden Gattungen der Pseudo-Unabhängigen, Pseudo-Feinen sind in Deutschland am meisten zu Hause, am meisten unter den Musikern, und unter den Musikern am meisten in der großen Residenz *.

Gleich bei den ersten Besuchen, die ich den bedeutendsten Musik-Professoren, Direktoren u. s. w. abstattete, fiel es mir ein, daß alle die, an welche ich durch einen großen Herrn oder reichen Banquier empfohlen war, sich besonders liebenswürdig und dienstbereit zeigten, während daß der Empfang Jener, bei denen mich nur die Empfehlung einer Sommität in Kunst und Wissenschaft einführte, eine unendlich kühle und vornehm-zurückhaltende war; ja es schien manchmal — wenigstens ließen es unwillkührlich entschlüpfte Aeußerungen vermuthen — daß Manche dieser Herren den mich empfehlenden Kunstgenossen zu weit unter sich stehend betrachteten, um ihm ein Urtheil oder dies Recht zur Empfehlung zuzugestehen; nur wo diese von einem besonders einflußreichen Mitgliede einer befreundeten Clique ausging, ward eine Ausnahme gemacht; hie und da wurde auch Einer weniger zurückhaltend, ja fast freundlich, wenn ich zufällig die Leistungen eines Tonkünstlers tadelte, den er ebenfalls nicht leiden mochte. Kam das Gespräch auf Kunstfragen, so vermieden die Liebenswürdigen jede freie entschiedene Meinungsäußerung, lobten kühl, wo sich die allgemeine Meinung noch nicht günstig ausgesprochen hatte, tadelten aber auch vorsichtig und wußten immer den Schein eines gemüthlichen Wohlwollens für alle Menschen zu wahren. Dagegen versäumten die sogenannten Unabhängigen, von denen ich bereits gesprochen, oder solche, die mir gegenüber eine besondere Rücksicht nicht zu wahren hatten, keine Gelegenheit, um hinter dem Schilde der Kunstkritik die wüthendsten Angriffe auf die ihnen mißliebigen Persönlichkeiten zu richten und alle ihre Privatverhältnisse aufzudecken. Es gab in der Stadt mehrere musikalische Kunstinstitute, mit mehr oder weniger hochtönendem Namen, deren jedes die einzig wahre künstlerische Richtung zu vertreten behauptete und deren Direktoren, ein Jeder für sich, das alleinige Monopol des Verständnisses klassischer Musik, insbesondere aber der Werke Beethovens und Bachs beanspruchte und alle die Anderen für Ignoranten und Intriganten erklärte. Da erfuhr ich denn bei einer Diskussion über die Aufführung der neunten Symphonie durch die *sche neue Akademie, daß ihr Direktor sich seinen Theebedarf von den jungen Damen schenken lasse, die er bei den Concerten in die vordersten Reihen der Mitwirkenden stellte, und daß der Professor B. die Tochter seines Schneiders unentgeltlich unterrichtete, um in dieser Weise die Rechnungen für gelieferte Kleider zu tilgen; eine Variante in dem Vorspiel der Bach'schen Passionsmusik, welche der Dr. H. aufgefunden hatte, bot seinen Gegnern Gelegenheit, alle Passionen des unberufenen Neuerers zu besprechen, wobei der heftigste unter ihnen, ein berühmter Professor, sich in der Skandalgeschichte der Hauptstadt ebenso eingeweiht zeigte, wie in der Geschichte der Tonkunst. Meine Herren Collegen, die Clavierspieler blieben hinter den Musik=Direktoren=Professoren=Doktoren= und sonstigen =oren natürlich nicht zurück und entwickelten in der médisance noch größere Virtuosität als auf ihren Instrumenten; Liszts kühnste Combinationen und Thalbergs schwierigste Arpeggien=Passagen wurden von den genialen Wendungen und den kontrapunktistischen Ueber= und Unterstellungen übertroffen, welche die beiden Pianisten, die um die Gnade des Hofes buhlten, gegeneinander componirten oder auch in freien Phantasien erfanden. So ging es durch alle Schichten der Musiker, bis herab zu den Gartenorchestern und ihren Direktoren, die sich gebehrdeten, als hinge der Erfolg mancher neuen Composition von ihrer Protektion ab; sie betrachteten sich als die Geschmacksquästoren und diese hohe Meinung beruhte nicht ganz auf selbstüber= schätzendem Irrthume; denn es gab nicht wenige fremde Künstler, selbst mit berühmtem Namen, die um der Einnahmen willen, die in den Gartenlokalen stets lukra= tiver ausfielen, als in einem speziell für Kunstwerke errichteten Concertsaale, manchem Direktor, der nicht im Stande war aus einer Partitur zu dirigiren, den Hof machten und sich nicht entblödeten, unter seiner Leitung ihre Kunst abwechselnd mit Taschenspielern, Clowns, spanischen Tänzerinnen, vielleicht auch mit irgend einer besonders merkwürdigen Mißgeburt zu produziren; selbst ein sehr berühmter Meister lief nach einem vielbesuchten Gartenlokale, wo seine Ouverturen 2c. aufgeführt wurden, um mit dem lieben Herrn Kapellmeister über Tempi und Vortrag Rücksprache zu pflegen. So ward in der Stadt, die von ihren Einwohnern als Tempel klassischer

Tonkunst bezeichnet wurde, der ohnehin sich immer mehr und mehr spreitzende Dilettantismus in jeder Weise befördert und ausgebreitet, denn nicht allein, daß so viele Künstler im Concertsaale dem herrschenden Modegeschmacke huldigten, so suchten sie den Dilettanten auch dort auf, wo dieser den wohlfeilsten Vergnügungen und nicht den Kunstgenüssen nachgeht. Diejenigen Musiker endlich, welche aus Prinzip oder aus Ostentation den entgegengesetzten Weg einschlugen, waren bei ihrer Erklusivität nicht geeignet, der wahren Kunst einen Dienst zu leisten.

Ueber derartige Beobachtungen verlor ich alle Lust zu weiterer Bekanntschaft mit den musikalischen Kreisen und fand es viel bequemer, die adelige Gesellschaft, die mich bei meiner Ankunft sehr freundlich aufgenommen hatte, wieder aufzusuchen; unter den jungen Cavalieren und Gesandtschaftsattachés gab es Viele, die sich mit Musik beschäftigten und sich immer sehr dankbar erwiesen, wenn ich ihnen ohne vorausgepflogene Besprechung oder eingegangene Verpflichtung während eines Besuches Anweisung über den Vortrag der Modestückchen gab, mit denen sie in ihren Kreisen glänzten; ein Herr von Holström von der schwedischen Gesandtschaft, ein sehr geistreicher und liebenswürdiger Mann, bezeugte mir Erkenntlichkeit und Theilnahme bei jeder Gelegenheit. Er brachte mich in die Gesellschaft, wo man sich vor Allem amüsiren will, vermittelte meine Bekanntschaft mit den Mitgliedern der Hofbühne und war der Anreger eines seltsam-eigenthümlichen Abenteuers, dessen Erinnerung die widersprechendsten Empfindungen in mir hervorruft, das ich nicht vertheidigen, nicht beschönigen und doch — auch nicht bereuen kann.

Von all den jungen Damen am Theater, denen die Männer am meisten huldigten, war die erste Tänzerin, Lina Wohlmuth die ich schon im Beginn ihrer Laufbahn in Wien gekannt hatte, die interessanteste und originellste. Sie konnte nicht schön genannt werden, und doch siegte sie über die meisten Rivalinnen durch die Zierlichkeit des Wuchses, durch die liebenswürdige Anmuth ihrer Gesichtszüge und den klaren, schalkhaft=gutmüthigen Blick des lebhaften braunen Auges. In ihrem Tanze befolgte sie nicht immer die Regeln der Choreographie, hie und da auch nicht die des Anstandes und doch rügten selbst die strengsten und prüdesten Richter dies an ihr weniger, denn jene Fehler entsprangen nicht aus der eckelhaften raffinirten Lüsternheit, welche heutzutage so vielen Tänzerinnen Gegenstand des Studiums zu sein scheint und durch welche die Pepita Oliva so viele keusche Norddeutsche in Ertase versetzte, sondern aus dem Uebersprudeln einer gesunden, derben Natur, die im übermüthigen Vergnügen an der eigenen Kraft und Elasticität Regel und Maaß vergißt; auch traf sie dieser Tadel nur in den leidenschaftlich=bewegten Tanzfiguren, in den ruhigen Pas erschien Lina musterhaft und natürlich anständig, wenn sie es auch nie zur Grazie bringen konnte. Wie im Tanze, so erschien dies sonderbare Mädchen auch im Leben übermüthig ausgelassen, wo etwas ihre

Sinne an- oder aufregte, und doch auch wieder oft bescheiden, ja fast zartfühlend. Sie stand schon seit einiger Zeit in vertrautem Verhältnisse zu einem ältlichen reichen Banquier; blühende und reichere Bewerber um ihre Gunst bemühten sich vergebens; sie betrachtete den alten Mann als ihren aufrichtigsten Freund, der sich in ihrer Nähe zufrieden und glücklich fühlte, und war fest entschlossen, sich nie von ihm zu trennen, so lange er ihren „Herzensneigungen" wie sie es nannte, und die sie ihm immer offen bekannte, keine Hindernisse entgegen setzte, und da alles dies — schon durch ihre eigene geschwätzige Aufrichtigkeit — allgemein bekannt war, und auch ihre überquellende Herzensgüte sich überall bewährte wo es galt, Leiden zu mildern, hilfreiche Hand zu bieten, so genoß sie im Publikum größere Achtung und Theilnahme, als die meisten ihrer gebildeteren und schöneren Colleginnen.

Ich lernte Lina in einer von der ersten Liebhaberin veranstalteten Abendgesellschaft kennen, wo ihr gesundes derbes Wesen gegen den gespreizten und fein-vornehm-sein sollenden Ton der Anderen seltsam abstach und mich lebhaft interessirte. Sie begrüßte mich als Landsmann mit Herzlichkeit und Wohlwollen. Daß ich ihr gegenüber ruhig, fast gleichgültig blieb und sie — um ihre Worte anzuführen — nicht mit faden Schmeicheleien plagte, war vielleicht der erste Grund ihrer Neigung für mich. Ich besuchte sie öfters und der Umgang des reizenden Mädchens, das den Mangel an Bildung durch so viele

Vorzüge des Herzens und Geistes ersetzte, wurde mir zuletzt unentbehrlich. Doch verging eine lange Zeit, ehe unsere Beziehungen so vertraut waren, wie sie die Welt, vorzüglich die Damen vom Theater, gleich vom Anfange her bezeichnet hatten. Obwohl Lina mir ihre Neigung nach einigen Wochen unserer Bekanntschaft zu erkennen gab und ich sie aufrichtig und herzlich liebte, so hielt eine eigenthümliche Scheu meine Leidenschaft in Schranken; es war mir immer, als stände der Schatten des alten Banquiers zwischen mir und ihr, und ich konnte nicht umhin, ihr das einzugestehen. Sie lachte mich aus und bewies mit ihrem gesunden und scharfsinnigen Urtheile, wie falsch die sogenannten delikaten Rücksichten der feinen Welt seien. „Wenn ich", meinte sie, „die Gemahlin meines alten Freundes wäre, dann würden wohl die Wenigsten Gewissensskrupel fühlen, sich in seinem Hause einführen zu lassen, sein Vertrauen zu erschleichen, meine Gunst zu erstreben und die Ehe zu entweihen. Aber weil man nicht mysteriös romantisch zu Werke gehen muß, weil ich meine Neigung offen bekenne und dabei den Freund nicht betrügen will, erscheint ein Verhältniß mit mir manchen zartfühlenden Seelen unmoralisch." Solche Raisonnements waren wohl geeignet, mich zu bestimmen, daß ich den selbstauferlegten unerträglich lastenden Zwang abwarf; ich überließ mich der Neigung zu dem liebreizenden Mädchen und fand in ihr nicht bloß eine Geliebte, sondern auch eine sorgsame Freundin, die mich überall zur praktischen Thätigkeit an=

zuspornen suchte. Freilich vermied sie es, mich daran zu erinnern, daß ich eigentlich um einer Kunstreise willen, nach Deutschland gekommen war, und daß ein langer Aufenthalt in einem und demselben Orte mich vom Ziele ganz entfernte; wenn sie aber einerseits, um mich nicht zu verlieren, Alles aufbot, solche Gedanken von mir ferne zu halten, so versäumte sie doch keine Gelegenheit um mir anzudeuten, wie ich meine Stellung und vielfachen Connexionen in der Hauptstadt auf ersprießliche Weise benützen, wie ich meinen Haushalt einrichten, was ich vermeiden sollte. Obwohl sie immer liebreich und freundlich war, nie einen Vorwurf hören ließ, konnte ich aus unwillkürlichen Bemerkungen entnehmen, daß mein Hang zur Verschwendung sie schmerzte; gar oft warnte sie mich in schüchternen Worten vor dem Umgange mit den jungen Cavalieren, der große Ausgaben nach sich zog, und versuchte allerhand kleine Manöver, um Ordnung und Oekonomie in meinen Haushalt zu bringen. Ja selbst auf meine künstlerische Thätigkeit suchte sie einzuwirken; mit ihrem gesunden Sinn begriff sie, daß eine gewisse Regelmäßigkeit auch in der geistigen Arbeit von unermeßlichem Nutzen sei, und meinte eines Tages, als ich über Unlust zum Studium klagte, die mich schon seit einigen Wochen beherrschte, ganz naiv und derb: Da man nie sicher ist, etwas ordentliches hervorzubringen, wenn man sehr gut aufgelegt ist, so soll man sich gewöhnen, auch dann zu arbeiten, wenn die Lust nicht da ist. Ich fühlte mich immer mehr und mehr an das gute Mädchen gefesselt und obwohl ich gar oft den Entschluß faßte, dies Verhältniß aufzugeben und die Stadt zu verlassen, so fanden sich immer Gründe, welche die Ausführung dieses Vorhabens verschoben. Ich trug mich mit allerlei Plänen, die erst zur Reife gedeihen sollten, bevor die Weiterreise unternommen ward. Vorzüglich einer dieser Pläne war es, von dessen sicherem Gelingen ich mir die glücklichste Wirkung auf meine zukünftige künstlerische Laufbahn versprach und zu dessen vollkommener Durchführung es mir als das geeignetste Mittel erschien, für eine Zeit lang die öffentlichen Produktionen aufzugeben und in der großen Stadt, unbemerkt und ungestört, in der Nähe einer lieben theilnehmenden Freundin zu studiren und zu schaffen.

Es war nämlich durch Vermittlung eines hohen Gönners ein Musikverleger in nähere Beziehungen zu mir getreten und zeigte sich geneigt, meine Compositionen zu veröffentlichen und beziehungsweise anständig zu honoriren. Ich wollte die Gelegenheit benützen, um neben den brillanten und leichteren zum Verkaufe berechneten Stücken, wie sie eben der Verleger für sein Geschäft braucht, auch ein tüchtiges Werk in die Oeffentlichkeit zu bringen, das meinem Namen unter den Künstlern einen guten Klang verleihen könnte. Ich wollte ein Streichquartett schreiben. Die Skizzen waren schon lange entworfen; den ersten Satz hatte ich zur Hälfte bereits ausgearbeitet und einem berühmten Professor gezeigt, der sich darüber, sowie über die Hauptthemen, die alle zur kontrapunktischen Verwendung geeignet waren, sehr lobend äußerte; der Verleger, dem ich den Antrag stellte, die leichteren verkäuflicheren Stücke zu einem niedrigen Preise unter der Bedingung zu überlassen, daß er das Quartett und eine Sonate, die ich ebenfalls bald zu beenden hoffte, unter seiner Firma erscheinen lasse, ging darauf mit einigen Vorbehalten in Bezug auf besondere Umstände ein, wie dies bei derartigen Geschäften üblich ist, und so ging ich denn, da meine Kasse durch gut honorirte Hofconcerte und durch einen Vorschuß des Verlegers für einige Monate versorgt war, entschieden und fröhlich ans Werk. Erst nach dem Erscheinen zweier größerer Compositionen gedachte ich die Virtuosenlaufbahn wieder zu betreten.

Schon war das Quartett dem Abschlusse nahe, die Sonaten ebenfalls zur Hälfte ausgearbeitet; die wenigen Musiker, die sich mir freundlich und wohlwollend bezeigten und denen ich die beiden Tonstücke wies, verhießen mir die glücklichsten Erfolge; ich wiegte mich in den schönsten Hoffnungen; da kam der Schlag, der sie mit einem Male alle vernichtete und mich aus ruhiger künstlerischer Beschäftigung in ein Labyrinth dunkler dornenvoller Irrwege riß.

Ein Brief des Verlegers, für den die Arbeiten bestimmt waren, benachrichtigte mich, daß er zu seinem Bedauern, in Hinweisung auf seine Vorbehalte unsere Uebereinkunft als aufgehoben betrachten müsse. Als triftigen Grund, der, wie er schrieb, auch mir vollkommen einleuchten müsse, gab er die ungünstigen Berichte an, die seit einiger Zeit in Musik- und Theaterzeitungen über meine Leistungen und Kompositionen und über meinen Vortrag, ja selbst über meine Stellung in der Gesellschaft und meine Privatverhältnisse erschienen waren, und die einen so ungünstigen Eindruck hervorgebracht hatten, daß kein Verleger es jetzt wagen dürfte, ein Tonstück mit meinem Namen zu veröffentlichen. Als Beleg zu seinen Bemerkungen sandte er mir einige der erschienenen Berichte ein, damit ich mich überzeugte, wie er nur der äußersten Nothwendigkeit folgend, ja selbst in meinem Interesse handelte, wenn er die Ausführung unseres Uebereinkommens auf eine spätere, günstigere Zeit verschob.

Lange starrte ich auf die verhängnißvollen Blätter, immer wieder und wieder las ich sie, es war mir ein Vergnügen der Selbstqual, all' die Gehässigkeiten so recht ins Gedächtniß zu prägen, und der Ursache nachzugrübeln, die sie wohl hervorgerufen haben mochten. Da war eine Musikzeitung, die meine vor Jahren erschienenen Compositionen, jene morceaux de Salon, welche ich anstatt des Conzertstückes hatte verkaufen müssen, in vernichtender Weise angriff. Obwohl das Urtheil, insofern es mir selbst jedes Talent der Mache absprach, hart erscheinen mochte, war es doch ein vom rein künstlerischen Standpunkte aus berechtigtes; aber dieselbe Zeitung hatte vor nicht langer Zeit eine elende Fantasie des Hrn. Chladini über Verdische Motive mit erstaunlichster Milde besprochen; ja sogar unmittelbar neben der Recension über meine Stücke stand eine andere über eine Opernphantasie, ein Machwerk mit einem abstrusen Titel, das von allen Musikern gleichmäßig verdammt wurde; und doch fand jene Zeitung viel Lobenswerthes darin! Wo war da das Kunstprinzip?! Ein andres Blatt derselben Gattung brachte einen Bericht aus der Stadt, in der ich mich nach der Ankunft in Deutschland zuerst aufgehalten; meine Matinée wurde einer scharfen Kritik unterworfen, das Programm als ein den höheren Kunstansprüchen durchaus nicht entsprechendes bezeichnet; der härteste Tadel jedoch traf den Vortrag einer Beet=hovenschen Sonate, die ich — gar nicht gespielt hatte; An dem Tage des Conzertes selbst war mir die Idee gekommen, anstatt der allbekannten Sonate eine noch nicht öffentlich vorgetragene Tonata von Bach zu wählen; ich hatte dies durch kleine, im Saale vertheilte Zettel dem Publikum angekündigt, und wenn auch nicht jeder Anwesende von der Veränderung unterrichtet war, so durfte ein Musikkundiger darüber unmöglich einen Augen=blick in Zweifel sein — der Kritiker war also gar nicht im Conzerte, über das er berichtete, nur auf diese Weise war sein Mißgriff zu erklären! Eine Theater=zeitung endlich, die sich weniger um meine Leistungen kümmerte, brachte meine Persönlichkeit und das Verhält=niß zu Lina als pikante Episode aus dem Leben einer Tänzerin zur Sprache, und griff dabei den Ruf und das Talent des armen Mädchens in der niedrigsten Weise an.

Wenn derartige Angriffe überhaupt jeden Künstler — und wappnete ihn auch der stärkste Gleichmuth, und stählte ihn auch die Erfahrung langer Jahre — empfindlich treffen müssen, so ist wohl nicht schwer zu begreifen, wie sie mich verwundeten, der ich bisher noch immer die deutsche Kritik als eine Art von Palladium des Rechtes und der Unpartheilichkeit betrachtet hatte, dem eine derartige Taktik des Angriffes so neu war, daß sie ihn ganz widerstandslos machte. Eine Zeit lang blieb ich ganz betäubt; trotz allen Grübelns konnte ich mir eine solche systematische Verfolgung von allen Seiten nicht erklären; nur das wurde mir immer und schrecklich klarer, daß diese Berichte und ihre Folgen eine gänzliche Umwälzung in meinen Verhältnissen bewirkten. Mühe und Zeit waren verloren; mein Geld war zu Ende, ich hatte bereits im Hinblicke auf das Honorar des Verlegers eine Summe entlehnt; in den zwei Monaten, während der ich den Conzertsaal gemieden, war mein Name entweder vergessen, oder nur durch jenen hämischen Bericht im Gedächtnisse der Leute, vorzüglich aber der Musiker aufgefrischt worden; das einzige Mittel, ihn zu Ehren zu bringen, die Veröffentlichung meines Quartetts, meiner Sonate, war mir benommen; denn was Jener schrieb, daß Keiner jetzt wagen würde, eine Composition mit meinem Namen zu verlegen, war leider nur zu sehr gegründet!

Irgend etwas mußte begonnen, und vor Allem die Existenz für die nächste Zeit gesichert werden; ich schrieb an den Freund in Wien, der mich zuerst zur Reise nach Deutschland aufgemuntert hatte, bat ihn um eine kleine Summe, mit der ich die Reise an einige Höfe, an die ich bereits empfohlen war oder werden konnte, zu unternehmen gedachte; einstweilen verkaufte ich Alles nur einigermaßen Entbehrliche, zog aufs Land, und vergrub mich in das Studium der lateinischen Klassiker. Es fiel mir unendlich schwer, denn bei meinem einstigen, so nachlässigen Besuche des Gymnasiums war an eine gründliche Erlernung der alten Sprachen nicht zu denken gewesen; um desto willkommener war die Mühe, die ich nun anwenden mußte; sie brachte einige Ruhe in meinen Geist, und lenkte ihn wenigstens von der Betrachtung über die momentane Lage ab. Mich mit Musik zu beschäftigen, war mir in jenem Zeitpunkte unmöglich, jeder Ton drang mir wie ein Pfeil ins wunde Herz. Lina, die ich durch einige Zeilen von dem Entschlusse, die Stadt zu verlassen, in Kenntniß gesetzt hatte, suchte und frug so lange, bis sie mich in dem kleinen Orte, wo ich wohnte, aufspürte; ihre Bitten, zurückzukehren, ihre Thränen erschütterten mich tief, bestärkten mich aber auch in dem festen Vorsatze, das plötzlich und entschieden gelöste Verhältniß nicht mehr von Neuem anzuknüpfen. Ich versprach ihr wieder nach der Stadt zu kommen, gedachte aber, noch weiter wegzuziehen, und diesmal keine Spur der eingeschlagenen Richtung zu hinterlassen; denn schon der Gedanke, daß Lina meine Lage durchschauen, und mir freundschaftliche

Hilfe anbieten könnte, entschied mich, jedes fernere Verweilen in ihrer Nähe aufzugeben. Glücklicherweise kam ein Brief aus Wien, der jede weitere Sorge für den Moment beseitigte. Der Freund, an den ich mich gewandt hatte, sandte mir einen kleinen Betrag mit dem Bedeuten, daß er selbst, wie ich wohl wissen müßte, kein Sparer, und daher nie im Besitze von Ueberflüssigem wäre; in Bezug auf meine Lage, meinte er, sie wundere ihn nicht, ja er habe etwas derartiges vorausgesehen; hoffentlich würde ich jetzt den Göthe'schen Spruch, den er bei meiner Abreise citirte, besser begreifen und befolgen. Der Ton des ganzen Schreibens war ziemlich kühl. Ich erinnerte mich erst jetzt, daß ich ihm seit meiner Abreise von Wien nur geschrieben hatte, um ein Darlehn zu erbitten; es wäre angemessener, so zu sagen praktischer gewesen, meine Lage weniger trübe zu schildern, und meine Verlegenheit aus irgend einem leichtfertigen Grunde herzuleiten, als die Wahrheit zu schreiben, und einen gemüthlichen Epikuräer in unbehagliche Stimmung zu versetzen. Ich schrieb ihm einige Zeilen des Dankes, sandte ein Wort des Abschieds an Lina und verließ die Stadt.

Mein Weg führte zuerst an den Hof des Nachbarstaates; es war dies einer jener deutschen Höfe, die in Ermanglung eines auf natürliche Machtverhältnisse gegründeten Einflusses, durch sogenannte selbstständige Politik, und durch abwechselndes Kokettiren mit der einen oder der andern auswärtigen Macht, Wichtigkeit zu erlangen suchen, und es auch wenigstens so weit gebracht haben, daß man ihnen hie und da schmeichelt, weil sie zum Verhindern ganz vortrefflich zu brauchen sind. Ich fand bereits einen Konkurrenten für das nächste Hofconcert, ebenfalls einen Pianisten vor, der schon um einige Tage früher, als ich angelangt war, und fast bessere Empfehlungen als ich geltend machen konnte; der Hofkapellmeister seinerseits hatte sich für einen dritten Musiker verwendet, dessen Ankunft nahe bevorstand; der Hofmarschall deutete mir dies Alles an und meinte, es wäre keine Hoffnung vorhanden, mich zur Zeit in dem nächsten, bei den höchsten Herrschaften stattfindenden Concerte zu „placiren," wie er das nannte und rieth mir, entweder zu warten, oder vor der Hand einen Ausflug zu machen, und nach einigen Wochen wiederzukehren. Meine Verhältnisse duldeten keinen Aufschub; ich mußte Geld erwerben. Daß, meine Lage zu entdecken und an die Großmuth von Hofleuten zu appelliren, ein ganz vergebliches Mittel sein würde, lag klar, ich mußte also das mir verhaßteste anwenden, und das, was mir als Künstler nicht gewährt ward, in anderer Eigenschaft zu erlangen suchen. Ich erklärte also, mich nicht aufhalten, auch nicht wiederkehren zu können; dann begann ich leichthin von meiner ehemaligen Wirksamkeit als politischer Schriftsteller zu reden, drechselte, ohne mich im mindesten deutlich auszusprechen, die Darlegung meiner Prinzipien in so geschickte Phrasen, daß der Hofmann glauben konnte, ich stünde noch mit einigen konservativen Blättern in Verbindung; zufällig hatte er auch meinen in einem süddeutschen Blatte erschienenen Artikel über das Dreikönigsbündniß gelesen, er erinnerte sich wohl nicht mehr, daß derselbe in höchst liberalem Sinne abgefaßt war, ihm genügte es, daß er antipreußische Tendenzen enthielt; sein bisher steifes förmliches Benehmen wurde plötzlich überaus liebenswürdig, er bat mich, noch einige Tage zu verweilen, um ihm Zeit zu lassen, daß er irgend einen Weg, mir nützlich zu sein, ausfindig machen könne, und er setzte es auch durch, daß der Hof, anstatt eines eigentlichen Concertes, das vor der Hand gar nicht stattfinden sollte, eine sogenannte Privatsoirée veranstaltete, wozu ich allein eingeladen wurde. Mein armer Collega, der sich in seinen sicheren Hoffnungen auf die unerwartetste Weise getäuscht sah, war wüthend, ebenso der Hofkapellmeister, dessen Protégé in der nächsten Stadt bereits der günstigen Nachricht harrte, und nun ebenfalls unverrichteter Dinge abziehen mußte; sie und ihr Anhang beklagten sich überall laut über die Intriguen, durch welche allein ich als unbekannter und unfähiger Musiker die Berufung an den Hof durchgesetzt haben konnte; andere Musiker dagegen machten mir den Hof, frugen bereits, ob ich bei den hohen einflußreichen Empfehlungen, die mir unzweifelhaft zu Gebote stünden, nicht in der Residenz bleiben wollte, sprachen von Quartettsoiréen, Trios u. s. w. die veranstaltet werden könnten, und die bei der Protektion der allerhöchsten Herrschaften, die gewiß ebenfalls subscribiren würden, erhebliche Einnahmen erzielen müßten. Wie mir bei Alle dem zu Muthe war, weiß Gott! Ich konnte kaum den Abend erwarten, an dem endlich am Hofe dieser musikalische Thee, wie sie es nannten, stattfand.

Ich spielte Phantasien über Motive, die der Herr Hofmarschall als von den allerhöchsten Herrschaften besonders affectionnirt bezeichnete. Während ich ein italienisches Duett mit dem gewöhnlichen sentimentalen Flitter vortrug, summte mir die Melodie aus meinem Quartette im Gedächtnisse, und während meine Hände sich in den abgebrauchten Passagen am Klaviere erging, dachte mein Geist, daß eben jene Melodie viel Aehnlichkeit mit einem russischen Nationalgesange habe, den ich einst von ihr singen gehört, und daß mit der Leidenschaft für jenes Weib all' das Unglück begann, das mich seither nicht verlassen zu wollen schien; und als sich die Ideen so vor mir hin und her kreuzten, war es mir plötzlich, als säße ich in Rußland in ihrem Salon und sie heftete ihre Blicke auf mich, wie damals, als sie noch so schön, und ich noch ein kaum den Knabenschuhen entwachsener, leidenschaftlich liebender Jüngling war; es war mir, als müßte ich diesem Blicke ausweichen, der wie eine glühende Kohle auf meinem Gesichte brannte, aber es gelang nicht, denn die phantastische Vision war zur Wirklichkeit geworden — mir gegenüber saß jenes Weib und starrte mich an, und ich sah, wie ihr höhnender Blick die einst jugendlich-reinen Züge meines Antlitzes prüfte, und die nun von Leiden und geistiger wie physischer Ermüdung frühzeitig gealtert waren. Ich fühlte, wie das Blut aus meinem Herzen schwand, während sie, die böse Dämonin, ruhig und heiter dasaß; es war ein Glück, daß Anastasie sich nicht bei ihr befand, ich hätte sonst die Besinnung verloren. Meine Bewegung, meine Blässe wurden bemerkt; der Hofmarschall kam nach meinem Vortrage auf mich zu, frug nach meinem Befinden und rieth mir zur Entfernung; doch ich gewann die Fassung einigermaßen wieder und schützte einen vorübergehenden Nervenschmerz vor. Ich wurde zu weiterem Vortrage aufgefordert; es gelang mir jedoch trotz aller Anstrengung nicht, die Aufregung ganz zu beherrschen, ich litt Höllenqualen! Während der Pause, als man Thee und Erfrischungen herumreichte, sammelten sich einige Herren und Damen um sie, selbst eine Prinzessin gesellte sich zu dem Kreise, und es entwickelte sich ein lebhaftes Gespräch, dessen Gegenstand meine Person und mein Aufenthalt in Rußland sein mußte, denn ich bemerkte, wie die Herren und Damen so oft den Blick nach mir wandten, und wie sie, die lächelnden Mundes und mit einer ruhigen, würdigen Haltung dastand, fast immer allein sprach, nur durch kurze Fragen unterbrochen, und mit gespanntester Aufmerksamkeit angehört ward. Ohne Zweifel erzählte das böse Weib die Geschichte meiner Flucht aus Rußland, und die damit zusammentreffende Entdeckung eines Complottes und ich — durfte ich — und wäre es selbst zu meiner Vertheidigung gewesen —

ein Wort über unsere früheren Beziehungen reden? Traf mich nicht die gerechte Vergeltung meines Fehltrittes, den ich nach Jahren wieder neuerdings büßen sollte? Doch eine Vergeltung kann dies nicht genannt werden; existirte eine solche, so mußte sie die zuerst treffen, die meine Jugend, mein Glück zerstört hatte. Die Prinzessin kehrte zu den regierenden Herrschaften zurück, und schien ihnen das eben Mitgetheilte wieder zu erzählen. Der Monarch lächelte, allerhöchstseine Gemahlin aber schüttelte wie mißbilligend das Haupt; man forderte mich der Form wegen auch noch zu einem Vortrage auf, und entließ mich dann mit einigen gnädig=kalten Worten. Der Hofmarschall sandte mir am andern Tage das Honorar ohne weitere Förmlichkeit; als ich ihn besuchen wollte, hieß es, er sei auf die Jagd gefahren; nach einiger Ueberlegung sah ich das Nutzlose eines etwaigen Versuches der Aufklärung ein und reiste ab. Wie ich später erfuhr, war meine Vermuthung gegründet; ich gelte noch heute am *schen Hofe als Einer, der den Kaiser Nikolaus ermorden wollte, und es wird sich später noch erklären, wie unglaublich böse jenes Weib handelte, als sie mit der ihr eigenthümlichen Gabe der Ueberredung den Hofleuten diese Meinung beibrachte.

Ich fuhr nun nach X., dessen Hof von wandernden Schriftstellern und Schauspielern vielfach gepriesen ward als Sitz des edelsten Mäcenatenthums, als geistiges Eldorado. Dort gedachte ich freier athmen zu können, und ich weiß nicht, wie mir die abenteuerliche Idee kam, mein Temperament, mein Wesen, meine Ansichten paßten ganz für diesen Hof. Dort wurde ja — so hieß es allgemein — nur das persönliche Verdienst geschätzt, der Künstler nach seinen Leistungen, und nicht nach Neben=Umständen und Aeußerlichkeiten beurtheilt; dort war noch freier Sinn, biedere deutsche Männlichkeit zu finden, dort mußte bei all' meinen Fehlern, doch auch meiner wahren Begeisterung für die Kunst, meinem Freimuthe in allen Dingen, welche die Kunst betrafen, Anerkennung werden. Dort mußte ich ein Asyl finden, konnte mir vielleicht eine ruhige Existenz gründen und die Mittel sammeln, um später, geläutert und gestärkt, den Kampf wieder aufzunehmen. Mit solchen Tannhäuser=artigen Ideen kam ich nach X. Schon die ersten Tage meines Aufenthalts belehrten mich, daß wenn auch vielleicht nicht die Fürsten, doch die Höfe einander gleich seien, und daß ein liberaler Hofschranze nicht um einen Deut mehr tauge als ein reaktionärer. Schleifen und Wenden, Bücken und Schmiegen, Bewundern und Nachbeten, Horchen und Zutragen, den Beliebten preisen, den Mißliebigen verdammen, das sind die Mittelchen, womit man bei dem Einen wie bei dem Andern am sichersten durchkommen mag. Bald ward ich gewahr, daß mir anstatt der Rolle eines büßenden Tannhäusers, die eines musikalischen Philorenus*)

---

*) Philorenus, ein griechischer Philosoph, war bei Dionysius dem Aelteren sehr beliebt. Als dieser, der sich für einen großen Dichter hielt, ihm ein Trauerspiel aus seiner Feder zur Beurtheilung übergab, und Ph. es für ein elendes Machwerk

zu spielen bestimmt war; zum Glücke hatte ich mit einem sehr sanftmüthigen Dionysius zu thun. Es wäre wohl praktischer gewesen, gleich den Andern, zu preisen und Entzückung zu heucheln, aber das wollte ich nicht; an dem Prinzipe, meine künstlerische Meinung nie zu verhehlen, habe ich festgehalten, und werde es nie aufgeben, es ist mein Palladium, und trotz der bringenden Anweisung eines wohlwollenden Adjutanten, dem ich besonders gut empfohlen war, konnte ich es nicht über mich gewinnen, eine leise tadelnde Bemerkung zu unterdrücken, die mir unglücklicher= aber unschuldigerweise doppelte Feindschaft zuziehen mußte; denn was ich tadelte, rührte gar aus einer zweiten Hand, die manchmal die Feder der fürstlichen leitete!

Meine Stellung in X. wurde sehr bald so unbehaglich, daß ich für gerathener fand, das Höfchen zu verlassen. Gleich nach mir kam ein Pianist, der zwar durch keine besondere Eigenschaft — es wäre denn die des lächerlichsten Aufschneidens oder maßlosester

---

erklärte, verdammte ihn der eitle Tyrann zu den Steinbrüchen. Nach einiger Zeit jedoch berief er den witzigen Philosophen, an dessen Gesellschaft er sich gewöhnt hatte, wieder an den Hof, und zog ihn zur Tafel. Kaum war das Mittagmahl vorüber, als Dionysius als Poet zu glänzen gedachte, und den versammelten Gästen seine Gedichte vorzulesen begann. Alle die Hofschranzen waren eitel Lob und Preis, nur Ph., um sein Urtheil befragt, antwortete: „Man schicke mich wieder nach den Steinbrüchen, dort brauche ich wenigstens keine so schlechten Gedichte zu hören."

I. 24

Ueberschätzung und Arroganz glänzte — jedoch als Ausländer, der auf besondere Gastfreundschaft Anspruch hatte, und als ein bereitwilliger Bewunderer alles dessen, was in hohen Regionen vor sich geht, endlich als Ritter der Conception — der spanischen, nicht der musikalischen — auch in X., wo man bei allem Freisinne die Besternten und Betitelten doch ebenso eifrig hoffirte als nur irgendwo, zu hohen Gnaden kam.

Sklave meiner, sich immer schwieriger gestaltenden Verhältnisse, war ich gezwungen, mich noch an zwei Höfen mit Empfehlungsbriefen vorzustellen, um die Paar goldenen Brosamen, die da abfielen, aufzuklauben; doch es wurde mir zuletzt unmöglich, das Leben weiter zu führen; lieber wollte ich darben und verhungern, als noch weiter den musikalischen Schmarotzer abgeben, zu dem freilich manche gar nicht ungeschickte und nicht unberühmte Virtuosen sich besonders qualifiziren. Ein letztes Mal noch wollte ich an die Künstler selbst appelliren, versuchen, ob Einer unter ihnen sich meiner annehmen würde, oder ob jener Schmiedegeselle in Siebenbürgen in seiner Bemerkung über die Zunftverhältnisse auch die der Musiker richtig beurtheilt hatte. Ich befand mich nicht weit von der Stadt, wo der alte Meister wohnte, dessen günstiges Urtheil und Empfehlung auf dem Schlosse Eschbach meinem Vater zu der Unterstützung des Fürsten, behufs meiner Ausbildung in Wien mitverhalf. Der Gedanke, daß der Mann, der mich einst zur musikalischen Laufbahn ermuntert hatte, mir jetzt in einem Momente der unverschuldeten Noth eine hilfreiche Hand bieten würde, erschien so naheliegend, daß ich mir einen Vorwurf daraus machte, den würdigen Künstler nicht gleich, als ich die große Residenz verließ, aufgesucht zu haben, anstatt auf die Gunst der Höfe zu rechnen. Ich gab mich der Ueberzeugung hin, daß wenn er mein Quartett und die Sonate prüfte, sein Rath, seine Verwendung mir die Mittel zur Veröffentlichung dieser Werke, durch die ich mich in der Meinung der kompetenten Richter zu rehabilitiren hoffte, — sie waren ja die sicherste Bürgschaft für mein redliches künstlerisches Streben — verschaffen würde.

Der alte Herr lebte schon seit einigen Jahren von jeder öffentlichen Thätigkeit zurückgezogen, höchst einfach und sparsam, obwohl sein Vermögen ein bedeutendes zu nennen war. Zuerst mußte ich das Verhör einer alten Haushälterin bestehen, die mir mit mißtrauischem Blicke und nicht in den feinsten Ausdrücken zu verstehen gab, es kämen jetzt so viele nobelaussehende Schlucker zu dem Herrn, um Unterstützung zu erbitten, daß die höchste Vorsicht gerechtfertigt sei. Als ich erklärte, den Herrn schon in meiner Knabenzeit gekannt zu haben, und daß ich Nichts beabsichtigte, als ihm einige Compositionen zu zeigen und seine Meinung zu vernehmen, wie vor vielen Jahren auf dem Schlosse des Fürsten Eschbach, wurde sie freundlicher, und meinte, ich könne auf eine gute Aufnahme rechnen, denn der Alte sei nur für alle die jetzt auftauchenden musikalischen Gelbschnäbel — ich citire — unzugänglich, dagegen freue es ihn immer, Jemanden zu sehen, den er von der guten alten Zeit her kannte. Sie ging, um meine Ankunft und mein Anliegen zu melden, kam auch bald wieder herangetrippelt, und flüsterte mir zu: „Er hat sich Ihrer gleich erinnert, Sie sind ja auch ein guter Oesterreicher, gehen Sie nur hinein und —" hier zögerte sie ein wenig, machte aber zuletzt eine Anstrengung und stotterte die Worte — „wenn Sie gerade Etwas bedürfen sollten, so geniren Sie sich nicht, er ist heute guter Laune, und ich werde auch nachhelfen!"

Ein Schatten flog an meinen Augen vorüber, als ich vor den alten Künstler trat — der Geist meiner verlornen Jugend!

Als ich diesen Mann zuerst erblickt hatte, war er schon alt, jetzt fand ich ihn noch vortrefflich konservirt, nur der Blick des Auges erschien stumpfer — was aber war aus mir, dem kecken munteren Knaben, geworden?

Der Alte begrüßte mich lebhaft und begann sogleich von seiner Zeit, seinem Ruhme und seinen ehemaligen Leistungen zu sprechen, die über dem Höllenlärm des jetzigen Clavierspiels vergessen seien. Dann frug er mich, ob ich denn noch seine Compositionen spielte, welcher Schule ich angehörte u. s. w. Ohne meine Antwort abzuwarten, sprang er auf ein neues Thema über, sprach von den verd— Verderbern der Musik, die sich Zukunftsmusiker nannten, die man alle hängen, stäupen u. s. w. sollte, plauderte in diesem Tone etwa eine Viertelstunde, bis er wieder zu seinen Compositionen zurückkehrte. Endlich gelang es mir, das Wort zu ergreifen. In wenigen Worten schilderte ich meine bisherigen musikalischen Leistungen, mein nunmehriges ernstes künstlerisches Streben und endete mit der Beschreibung meiner momentan so traurigen Lage und mit der Bitte, daß er sich meiner jetzt annehmen möge, wie er es einst gethan, als ich nur einiges, jugendliches Talent, und keine Leistungen aufweisen konnte. Damit wollte ich ihm mein Quartett überreichen. Aber wie soll ich die Gefühle beschreiben, die sich meiner bemächtigten, als er, auf den ich mein ganzes Vertrauen gesetzt, vor den ich mit so fröhlichen Hoffnungen getreten war, in kühlem Tone und mit zerstreuten Mienen die Worte lispelte: „Ich hätte Ihnen schon damals sagen können, daß Sie in der Musik kein Glück machen werden; es fehlte Ihnen jede tüchtige Grundlage, das Studium guter Meister u. s. w. Ich wollte es Ihnen auch damals erklären und Rathschläge ertheilen, aber in der Freude über die Pension, welche der Fürst Ihnen bewilligt hatte, und die Sie eigentlich mir verdanken, beachteten weder Sie noch Ihr Vater mich weiter, gingen weg und ließen sich auch nicht mehr bei mir sehen." Ich frug ihn, warum er seine Ueberzeugung nicht in Gegenwart des Fürsten ausgesprochen, und mir nicht die unwiederbringlich verlorene Mühe eines ganzen Lebens erspart habe? „Ja," meinte er, „es hätte wahrscheinlich doch Nichts genützt, der Fürst war auch für

Sie eingenommen, und ich wollte seiner Meinung nicht entgegentreten; so große Herren sind leicht beleidigt." Mit vor Wuth bebender Stimme fuhr ich nun gegen den alten Mann los: "Also aus Respekt vor einem Fürsten halten Sie eine künstlerische Ueberzeugung zurück, und bringen einen jungen Knaben auf falsche Wege. Und wenn ich ein Genie gewesen wäre, und der Fürst die entgegengesetzte Meinung hegte, so schwiegen Sie wohl ebenfalls und ließen mich verkümmern, um einen großen Herrn nicht zu beleidigen? Pfui!" Mit diesen Worten nahm ich den Hut, lief wie ein Rasender, ohne der Haushälterin, die mich zurückhalten und befragen wollte, Rede zu stehen, aus dem Hause und der Kneipe zu, in der ich meine Wohnung aufgeschlagen hatte. Dort erst fand ich meine Fassung wieder, setzte mich in eine Ecke und dachte nach, was nun beginnen? Während ich so grübelte, ohne irgend einen Plan fassen zu können, trat ein Fuhrmann herein, forderte ein Glas Wein und drängte zur Eile, weil er gleich nach X. fahren müsse. Der Name dieser Stadt erinnerte mich, daß dort ein Tonkünstler seit einiger Zeit angestellt war, dem ich einst in Wien einen leicht zu leistenden, aber nützlichen und ehrenden Dienst erwiesen hatte, und der sich damals nur eine Gelegenheit, um seine warme Dankbarkeit bezeigen zu können, wünschte. Seither war er zu Ruf und Ehre gelangt. Und ich machte mir wieder Vorwürfe und schalt mich einen Thoren, daß ich nicht an diesen, der mir einigermaßen verpflichtet war, und die Wechselschicksale des Lebens kannte, zuerst gedacht hatte, anstatt mich an einen alten Mann zu wenden, der schon lange allen Kunstbestrebungen unserer Zeit entfremdet war, und nur mehr für seinen ehemaligen Ruhm Gedächtniß besaß. Bald war ich mit dem Fuhrmann über den Miethpreis eines Platzes in seinem Wagen einig; wir fuhren fast einen halben Tag auf einer Strecke Weges, welchen die Post in wenigen Stunden zurücklegt, mein Wagenlenker plagte mich mit Fragen; ich wußte mir zuletzt nicht zu helfen, als, daß ich so oft er im Schritte fuhr — der Trab gehörte zu den Ausnahmen — abstieg und zu Fuße nebenher ging. Endlich gelangten wir in die Stadt, wo ich einen Freund zu finden hoffte. Um diesen nicht unvermuthet zu überraschen, sandte ich einige Zeilen mit der Andeutung meiner Verhältnisse voraus. Sein Empfang war kalt, gemessen, er bedauerte gar Nichts für mich thun zu können, sprach von jenen bösen Kritiken, die ihn verhinderten, seine Freunde für mich zu interessiren, und als ich ihn bat, meine Composition zu prüfen, entschuldigte er sich mit Mangel an Zeit. Ich aber bat im Geiste jenen Organisten im fernen Südosten aufrichtig um Vergebung, daß ich ihn bisher so sehr gehässig beurtheilt hatte; war er doch ein ganz Fremder, Unbekannter, hatte er mir doch sogar ein Almosen geben wollen! Aber dieser — doch genug!

Ich verkaufte den Rest meiner kleinen Habe bis auf das Unentbehrlichste und begann eine Wanderung in die

Kreuz und Quere, die mehr den Irrfahrten eines kalifornischen Abenteuerers glich, als der Kunstreise eines Virtuosen. Mein ganzes Streben ging dahin, irgend einen Broderwerb zu finden, als Lehrer, als Schreiber in einer Redaktion oder als Commis in einem Musikgeschäfte; aber es gelang mir nirgends. So lange das Glück mich zu begünstigen schien, fanden die Menschen, daß ich dessen nicht werth sei, als das Unglück mich verfolgte, wunderten sie sich, daß Einer mit meinen Talenten in solche Lage gerathen könnte! Oftmals bat ich thränenden Auges, Gott möge mich durch die Ueberzeugung erleuchten, daß ich wirklich für meine Fehler büßte; dann wollte ich ja gerne Alles ertragen und dulden. Aber ich bat vergeblich zu Gott, wie ich die Menschen vergeblich anflehte, und doch verlor ich damals nie den Glauben an den allmächtigen Urschöpfer, an den regierenden Weltgeist! Ich weiß, daß mich gar mancher mitleidig belächelte, selbst Ihren Mienen, Ewald, sehe ich an, Sie denken über meinen Glauben, wie Einer, der seine Ueberzeugungen aus den Büchner'schen und Stirner'schen Schriften geschöpft, und auch kein Unglück und keine Noth gekannt hat. Nun ich habe die Evangelisten des Nichts — die jedoch die christliche Simonie der Geldspekulation mit ihren Aufklärungstheorien nicht verschmähen — so gut studirt als irgend Einer, und ich sage Ihnen, das unbewußte Naturgesetz erzeugt keinen Beethoven und Sie, der Künstler, werden den erkennen, von dem Göthe spricht:

„Im Namen dessen, der sich selbst erschuf,
Von Ewigkeit in schaffendem Beruf,
In jenes Namen, der so oft genannt,
Dem Wesen nach blieb immer unbekannt."

Doch ich kehre zu meiner Erzählung zurück.

Drei Wochen war ich herumgewandert ohne eine Aussicht auf Broderwerb zu erlangen; meine Mittel waren erschöpft, mein letzter Heller ausgegeben — so kam ich nach X. Dort wohnte der Musikverleger, der meine Compositionen veröffentlichen gewollt, aber sich durch die ungünstigen Zeitungs-Berichte zurückschrecken gelassen; ihn gedachte ich anzugehen, daß er mich in irgend einer Weise, gleichviel um welchen Lohn, beschäftige. Gelang mir das nicht, dann hatte meine Wanderung ihr letztes Ziel erreicht, dann blieb mir kein Zufluchtsort als das Grab. Ich trieb mich eine Zeit lang in der Stadt herum, wartete bis es dunkel ward und trat in das Haus, wo sich mein Loos entscheiden sollte.

Der Verleger war eben mit seinen Correspondenzen beschäftigt, und ließ mich ersuchen, ein anderes Mal zu kommen. Auf die dringende Bitte, ihn noch am Abende sprechen zu dürfen, ward ich angewiesen, im Verkaufsladen zu warten. Ich setzte mich in eine Ecke und versank in dumpfes Hinbrüten; erst kreuzten sich eine Menge unklarer Gedanken in meinem Gehirne, Schatten stiegen vor mir auf und huschten vorüber, endlich schien es gar, als spielte ein Orchester — ganz in der Nähe — meine Lieblingsmelodien, doch in eigenthümlicher Weise: die ursprünglich in Dur geschriebenen erklangen in Moll und umgekehrt, was vom Componisten für die Violine bestimmt war, wurde vom Bombardon ausgeführt, eine ganz verstimmte, grell und höhnend klingende Piccoloflöte spielte die fugirte Baß-Passage aus dem Scherzo der C moll Symphonie. — In diesem fürchterlichen Zustande verweilte ich einige Zeit, dann überkam mich eine unendliche Mattigkeit und Schläfrigkeit, ich dachte, sah und hörte nichts mehr. So mochte ich eine Weile dagesessen haben, als eine Hand meine Schulter berührte. Ich fuhr auf — blendende Helle umgab mich, die Gaslampen waren angezündet worden — und vor mir stand ein Mann, dessen ganzer Erscheinung das von oben herabfallende, in seinen langen Haaren und dem dunklen Barte spielende Licht einen geisterhaften Ausdruck verlieh. Ich starrte ihn an — ich hatte solche Züge in meinem Leben nicht erblickt und doch mochte ich schwören, daß mir dieses blasse Antlitz, dieses tief-dunkle Auge, diese edle hohe Stirne nicht unbekannt schien, daß ich sie irgendwo schon gesehen! Ja im ersten Momente war es mir doch, als stünde ein Traumbild und kein lebendes Wesen vor mir, ich rieb die Augen, um mich zu überzeugen, daß ich wachte. Der Mann trat näher, faßte meine Hand und richtete in mitleidigem Tone einige fragende Worte an mich, aus denen ich entnahm, daß er meine ganze Lebensgeschichte bis zur Trennung von Lina kannte. Ich starrte ihn betäubt an und wollte vor Allem seinen Namen wissen; doch er unterbrach mich, wiederholte die Frage: sind Sie Horst? und als ich bejahte, sprach er weiter: Sie scheinen jetzt sehr unglücklich; haben Sie Ihre Compositionen nicht verkaufen können? Mein Staunen, mein Schrecken wuchs; kaum konnte ich ein Nein! stammeln. Und — sagte er weiter — was suchen sie jetzt hier?" In diesem Augenblicke meldete ein Buchhalter, ohne von seinem Pulte aufzublicken, daß der Chef jetzt zu sprechen sei; ich wollte zu demselben eilen, der Fremde hielt mich mit eiserner Faust zurück — Antworte mir schnell Albert Horst — gebot er mit leisem Tone — was suchst du hier? und ich entgegnete — Was ich suche? Leben oder Tod; Er ließ meine Hand fahren und trat vor einen Tisch, wo Schreibgeräth zum allgemeinen Gebrauche ausgebreitet lag; ich begab mich ins Bureau des Chefs.

Alles was ich hier erzähle, war so schnell vor sich gegangen, daß es keinem der Angestellten auffallen konnte; diese waren auch zu sehr beschäftigt, um sich um uns zu bekümmern. Die einen rannten mit Notenpaketen hin und her und theilten sie in die betreffenden Fächer ein. Die Anderen schrieben emsig oder rechneten. Sie alle trachteten ihr Tagewerk zu vollenden.

Meine Unterredung mit dem Musikalienhändler dauerte nicht lange; sobald ich von meiner Lage und meinem Anliegen zu sprechen begann, unterbrach er meine Rede und meinte mit lächelnder Miene, es könne mein Ernst nicht sein, in einem Geschäfte Anstellung zu suchen, in welchem jahrelange Uebung, Sachkenntniß, Fleiß, besonders aber eine Lebenseinrichtung nothwendig sei, welche einem an große Gesellschaften, angenehme Verhältnisse, feinen Tisch und andere sinnliche Genüsse gewöhnten Virtuosen gar nicht zugemuthet werden könne, und welche dieser auch nie ertragen würde. Eine solche excentrische Idee, endete er, mochte wohl in dem Momente unbequemer Lage in mir auftauchen, ich möge sie aber aus dem Kopfe schlagen und auf andere Wege sinnen, die zu betreten mir leichter sein würden, als der eines soliden, aber einförmigen Lebens. Ich wollte noch weiter in ihn dringen, ihm das Verzweifelte meiner Lage genauer veranschaulichen, doch er ward ungeduldig, ließ einige abweisende Worte fallen und trat in den Laden, um sich jedem weiteren Versuche von meiner Seite zu entziehen.

Ich wankte fort, und dachte nicht mehr daran, eine Erkundigung über den geheimnißvollen Fremden einzuziehen.

Vor der Stadt stand eine alte Ruine mit einem hohen Thurme, zu diesem führte mein Weg. Von seiner Zinne aus wollte ich die luftige Reise unternehmen, die mich der Gnade der Menschen entzog und der Gnade Gottes zuführte. Eine Zeit lang schien das Schattenbild einer alten bekümmerten Frau vor mir her zu schweben, ich hörte sogar einmal die Stimme der alten Frau ganz deutlich; sie rief: lebe, mein Sohn, gleichviel wie, aber lebe für die Mutter! Dann vernahm ich auch fernen Ruf von Waldhornen; sie bliesen die Stellen aus dem

Finale der fünften Symphonie und schienen mich zum Vertrauen, zum Dulden und Ausharren zu mahnen. Doch die Noth, die Scham, der Hunger, die Verzweiflung verwirrten meine Sinne, wie ein gehetztes Wild eilte ich voran, der Mond trat aus den Wolken, das Nebelbild zerrann, der Hörnerschall verstummte, ich stand vor dem alten Thurme.

Ein einziger tiefer Seufzer entrang sich meiner Brust: doch darf ich heute ruhig und bestimmt sagen: er galt nicht dem Leben dieser Erde, er galt nur der armen verlassenen Wittwe. Ich kniete nieder und sprach laut ein inbrünstiges Gebet, nicht um Gnade für mich, sondern um Barmherzigkeit für sie, die wohl in dem Augenblicke an den geliebten Sohn dachte, wo er in Schimpf und Schmach untergehen sollte. Noch eine bittere heiße Zähre schlich mir über die Wange, dann kam eigenthümliche Ruhe in mein Herz, die Welt existirte nicht mehr für mich; fest und sicher betrat ich die Stufen. Schon war ich an die erste untere Terasse gelangt, meine Hand faßte das Geländer der steilen Wendeltreppe die zum höchsten Punkte führte, als mich zwei Arme von hinten erfaßten und mit Riesenkraft zurückrissen — und so groß ist der dem Menschen innewohnende Selbsterhaltungstrieb, daß in dem Augenblicke, wo ich ruhig dem selbstgewählten Tod entgegenging, der vermeintliche Angriff eines Anderen auf mein Leben mich aufs höchste erschreckte und ich einen Schrei nach Hilfe ausstieß. Doch eine mir bekannte Stimme flüsterte mir freundlich zu:

Ruhig, es ist kein Feind hier, sondern Einer, der gekommen ist, Sie zu retten. Ich wandte mich erstaunt um, der geheimnißvolle Fremde, den ich im Laden des Musikverlegers erblickt hatte, stand hinter mir. „Ihr Gebet" sprach er, „hat Sie gerettet, sonst kam ich zu spät. Nehmen Sie hier, was ein Freund Ihnen bietet und ermannen Sie sich zu neuem Leben." Er drückte mir ein kleines Paket in die Hand und wollte sich entfernen; ich hielt ihn zurück. „Wer sind Sie, edler Mann," rief ich, „der sich Eines annimmt, den Alle aufgegeben haben?" Und er antwortete: „Ich bin Einer der für die Welt todt ist, und der nur lebt für die Kunst und für — doch forschen Sie nicht weiter, wir sehen uns noch wieder." Damit verschwand er.

Ich wankte wie ein Berauschter nach der Stadt zu. Vor dem Thore stand ein kleines Wirthshaus, dort verlangte ich ein Nachtlager; man führte mich mit mißtrauischen Blicken nach einem Zimmer, schloß die Thüre hinter mir ab, ich sank angekleidet aufs Bett und fiel in tiefen, bleischweren Schlaf.

Spät am andern Morgen erweckte mich die hochstehende Sonne. Ich sprang auf, mein erster Blick fiel auf den alten Thurm, meine Hand griff mechanisch nach dem noch uneröffnet daliegenden Päckchen, dem Geschenke des unbekannten räthselhaften Retters. Als ich die Hülle abriß, fiel eine Rolle von Goldstücken heraus, in ein beschriebenes Notenpapier gewickelt — und auf diesem war die Melodie des Concertstückes geschrieben, das ich in

Wien komponirt hatte und von dem nur wenige Künstler die anonym zugesandte Abschrift besaßen. — Ich erstaunte, begann an eine überirdische Gewalt des Fremden zu glauben, dem Alles aus meinem Leben bekannt war, als der Wirth, gefolgt von einem Gensd'arm, in das Zimmer trat; letzterer verlangte meinen Paß zu sehen, prüfte denselben genau und schien ein Verhör mit mir anstellen zu wollen. Auf meine Erklärung, daß ich, so lange meine Papiere in Ordnung seien, keine weitere Auskunft zu ertheilen habe, zogen die Beiden mit der verdrießlichen Miene getäuschter Erwartungen ab. Jetzt erst war mir klar, warum am verflossenen Abende der edle Wirth die Thüre meines Zimmers abgeschlossen hatte; ohne Zweifel dachte er, daß ihm ein besonders gefährliches Individium ins Garn gelaufen war, dessen Entdeckung und Auslieferung die hohe Behörde ihm besonders hoch anrechnen würde; mich aber brachte der komische Zwischenfall auf praktische Gedanken. Jener Fremde erschien mir nicht mehr als ein überirdisches Wesen, sondern als ein Mensch, der, wie jeder Andere, mit Legitimationspapieren versehen sein mußte. Wahrscheinlich kannte und beobachtete er mich seit längerer Zeit, nahm Antheil an meinem Schicksale und traf mich im rechten Momente, um diesen Antheil thatkräftig zu erweisen. Somit erklärte sich alles. In unseren Zeiten, wo eine gut organisirte Sicherheitsbehörde besteht, muß Alles auf natürlichem Wege vor sich gehen; Wunder sind nicht erlaubt, und hätte es vor achtzehnhundert und so vielen

Jahren tüchtige Polizeikommissäre und pflichttreue Gens=
d'armen gegeben, die Jedermanns Paß abverlangten, so
würde die Welt vielleicht heutzutage sich ohne Heilige
und ohne Concordat behelfen müssen.

Ich eilte die Stadt zu verlassen; mein Plan war,
nach Leipzig zu wandern und dort eine Zeit lang ernsten
Studien obzuliegen. Doch ein neues Abenteuer gab mei=
nem Wege abermals unerwartet eine andere Richtung.

Ich war in X. angelangt, wo sich viele Züge kreuzen.
Es war ein Uhr Morgens und bitter kalt; schlaftrunken
und halb erstarrt schritt ich auf dem Perron des Bahn=
hofes auf und ab. Vor mir her ging ein Mann in
einen Mantel gehüllt; ich konnte zwar seine Gesichtszüge
nicht genau unterscheiden, sie erschienen mir aber denen
eines russischen Gesandtschaftsekretärs sehr ähnlich, welchen
ich in Wien gekannt, dann in X. bei Herrn von Hol=
ström, auch im Hofkoncerte und in den Gesellschaften
der Damen vom Theater getroffen hatte; er war immer
freundlich und theilnehmend gegen mich gewesen. Ich
hätte den Reisenden gerne angesprochen, aber Zeit und
Ort waren für einen Versuch dieser Art zu unpassend;
so wandte ich mich nach dem Büffet, um ein Glas
dessen, was sie dort Kaffee nennen, zu nehmen; in dem
Augenblicke rief Jener seinem Diener einige Worte in
russischer Sprache zu; die Stimme beseitigte jeden Zweifel,
ich hatte mich nicht getäuscht, es war der Vermuthete,
ich eilte ihn zu begrüßen.

Er erkannte mich sogleich und bezeugte ganz außer=

ordentliches Vergnügen über unser unerwartetes Zusammentreffen. „Wo stacken Sie denn immer?" frug er. „Ich habe seit Monaten einen sehr wichtigen Auftrag an Sie. Erinnern Sie sich wohl noch des Freundes in Rußland, bei dem Sie zuerst nach Ihrer Abentüre mit Madame * und Fräulein Anastasia wohnten? Er ist jetzt verheirathet, bekleidet seit etwa einem halben Jahre einen hohen Posten in den Ostseeprovinzen und hat, als er zufällig Ihren Aufenthalt in X. erfuhr, aber Ihre Adresse nicht ermitteln konnte, einen offenen Brief mit Grüßen und der Einladung, ihn zu besuchen, für Sie an unsere Gesandtschaft geschickt, zugleich auch mir aufgetragen, ich möge Sie ja bewegen, seiner Einladung Folge zu leisten. Er sehnt sich sehr darnach Sie zu sehen, hat sich immer sehr für Sie interessirt, war aber eine Zeit lang auf Reisen und konnte nie herausbringen, wo Sie sich eigentlich befanden. Ich habe ja auch vergeblich nach Ihnen gesucht. Sie waren plötzlich aus X. verschwunden und selbst Fräulein Lina, ja selbst die hohe Polizei konnte keine Auskunft ertheilen.

Die Neuigkeiten, die der Gesandschaftssekretär mir mittheilte, waren unerwartet und überraschend genug. Der Mann, den ich in Sibirien wähnte, dessen Namen ich aus Furcht nie vor den Leuten auszusprechen wagte, die allein Kunde seines Schicksals geben konnten, war hoher Beamter in seinem Lande, in Rußland! Ganz kleinlaut frug ich, ob er denn alle Unannehmlichkeiten nun glücklich überstanden hätte, und als der Sekretär

dies Wort nicht verstand, und mich nach allen Um=
schreibungen und Anspielungen endlich ungeduldig ersuchte,
nicht verwirrt, wie ein träumerischer Deutscher, sondern
deutlich in gutem und präcisem Französisch mit ihm zu
reden, faßte ich Herz, und erzählte alle die Geschichten
von Verschwörung und den Gefahren, denen ich selbst
nur durch die Flucht aus Rußland entgangen war.

Ein schallendes Gelächter des Sekretärs unterbrach
mich. Comment? Verschwörung? also aus Furcht vor
Sibirien liefen Sie davon, während Madame * überall
erzählte, Sie hätten Schulden halber das Weite gesucht?
Die ganze Verschwörung bestand darin, daß man dem
armen Teufel von * — hier nannte er einen Mann, der
wegen eines eigenthümlichen, weder politischen noch krimi=
nalen, sondern in die kaiserliche Hauspolitik einschlagenden
Vergehens seit vielen Jahren nach Sibirien verbannt war
— zur Flucht verhelfen wollte. „Unser Freund," erzählte
der Sekretär, „der vielleicht Ihre Unerfahrenheit in poli=
tischen Dingen fürchtete, es auch nicht gerathen hielt,
Sie lange in dem Kreise zu behalten, wo Madame *
noch so viele mächtige Anhänger zählte, sandte Sie zu
seinen Verwandten. Dort lernte Sie der spitzbübische
Grieche, der Spion, kennen, der immer eine Gelegenheit
suchte, sich wichtig zu machen, und einen einträglicheren
Posten zu erhaschen; man hat Ihr Tagebuch gelesen,
wo höchst wahrscheinlich viel phantastisches Zeug gestan=
den haben mag, und hat eine Geschichte zusammengestop=
pelt, die allerdings in den Ohren Uneingeweihter und

Furchtsamer wie die einer Verschwörung klingen, und auch nicht ganz unwahrscheinlich erscheinen mochte, wenn man bedachte, daß einige sehr verdächtige Herrn sich an der Befreiung jenes Gefangenen betheiligen wollten.

Doch unser Freund hatte gar nichts zu fürchten. Bei dem ersten Anzeichen der Entdeckung und Wendung, die man der Angelegenheit zu geben versuchte, wandte er sich direkt an den Kaiser, mit der Bitte um strenge Untersuchung. Aus allen seinen aufgefangenen Briefen und Anweisungen, worin er entschieden jede Betheiligung an einem politischen Unternehmen verweigerte, dagegen sich bereit erklärte, thätige Hilfe zu leisten, um einen armen kranken Verbannten seiner im Auslande lebenden Familie wiederzugeben, erhellte seine Unschuld vollkommen. Unser Kaiser, der immer sehr erfreut ist, wenn ein Unterthan sich direkt an seine Gnade wendet, und den der spitzbübische Spion mit seinen falschen Berichten ennüyirte, befahl, die ganze Untersuchung über etwaige politische Nebenzwecke niederzuschlagen, und nur den Versuch der Befreiung des X. im Auge zu behalten. Die am meisten Gravirten kamen mit einer leicht zu nennenden Strafe davon, unser Freund aber ward der kaiserlichen Gnade mit dem Rathe versichert, er solle einige Zeit lang reisen, und sich dann melden. Wie es scheint, lauteten die Rapporte aus allen Ländern, wo er sich aufhielt, so günstig, daß er unmittelbar nach seiner Rückkehr zu der hohen Stellung berufen ward. Doch der Zug ist bereit, ich muß mein Gepäck besorgen. Also

Sie gehen nach X. Grüßen Sie unsern Freund." Aber — wandte ich ein — ich will ja nach Leipzig — „Diable d'Allemand!" eiferte der Russe, mit Eurem Leipzig und Euren kleinen Nestern! Sie wollen doch endlich zu einer Stellung gelangen, nicht wahr? Nun da gehen Sie vorerst nach Rußland, holen sich dort einiges Geld und Empfehlungen und begeben sich dann nach Paris. Auf diese Weise werden Sie zu Ruf und Stellung gelangen und nicht durch Kunstreisen in Deutschland. Wenn Sie in Paris gefallen, brauchen Sie Leipzig nicht, aber nicht umgekehrt. Sie können in Leipzig Doktor der Musik werden und doch weiß kein Mensch in der Welt Etwas von Ihnen. Doch da fällt mir eben ein, endete er, nach den Ostseeprovinzen führt der Weg über X., wohin ich eben gehe, Sie kommen mit mir — ohne Widerrede."

Aber — bemerkte ich als letzten Einwand — mein Paß ist ja nicht nach Rußland visirt.

„Das übernehme ich" — entgegnete er, und jetzt keine Widerrede mehr, sonst halte ich Sie für einen Schwächling, der Träumereien nachhängt, und das Praktische von sich weist. Unser Freund hat Ihnen gewiß Wichtiges mitzutheilen, sonst würde er sich nicht so sehr nach Ihrem Besuch sehnen."

Was war zu thun? die freudige Hoffnung, nach langer Jahre Trennung einen wackeren Freund wiederzusehen, dessen Schicksal mich manchmal mit banger Besorgniß erfüllt hatte, die Sehnsucht, mich einem künstlerischen aktiven Wirken, während sich in Leipzig doch nur die auf passives bot, endlich die verführerischen und doch nicht ganz illusorischen Hoffnungen, die der Gesandschafts=sekretär durch seine Bemerkungen über Paris, das ich schon seit so langer Zeit zu sehen wünschte, in mir er=weckte, bewogen mich, seinen Antrag anzunehmen. Wäh=rend der Reise erzählte ich ihm meine Begegnung mit jenem bösen Weibe, die trotzdem, daß sie der Wahrheit kundig war, mich dem Hofe als einen ehemaligen ge=fährlichen Verschwörer dargestellt hatte.

Der Russe lachte. „Ihr Deutschen habt doch noch immer sentimentale Ideen. Selbst ein kompleter Roué, wie Herr Horst, der in Jahren, wo andre noch kaum die Maturitätsprüfung überstanden haben, schon die toll=sten Eskaladen ausführte, kann nicht begreifen, was ein rachsüchtiges Weib Alles thun und sagen kann, besonders wo es gilt, einen ehemaligen Amant zu Grunde zu richten; oder hätte sie Ihnen Freude über das Wie=dersehen bezeugen sollen? Das wäre vielleicht bei einer Deutschen zu erklären gewesen, aber von einer russischen Dame ist es nicht zu erwarten."

Die hämische Bemerkung und die eigenthümliche Be=tonung des Wortes Dame erbitterten mich; denn so sehr begreiflich die Geringschätzung andrer Nationen gegen die Deutschen als Politiker, so unerträglich war mir die absprechende Manier, mit der sie, besonders aber die Russen und Holländer, öfters über deutsche Prinzipien der Moral urtheilten. „Herr Graf," entgegnete ich, „mir ist nicht genug bekannt, wie Damen hier und dort ben=

ken und handeln; soviel aber glaube ich fest behaupten zu dürfen, daß eine deutsche Frau einen jungen Mann, der aus dem väterlichen Hause zum erstenmale in die Welt trat, nicht in der Weise zu Grunde gerichtet haben würde, wie es Madame * gethan.

Der Graf schwieg, hüllte sich in seinen Mantel und sprach während der ganzen Fahrt kein Wort weiter. Ich aber bedachte — freilich zu spät — daß es doch vernünftiger gewesen wäre, den Mann, dessen Gast ich war, der mir eine frohe Botschaft gebracht hatte, nicht in dieser Weise abzufertigen, wenn er auch ungebührliche Bemerkungen ausgesprochen hatte.

Wir kamen nach *. Seinem Versprechen getreu verschaffte mir der Graf das Visa für Rußland, behielt jedoch seine stolze, schweigsame Haltung, die sich selbst nach meiner aufrichtigen Bitte: er möge meine Worte mehr als der Erinnerung an meine bitteren Schicksale in Rußland entsprungen, denn gegen ihn gerichtet, annehmen, nur wenig veränderte; da blieb denn auch Nichts, als mich in Gleichgiltigkeit zu wappnen. — —

Mein letzter Aufenthalt in Rußland bot wenig der Mittheilung werthes. Ich fand den Freund wie ehemals, ernst und freundlich, doch weit entfernt, mir besonders Wichtiges sagen zu wollen, wie der Graf angedeutet hatte. Seine dringende Einladung, ihn zu besuchen, entsprang keinen andern Motiven, als daß man ihm meine Verhältnisse in * als bedrängte, das Verhältniß zu Lina als ein meine ganze Zukunft gefährdendes dar=

gestellt hatte, und daß er sich von früher her verpflichtet fühlte, Etwas für mich zu thun, weil meine Flucht aus Rußland, und die daraus entsprungenen Folgen doch nur durch die Ereignisse veranlaßt worden war, die er theilweise angeregt hatte. Er zeigte sogar kein besonderes Verlangen, meine bisherigen Schicksale kennen zu lernen, da, seiner Meinung nach, wir Beide das Alter erreicht haben, wo Rekapitulationen Nichts nützen, und Jeder für seine eigne Zukunft einzustehen hat; doch rieth auch er mir dringend, nach Paris zu gehen. Er war mir bei der Veranstaltung eines Concertes behülflich, und seinem Einflusse verdankte ich großentheils den dabei errungenen, künstlerisch wie pekuniär bedeutenden Erfolg; er verschaffte mir die Empfehlung an die Fürstin Barazimoff, und bewies sich in allen reellen Angelegenheiten thätig und antheilvoll. Nur jener Jugendschimmer des anmuthigen Gebers war von ihm geschwunden; er war ganz Hausvater und hoher Beamter geworden, und sein letzter Rath lautete: ich möge trachten, eine reiche und gescheute Frau zu bekommen, und selbst den Pantoffel nicht scheuen, wenn er mich auf dem rechten Wege hielte. So endete eine Reise, von der ich mir die höchste moralische und geistige Anregung versprochen hatte.

Auf der Fahrt nach Paris besuchte ich Leipzig; dort, unbekannt und verborgen, lebte ich drei Wochen, und schwelgte in künstlerischen Genüssen. Ja wäre mein Entschluß, Deutschland für längere Zeit zu meiden, nicht festgestanden, und wäre dieser Entschluß nicht durch das Benehmen der wenigen deutschen Musiker, mit denen ich während des kurzen Aufenthaltes in den Ostseeprovinzen zusammentraf, noch bestärkt worden, wer weiß, ob es mich nicht an der Stelle festgehalten hätte, wo einst Mendelsohn und Schumann gewirkt haben.

Meine hiesigen Erlebnisse kennen Sie größtentheils. Nur Eines will ich Ihnen noch mittheilen: Wahrscheinlich haben auch Sie von der Scene gehört, die ich im Hause der Gräfin Dormenil hervorgerufen haben soll. Ich kann Ihnen nur sagen, daß gerade das Gegentheil, von dem was hier überall erzählt wird, wahr ist; doch darf ich keine Aufklärung geben, denn jene Gräfin ist ja — doch nein! auch Sie sollen das Geheimniß, das mir auf der Seele lastet, nicht erfahren, dulden will ich und büßen — — — —

10. Capitel.

Worin Horst und Ewalt ihre verschiedenen Meinungen aussprechen. Wer hat Recht? — Vielleicht Beide.

Sie haben, sprach Horst nach einer kleinen Pause, die Hauptmomente meiner Lebensgeschichte erfahren. Lassen Sie mich nun meine Betrachtungen und Ansichten über das Musikleben überhaupt — und über das in Deutschland insbesondere — klar und möglichst gedrängt darlegen.

Unter allen Kunsttalenten ist es vorzugsweise — ja in

mancher Hinsicht ausschließlich — das musikalische, das ohne die mindeste geistige Bildung und Entwicklung, ja selbst ohne die in das eigene Fach einschlagenden Studien über die niedere Stufe der Mittelmäßigkeit, im Reproduzirenden bis zur Virtuosität und, Produktion, d. h. in der Composition, bis zur gefälligen Formirung gebracht werden kann. Daß dem Dichter klassische Bildung unentbehrlich, daß dem Historienmaler, dem Bildhauer, dem Architekten wenigstens ein gewisser Grad von wissenschaftlichen Studien nothwendig ist, braucht wohl nicht erörtert zu werden. Aber selbst der unbedeutendste Bildhauer oder Architekt kennt die Gesetze seiner Kunst oder hat sie wenigstens mit einer gewissen Aufmerksamkeit studirt. Ist er Naturalist, hat er im Anfange nichts gelernt, dann sucht er, sobald sein Talent einigermaßen zur Anerkennung gelangt ist, das Versäumte nachzuholen, vorzüglich aber seinen Geschmack in der Anschauung und dem Studium der Meisterwerke seiner Kunst zu bilden. Wie viele aber von den kaiserlichen, königlichen, herzoglichen und fürstlichen Kammervirtuosen, welche die Welt durchziehen, oder von unseren Modekomponisten, welche alljährlich ihre Albums, ihre gouttes d'eau oder Source oder Fleur de lys, die blauen, braunen oder schwarzen Augen, oder galoppe fantastique und valse excentrique auf den Markt senden, haben eine Idee vom Contrapunkte oder fühlen auch nur das Bedürfniß, sich einigermaßen mit den unsterblichen Schöpfungen unserer Kunst vertraut zu machen? Ja, gibt es nicht viele unter den Leuten, die sich Compositeure nennen, und die geradezu erklären, der sogenannte klassische genre, d. h. die Werke Haydn's, Mozart's, Beethoven's, Gluck's und Bach's erscheine ihnen veraltet und langweilig, und diejenigen, welche in diesem genre arbeiten, machten sich lächerlich?! Selbst aus dem Munde großer berühmter Clavier- und Violinspieler, solcher, die den Namen chef d'école tragen, freilich aber mehr Chef vom Handwerke heißen sollten, habe ich derartige Aeußerungen mehr oder weniger verblümt vernommen. Der Mann, der Bilderbögen zum Koloriren für Kinder zeichnet, wird Raphael, Michael, Angelo oder Rubens nicht geringschätzend beurtheilen, der Steinmetz, der die Grabsteine für Dorfkirchhöfe meißelt, wird nicht unehrerbietig von Thorwaldsen und Canova reden, ohne Hohn und Spott seiner nächsten Umgebung auf sich zu laden; nur in der Musik darf Einer, der ein Paar gutklingende, dem Verleger einträgliche Sächelchen geschrieben hat, es wagen, über die Größen seiner Kunst mit Arroganz und Ignoranz zu urtheilen, und kann immer sicher sein, daß er Leute genug finden wird, die ihm beistimmen; da sind zuerst die würdigen Gleichstrebenden, dann aber auch der Theil des Publikums, dem die Bach'schen Compositionen zu wenig Melodie enthalten, und Beethoven's Sonaten und Symphonien zu lang und zu lärmend sind; und dieser Theil des Publikums ist selbst in Deutschland kein kleiner, wenn er sich auch hier weniger offen zeigen darf; denn wie könnten sonst die Chladini's und Consorten bestehen, die nach dem

Vortrage irgend eines besseren Tonstückes den Rest des Programmes mit ihrem elenden Klingklange ausfüllen, und gerade damit den meisten Effekt erzielen?

Da nun in Deutschland überhaupt mehr musikalische Talente zur Welt kommen als anderswo, da die Musik daselbst auch aller Orten gepflegt wird, und daher ein schnelleres und fast sichereres Erwerbsmittel bietet, als irgend ein anderes — mit Mühe und vorgeschriebenen Lehrjahren verbundenes — Handwerk, so ist es auch natürlich, daß wir in Deutschland mehr als in andern Ländern Leuten begegnen, die außer der Fähigkeit, irgend ein Instrument leidlich zu spielen, keine andere besitzen, als etwa die des Intriguirens und die, in der Bierstube für einen gemüthlichen Kerl zu gelten; es kann ihnen dies eben nicht zum besonderen Vorwurfe gereichen, da auch die höherstehenden Virtuosen, die auf ihrem Instrumente Meisterschaft erlangt haben, meistens außer einem gewissen gesellschaftlichen Schliff keine weitere Bildung besitzen, und gar oft Prototype der Ignoranz sind.

Nun sollte man vielleicht denken, daß bei dieser großen Masse von Musikern doch ein gewisser Gemeingeist anzutreffen sei, nicht etwa die hohe Weihe, die gegenseitige Aneiserung, die einst unter den großen Meistern der bildenden Kunst herrschte, und die noch in unseren Tagen hie und da bei den Gleichstrebenden der verschiedenen Dichter- und Malerschulen zu finden ist; sondern jener esprit de corps, nach der moderneren Bedeutung des Wortes, wo der Einzelne durch eifersüchtiges Wahren der Prärogative seines Standes, vor Allem dem eignen Stolze und dem Selbstbewußtsein schmeichelt, oder auch nur der Zunftgeist, wo jedes Glied der Zunft die einmal in Aufschwung gebrachte Waare im Preise zu halten, oder zu heben sucht. Nach allem dem sucht man vergebens beim deutschen Musiker. Was den Geist der Weihe, der gegenseitigen Anerkennung und Erhebung betrifft, müssen wir die traurige Wahrheit erkennen, daß er in der Ton=Kunst weniger als in jeder andern zu finden ist, daß wir kein Beispiel eines geistigen Bündnisses aufzuweisen haben, wie es zwischen Göthe und Schiller, Byron und Shelley, zwischen Rubens und Van Dyck, wie es in den zwanziger Jahren unter den Romantikern in Deutschland, sowie in der neuen Ma= lerschule in Frankreich bestanden hat. Es scheint, daß das rein subjective Wesen der Musik, wo Jeder nur durch und so zu sagen für sich schafft, solchen innigen Annäherungen zwischen den Individuen nicht günstig sei. Nur so lassen sich die unglaublichen Urtheile bedeu= tender Tonkünstler über Andere, gleich= oder höherstehende erklären, Weber's Satyren auf Beethoven's Symphonien, Cherubini's schroffer Ausspruch über dieselben, die gänz= liche Theilnahmlosigkeit der französischen und italienischen Opernkomponisten gegen die Erzeugnisse der Deutschen. Blaze de Bury erzählt in seinem pikanten Buche musiciens contemporains: Mr. Auber habe im Schluß= Akte von Don Juan, den er zufällig einmal bis ans Ende anhörte, da er gewöhnlich nach dem pas der Mlle. Elsler fortging, in der Scene zwischen dem Commandeur und Don Juan mit einem Lächeln des Entzückens die Worte zu ihm (Blaze de Bury) gesagt: Il y a du revenant dans cette musique! Und derselbe Autor sagt später in seinem Artikel über Spontini und Grétry die leider nur zu richtigen Worte: Viele Compositeure haben nur Ohren für ihre eigene Musik. Ueber die Collegialität der Virtuosen, oder gar der Sänger und Primadonnen Ausführliches zu sagen, wäre wohl überflüssig, dieser Punkt ist schon oft deutlich genug beleuchtet worden.

Ich komme auf die Behauptung zurück, daß auch der gemeinere esprit de corps beim deutschen Musiker nicht zu finden ist. Während den Franzosen die Bezeichnung artiste distingué, celèbre compositeur, oder den Italienern das un grand professore di musica, als höchster Ehrentitel gilt, erfahren wir in Deutschland, daß dem oder jenem Herrn auf sein unterthänigstes Ansuchen der Titel als Musikdirektor verliehen wurde, oder daß seine So und So geruht hätten, dem Herren So und So zum Kammermusiker oder Hofmusiker zu ernennen, daß der Kapellmeister X. seine Demission eingereicht habe, weil ihm der Titel eines General-Musikdirektors verweigert worden war. Dergleichen Miseren fallen noch täglich vor, und es ist nur zu verwundern, daß deutsche Regierungen noch nicht auf die Idee gekommen sind, Componisten und Virtuosen den Titel Musikrath zu verleihen, da sie doch Banquiers zu Comerzienräthen ernennen. Obige

Würde könnte allenfalls in verschiedene Categorien eingetheilt werden; es könnte wirkliche geheime und endlich wirkliche geheime Musikräthe geben. Um ordinärer Musikrath zu werden, sollte es genügen, ein liebenswürdiger Mann zu sein, der einige Protektion besitzt; der wirkliche müßte schon eine musikalische Hof-Nebencharge bekleiden, der geheime schon ein bedeutendes Werk componirt haben, und wirklicher geheimer Musikrath sollte nur der werden können, der neben der höchsten Loyalität auch die Kunst bewährte, eine sechzehnstimmige Fuge zu setzen. Hierdurch würden neben den conservativen Prinzipien auch die kontrapunktischen Studien befördert, und wer weiß, mancher arme Teufel, der jetzt als schlechtbezahlter Organist in irgend einem kleinen Orte vegetirt, würde dann — wenn auch nicht wirklicher geheimer Musikrath werden — doch wenigstens viel Geld dadurch verdienen können, daß er für vornehme Bewerber um jene Stelle die nothwendige sechzehnstimmige Bittschriftbeilage verfaßte, wie es denn auf manchen Universitäten verkommene juristische Genies gibt, die für bequeme Candidaten der Doktorwürde Dissertationen schreiben.

Durch die lächerliche Titelsucht, durch dieses Bestreben einer Sonderstellung setzen die bedeutenderen Tonkünstler den ganzen Musikerstand herab und befördern die Zerfahrenheit und Zersplitterung der Einzelkräfte; denn ein jeder Musiklehrer, der nicht Musikdirektor oder Kapellmeister sein kann, will einen solchen en miniature spielen, wenigstens von seinen Schülern Herr Direktor genannt werden. Er gründet einen Verein, an dessen Spitze er natürlicherweise sich selbst stellt. Gönner und Theilnehmer finden sich bald. Die Eitelkeit wird befriedigt, die Kunstfrage ist Nebensache. In dieser Weise entstanden und entstehen in jeder größeren Stadt wie in jedem kleinen Neste, zwar nicht alle, doch viele der sich täglich mehrenden Musikgesellschaften und Liedertafeln. So lange diese sich in dem bescheidenen Kreise der privaten Musik-Aufführung bewegen, ist es nicht an uns, den Leuten vom Fach, ihre Leistungen einer strengen Kritik zu unterwerfen, vielmehr haben wir es dankbar anzuerkennen, wenn unsere Kunst von Verehrern aus allen Ständen mit Liebe und Freude gepflegt wird. Aber seit den letzten Jahrzehnten haben die meisten dieser Gesellschaften eine bedenkliche Bedeutung gewonnen, die nicht der Kunst, sondern dem schaalsten Dilettantismus Vorschub leistet. Sie sind vor die Oeffentlichkeit getreten, geben Concerte, verkaufen die Eintrittskarten, beanspruchen also die Geltung künstlerischer Leistung, protestiren aber doch zu gleicher Zeit dagegen, daß man sie anders beurtheile, denn als Dilettanten; und wehe dem Kritiker, der an ihre Aufführungen den strengen künstlerischen Maßstab legen wollte, und nicht eitel Lob und Preis singt; er darf sich nicht aus dem Hause wagen, ohne von beleidigten Mitgliedern der Polyhymnia, Cäcilia, Melpomene, des Orpheus, Arion, Musarion ꝛc. zur Rede gestellt zu werden, daß er irgend ein Tempo zu rasch fand, oder die leise Andeutung fallen ließ, die Stimme des Herrn so und so eigne sich doch eigentlich mehr für den lyrischen Vortrag, als für den Episch=Oratorischen; da wird ihm bemerkt, wir sind keine bezahlten Theaterchoristen, wir musiziren aus purer Liebe zur Kunst und müssen daher anders beurtheilt werden.

Ich bin weit entfernt, die übergroße Empfindlichkeit unserer Dilettanten besonders rügen zu wollen; denn wir müssen anerkennen, daß unter allen Dilettanten der Deutsche noch der bescheidenste, gutmüthigste und aufrichtig strebsamste ist, und daß bei ihm allein jener Gemeingeist anzutreffen ist, der den Fachmusikern fehlt; aber den herbsten und entschiedensten Tadel verdienen die Leute, die sich Direktoren und Kapellmeister nennen, und die sich nicht entblöden, sich auch dort an die Spitze zu stellen, ja sich vorzudrängen, wo die unter ihrer Leitung stehenden Vereine bei Waldpartien, Sängerzügen und sonstigen Zechgelagen wirken — die freilich immer mit hochtönenden Namen bezeichnet werden — und wo die Tonkunst zum höheren Bänkelsängerthum herabgewürdigt wird. Doppelte und dreifache Schmach treffe diese Musiker; sie erniedrigen die Muse und versäumen doch die Gelegenheit nicht, sich selbst herauszustreichen. Es wird auch kein Ständchen vor der Thüre eines neuvermählten Ehepaares gebracht, kein Quartett bei einem Festessen abgegluckst, von dem nicht Lokal= und Musikzeitungen der nächstliegenden Städte gewissenhaft Bericht erstatten, und dabei auf's genaueste angeben, wessen Vereines Glieder die liebenswürdigen Sänger waren und unter wessen

verdienstlicher, unermüdlicher, künstlerischer Leitung sie
stehen; so mag wohl die sogenannte Gemüthlichkeit beför=
dert werden, die Kunst aber geht zu Grunde; denn
nicht im Dilettantismus liegt Gefahr, sondern
im Werthe, den man ihm beilegt.

Doch, wie schon bemerkt, nicht die unberühmten klei=
neren Musiker tragen an solchen Uebelständen die Schuld,
sondern diejenigen, an denen es wäre, bei ihrer unab=
hängigen Stellung die Würde des Standes zu wahren.
Aber gerade bei Diesen finden wir nur demüthiges Kriechen
vor dem Urtheile der Mächtigen und Einflußreichen, oder
das entgegengesetzte Extrem, Intoleranz gegen Alles,
was nicht in ihren Kram paßt. Wenn ich heute an
mein heftiges Benehmen gegen den alten Künstler zurück=
denke, der dem Urtheile des Fürsten von Eschenbach nicht
entgegengetreten war, um diesen großen Herrn nicht zu
beleidigen, so bereue ich es um so tiefer, weil der Alte
aus einer Zeit stammte, in der Unterthänigkeit gegen
Hochgeborne dem Bürgerlichen noch anerzogen wurde.
Aber unsere Modernen können eine solche Entschuldigung
nicht geltend machen; um so strenger müssen sie getadelt
werden. Ich erinnere mich,*) in * während eines Hof=
concertes und in Gegenwart des jetzt weitberühmtesten
Meisters zwei Tonstücke vorgetragen zu haben, von denen
das eine doch einigen musikalischen Werth besaß, das

---

*) Die Facta, die Horst hier erzählt, sind leider historisch
wahr. Der Verfasser.

andere aber so maßlos schlecht war, daß ich es nur als
Lückenbüßer betrachten durfte. Doch gerade dieses letztere
gefiel einer hohen Person über die Maaßen; und
der große Meister, der mein Talent von früherher
kannte, sprach nicht ein Wort, das seine künstlerische
Ueberzeugung beurkundete, er ließ auch nicht durch
die leiseste Andeutung merken, daß ihm wohl bewußt
sei, wie ich das elende Etüdchen nur in der Spekulation
auf den schlechtesten Geschmack gewählt hatte — nein!
er fand es reizend! Tags darauf sprach ich seinen größ=
ten Antagonisten, einen berühmten Lehrer der Tonkunst,
der laut und entschieden gegen die Verflachung der
jetzigen Musik eiferte; er sprach selbst Mendelsohn die Gel=
tung eines Meisters im Contrapunkte ab; dagegen rühmte
er mir das Meisterstück eines Unbekannten, dem seiner Be=
hauptung nach selbst der Componist des Paulus nichts Aehn=
liches entgegen hätte stellen können. Was war das Meister=
stück, wer der große Unbekannte? Eine ganz im strengen
Kanon gearbeitete Ouverture, componirt von einem in
Rußland lebenden — Tanzmeister, der neben den entrechats
auch den Contrapunkt kultivirte und jenes Monstrum zu
Tage gefördert hatte, das auf dem Papier wirklich untadel=
haft aussah, aus dem aber nicht ein vernünftiger
musikalischer Gedanke zu ziehen war. Und das gefiel
dem berühmten Professor! O, über die Pedanten! Das
Künstliche ist ihnen Kunst, das Geburtsjahr einer
Motette ist ihnen interessanter als der Inhalt. Schade,
daß sich aus den ägyptischen Hieroglyphen keine Fugen

herauslesen lassen; das wäre der höchste Fund für diese musikalischen Archäologen!

Soll ich nun über den Mangel selbst des Zunftgeistes unter deutschen Musikern reden? Das traurige Bild ihrer kollegialen Beziehungen, ihrer mehr unverständigen als wirklich böswilligen Intriguen entrollen? von ihrer Verkleinerungssucht reden, von ihrem lächerlichen Coteriewesen, von ihrer Klatschbaserei über die Privatverhältnisse eines Jeden, von den ewigen Klagen der Lehrer und Orchestermitglieder über kümmerliche Existenz, die sich jedoch sogleich in Angriff gegen Den verwandeln, der es durch Talent und Fleiß zu einer bessern Stellung gebracht hat? Wahrlich, es ist besser, auf die Zukunft zu vertrauen, als die jetzigen Zustände und das Gebahren unserer Musiker nach dieser Seite einer zu genauen Prüfung zu unterwerfen; sie sind mehr beklagens- als tadelnswerth, denn sie verstehen nicht einmal ihren Vortheil. Anstatt durch die gewissenhafte Unterstützung des einzelnen Tüchtigen das Gesammtinteresse zu heben, suchen sie den Einzelnen zu sich herabzuziehen. Warum gehen so viele Musiker nach Paris? Warum vermehrt sich der Zuzug trotz der übergroßen Anzahl der bereits hier weilenden? Nicht etwa um der besseren Einnahmen oder gar um der höheren Ausbildung willen, denn darüber ist doch wohl keine Illusion mehr möglich, sondern weil hier wirklich doch noch ein Rest von eben dem Zunftgeiste herrscht, der da genau berechnet, daß ein gewisser Anstand beim Handwerke auch von materiellem Nutzen sei.

Ich kann nicht enden, ohne einen Uebelstand des deutschen Musiklebens zu beleuchten, der um so verderblicher wirkt, als ein großer Theil des Publikums, ja selbst der Musiker, darüber noch im Unklaren ist. Ich meine die Kritik. Hier in Paris weiß Jedermann mehr oder weniger, was er davon zu halten hat, und fast dünkt mich, daß es den kritischen Zuständen hier ebenso geht wie den moralischen, die von den meisten Franzosen schlimmer geschildert werden, als sie in der Wirklichkeit sind. Aber in Deutschland, wo immer von Treue, von Gewissenhaftigkeit und Unparteilichkeit gesprochen wird, begegnen wir täglich Erscheinungen, die den unerfahrenen Jünger ganz verwirren und selbst den Erfahreneren, Erprobten, Gestählten zu erstaunen vermögen. Da sind zuerst die Musikzeitungen. Die eine gebehrdet sich auf der vorderen Seite herzbrechend klassisch, auf der hinteren aber preiset sie das schaale, elende, ephemere Zeug, was ihr Eigenthümer und Redakteur verlegt hat; man sollte fast glauben, sie wäre nur gegründet, um ihm die Kosten der Annoncen in anderen Journalen zu ersparen. Eine zweite macht in Transcendenz, publicirt philosophische Leitartikel über den Glauben an die Musik, und wirft mit alt= und neuhegelianischen Brocken herum, daß einem ganz bang wird; wenn man ihre Recensionen liest, erfährt man zwar nicht, ob das besprochene Werk gut oder schlecht, wohl aber, ob die musikalische Weltanschauung des Componisten eine sittliche oder unsittliche, christlich = germanische oder griechisch = deutsch = heidnisch=

zukünftige ist; dabei aber lobt diese Zeitung jeden oberflächlichsten, ignorantesten Virtuosen, wenn er nur in ihr Horn mitstößt. Wieder eine andere reitet auf papiernem Rosse in die Schranken als Kämpin für Reinheit, für den guten Geschmack; sie schlägt ein frommes Kreuz über die sündhafte Welt, eifert gegen die vermessenen Neuerer und sticht mit der Lanze wüthend in die leere Luft, um etwa dort versteckte Quinten aufzuspießen; dann macht sie einige zierliche Touren und senkt gar anmuthig die Lanze vor irgend einer oben auf dem Balkone thronenden, gut rekommandirten Mittelmäßigkeit. Der Schalk aber, der von ferne dem Treiben zusieht, lacht sich ins Fäustchen und denkt: Was scheert mich Philosophie, was guter Geschmack! Ich berichte, erzähle, klatsche; klatsche über Vergangenes, Gegenwärtiges und Zukünftiges; das ist zwar nicht Kunsttheorie, amüsirt aber, ist den Leuten am angenehmsten und mir am einträglichsten. So sind die Musikzeitungen, und was sie im Großen, das treiben die musikalischen Feuilleton's im Kleinen."*)

"Und nun, da Sie mein Leben und meine Erfahrungen kennen, werden Sie mich anders beurtheilen, als nach Theorien und vorgefaßten Prinzipien; Sie werden es begreiflich finden, daß ich hier, obwohl nicht blind

---

*) Der Verfasser macht den Leser aufmerksam, daß nicht er, sondern ein unzufriedener, unglücklicher Musiker spricht, und daß er seine eigenen Ansichten am Ende des Werkes darlegen wird.

gegen die Oberflächlichkeit und gegen das Zuschautragen, das ein Hauptmotor des Pariser Kunstlebens ist, mich wohler und muthiger fühle, als in Deutschland; dort mußte ich heucheln, hier kann ich offen zu Werke gehen. Wir sehen im Leben Männer, die sich in den Mode- und Salongesellschaften mit Leichtigkeit, ja selbst als Elegants bewegen, und doch in allen ernsten Angelegenheiten Tüchtigkeit und Charakterfestigkeit bewähren; ich will meinerseits zeigen, daß man in der Kunst dem leichten, oberflächlichen Treiben der Mode anscheinend folgen, und dabei seine künstlerische Ueberzeugung vollkommen wahren kann. Und ich weiß, Sie verstehen mich und Sie glauben an mein besseres, höheres Streben."

„Und dennoch," sagte Ewalt, indem er aufstand und Horst's Hand ergriff, „und dennoch kann, fast möchte ich sagen, darf ich jetzt, nachdem sie mir Ihr Vertrauen in so hohem Maaße schenkten, noch weniger von Dem abgehen, was Sie vorgefaßte Meinungen und Theorien nennen; ja ich behaupte vielmehr, daß Ihre Erlebnisse und Schicksale wirksamere Beweise für die Richtigkeit meiner Grundsätze abgeben, als alle meine Deduktionen zu thun im Stande wären."

„Sie haben in Ihren jüngeren Jahren viel Unglück erduldet, viel Ungemach ertragen; ich bin Ihrer Erzählung mit inniger Theilnahme gefolgt. Aber ich glaube, daß die Kenntniß der Menschen und Verhältnisse, die Sie aus eben jenen Erlebnissen schöpften, auch zu einer anderen Anschauung über den eigenen Berufsweg führen sollten, daß Sie sich nicht jetzt neuerdings in Gefahren begeben durften, die Sie kennen, von denen Ihnen bewußt ist, daß auch der Stärkste in ihnen umkommen kann, während daß die Ueberwindung derselben kein Sieg zu nennen ist. Denn täuschen Sie sich nicht: was Sie anstreben ist eine Unmöglichkeit; der Widerspruch, den Sie lösen wollen, ist unlösbar und soll es bleiben. Daß es, wie Sie behaupten, in der Gesellschaft Männer gibt, die mitten in dem Strudel des leichtfertigen Salonlebens ihre sittliche Ueberzeugung zu wahren vermögen, will ich nicht geradezu in Abrede stellen, obwohl es mir unbegreiflich erscheint; daß aber dieser Dualismus in der Kunst auf die Länge nicht durchzuführen ist, behaupte ich fest. Sie können im Leben manchmal ein Anderer scheinen als der Sie sind — mit anderen Worten sich selbst verläugnen — aber nicht in der Kunst; da können Sie nicht heute der Mode fröhnen gegen Ihre Ueberzeugung und morgen dem Wahren, Schönen dienen, nach Ihrer Ueberzeugung; in dem einen oder dem anderen Falle werden Sie Mangelhaftes leisten, unbefriedigt sein, mit sich selbst zerfallen. Jene Zeit der naiven, ihrer eigenen Kraft fast unbewußten Productivität, jene Zeit, in der ein Haydn, ein Mozart an einem Tage leichte, unbedeutende Tänze, am andern das Höchste und zugleich in der Form Schwierigste schaffen konnten, ist vorüber. Es wird heute kein Walzer mehr componirt ohne Reflexion, ohne Benützung aller vorhandenen

Mittel, ohne Streben nach neuen Effekten durch instrumentale Combinationen u. s. w.,,

"Ich glaube dieses Thema zur Genüge besprochen zu haben, lassen Sie mich auf Ihre Ansichten über die Kunstzustände überhaupt übergehen. Was Sie über das Musikleben Deutschlands gesagt haben, enthält viel unleugbar Wahres; und doch ist Deutschland das einzige Land, das den wahren Tonkünstler bildet. Blicken Sie hier um sich, trotz den angenehmeren Formen, denen wir in der französischen Gesellschaft überall begegnen, müssen Sie bei aller Vorliebe dennoch eingestehen, daß diese Gesellschaft eine Masse geistreicher Anregungen bietet, aber keine künstlerischen, das heißt, daß sie lehrt, unser Talent angenehm zu machen, und auch allenfalls zur Geltung zu bringen, daß wir aber eben darum unsere Kraft meistens zersplittern, oder ganz einseitig entwickeln. Sie sind noch nicht vor die Oeffentlichkeit getreten, aber Sie werden das, was ich bereits aus eigener Erfahrung kenne, ebenfalls erproben; Sie werden als Individuum vielleicht weniger Unangenehmes erfahren, als Sie in Deutschland erfuhren; aber dessen bin ich sicher, so angenehm als sich Ihre äußeren Verhältnisse immer gestalten mögen, als Künstler werden Sie in der Pariser Gesellschaft keine Befriedigung finden, sondern sie bei den wenigen wahren Künstlern suchen müssen, und die leben, hier wie überall, vom großen Schwarme möglichst abgesondert."

"Sie werden einsehen, wie gerade Sie am wenigsten hierher passen. In Paris verlangt man von dem

Künstler vor Allem nicht univerſelle Bildung in ſeinem Fache, ſondern Specialität, und mag ſie der niederſten Sphäre angehören. Dieſe wird ſtets Anhang finden und zwar ſelbſt unter dem gebildeter Publikum, dem nur zu oft Unterhaltung der höchſte Maaßſtab des Urtheils iſt, das keinen Unterſchied macht zwiſchen Aſcher's Gouttes d'eau und Heller's Waldſcenen. Während von dem gediegenſten Tonkünſtler in Paris Conceſſionen verlangt werden, die ſeiner Ueberzeugung widerſprechen, kann in Deutſchland kein Virtuoſe mehr beſtehen, der ſich nicht wenigſtens einen gewiſſen Anſtrich von muſikaliſcher klaſſiſcher Bildung zu geben weiß; nur Leopold von Mayer hat, ſoviel ich weiß, es verſtanden, das Prinzip des Gegentheils mit ziemlichem Glücke durchzuführen, und er theilt das Verdienſt, durch das Niedrigſte in der Kunſt am meiſten reüſſirt zu haben, mit Seiltänzerinnen und Kunſtreiterinnen. Ich will den Vortheil, den Paris noch jetzt dem Künſtler bietet, nicht ſchmälern; ſchon die Concentration aller Kräfte auf einen Punkt hat etwas höchſt Intereſſantes, man muß ſich zuſammennehmen um nur einigermaßen beachtet zu werden; man lernt hier ſich geltend machen, wie man in London lernt, das Geſchäft treiben; in Deutſchland" —

"Lernt man," unterbrach Horſt den Freund, "hungern und Parthei machen" —

"Aber auch groß werden," begann Ewalt wieder — "Alles Bedeutende hat in Deutſchland im Anfange große Schwierigkeiten zu bekämpfen, vielleicht größere als in andern Ländern, die eine einzige Hauptstadt, einen Centralpunkt besitzen, von dem der maßgebende Impuls in Kunst und Wissenschaft ausgeht. Aber gerade dieser anscheinende Uebelstand, der dem Einzelnen insofern oft noch in dunklerem Lichte erscheinen mag, als er die allgemeinere Anerkennung erschwert, bietet dem tüchtig Strebenden, dem Berechtigten, den unermeßlichen Vortheil, daß er mit Sicherheit rechnen darf, doch einmal gewürdigt zu werden, worauf er in jenen Ländern verzichten muß, wo ein einziger Punkt alles künstlerische Leben konzentrirt, und die Strahlen des Ruhmes oder den Schatten des Mißlingens aussendet. In Paris, wo schon das geistliche Oratorium an und für sich immer an der Abneigung des Publikums scheitern wird, wo also Bach's und Händel's höchste Schöpfungen immer unbekannt bleiben müssen, wird heutzutage nur der Compositeur zu Ruf gelangen, der eine pikante komische Oper schreiben kann, die sechzigmal hintereinander gegeben wird und und dann wieder vom Repertoire verschwindet, oder der zu gleicher Zeit als Virtuose, und zwar mehr als solcher, besonderes Interesse erregt. In England, wo noch heutzutage die wenigsten von Schubert's und fast keine von Schumann's Werken gekannt sind, darf kein unbekannter Compositeur mit einer Symphonie oder mit einem Quartett vor das Publikum zu treten wagen. Aber in Deutschland können die Tonkünstler kühn — und fast überall — mit einem tüchtigen Werke an die Künstler und an das Publikum appelliren. Wären Sie Ihrem ersten

Impulse gefolgt, der Ihnen den Weg nach Leipzig wies, anstatt sich von den schönen Worten eines russischen Gesandtschaftsattaché und von anderen Hoffnungen zu einer Fahrt bewegen zu lassen, die Sie von Ihrem künstlerischen Ziele wieder entfernte; hätten Sie später anstatt nur drei Wochen als Genießender zu verweilen, sich daselbst ein Jahr lang als Strebender aufgehalten, so würden Sie sich überzeugt haben, daß in dem kleinen Leipzig jeder Künstler und zwar in seinem Besten, nicht in Dem was er für die Mode, sondern was er für die Kunst leistet, Anerkennung findet; und ich halte diesen Erfolg für ebenso wichtig und jedenfalls für höher als die lobpreisendste, gelesenste Correspondenz aus Paris. Was Sie über die Geltung der Persönlichkeit in Deutschland bemerkten, ist richtig, jedoch nur in einer Hinsicht: es genügt nämlich nicht allein, daß man Talent und redliches Streben zeige, sondern man muß auch konsequentes Handeln und die wahre künstlerische Gesinnung thatkräftig entwickeln, um zum Ziele zu gelangen."

„Ei," meinte Horst höhnend, „da sind wir ja bei der Lehre von der Prädestination angelangt. Wenn Einer die glücklichen Gaben nicht besitzt, von denen Sie das Gelingen künstlerischen Strebens abhängig machen — wenn er von der Natur mit etwas mehr Impressibilität als sogenannter Widerstandskraft begabt ist, wenn er durch die widrigsten Schicksale gezwungen war, nur den Forderungen des Moments und nicht den

Gesetzen der Kunst Folge zu leisten, wenn er nur für die materielle Existenz und nicht für die Unsterblichkeit sorgen kann — dann muß er, Ihren Ansichten nach, untergehen. Gegenüber einem derartigen System des Fatalismus hat jede weitere Diskussion ein Ende."

„Sie nennen meine Ansichten über künstlerische Entwicklung ein System des Fatalismus," erwiederte Ewald lächelnd, „ich behaupte dagegen, daß mich nur die Grundsätze der Selbsterkenntniß und des freien Willens leiten! Das Talent, der Drang des Schaffens, liegen außer dem Bereiche unserer Selbstbestimmung wie unseres Begreifens; aber in dem Augenblick wo sie zur Thätigkeit übergehen, beginnt sich auch das Bewußtsein ihres Eigners und die Erkenntniß seines Berufes zu entwickeln. Diese letztere wird freilich nur nach langem mühseligen Streben und nie vollkommen erlangt, aber nur i h r, insoweit sie erreicht ist, zu folgen, ist die Pflicht des Künstlers. Vom Handwerker rede ich nicht; mir ist sogar Jener, der der Mode in einer gewissen anständigen Weise folgt, angenehmer, als der sich einen klassischen Anstrich gibt. Der Eine kann wenigstens in seinem Fache das Beste leisten, der Andere aber pfuscht, und verwirrt das Urtheil des Publikums. Denn vielen Leuten geht das höhere Verständniß unserer Kunst ab; sie hören ein klassisches Tonwerk von einem jener Handwerker und langweilen sich, können jedoch nicht entscheiden, daß der Vortrag und nicht das Tonwerk langweilig ist; aus Scheu, ignorant zu erscheinen, halten sie mit ihrem Urtheile zurück; gleich

darauf spielt der Handwerker irgend einen seiner Natur und
seinen Anlagen entsprechenden Klingklang, er spielt ihn
vortrefflich und dieselben Leute sind nun entzückt und
glauben sich berechtigt, klassisch und langweilig für gleich=
bedeutend zu halten; daher sage ich, nur der Künstler
muß das Höchste anstreben, wenn er es zur Vollkommen=
heit bringen will. Sie meinten früher, Virtuosität allein
genüge nicht mehr, Kenntniß des Handwerks sei noth=
wendig — ich gehe weiter und behaupte, die künstlerische
Begabung, ja selbst die bedeutendste Leistung kann nur
im Vereine mit der Kenntniß der ästhetischen Gesetze
und mit dem überzeugungstreuen Wirken zur dauernden
Geltung gelangen. Vor Allem muß der Künstler seine
Stellung als solcher sich und dem Publikum gegenüber
sichern, bevor er an Anderes denken mag. Ja ich möchte
behaupten, ist das Eine gethan, so bietet alles Andere
wenige Schwierigkeit. Was Sie früher von dem Kampfe
für die materielle Existenz sagten, kann nur auf vorüber=
gehende Phasen angewandt werden; der Tonkünstler ver=
hungert nicht — vorausgesetzt, daß er sich mit einem
einfachen Mahle begnüge. Doch siehe! der Tag beginnt
zu grauen. Ich verlasse noch heute diese Stadt. O
könnte ich die Gewißheit mit mir nehmen, lieber Horst,
daß Sie, nicht mir, sondern der eigenen, besseren
Ueberzeugung, Ihrem wahren künstlerischen Gefühle folgen.
Noch ist es Zeit! Sie wollen nicht nach Deutschland
zurückkehren? Nun gut, auch hier können Sie den rechten
Weg einschlagen. Gibt es doch überall Menschen, die

das Wahre erkennen, schätzen und unterstützen. Sie werden vielleicht momentan größere Schwierigkeiten zu überwinden haben, als anderswo, aber der Sieg kann auch hier nicht ausbleiben, und wie herrlich wird er sein! Möge ein günstiges Geschick Sie beschützen! Und nun leben Sie recht wohl, reichen Sie mir nochmal die Hand und vermeiden wir jeden weitläufigen Abschied. Adieu!"

Horst trat an's Fenster und sah den Freund in der Morgendämmerung dahineilen; lange starrte er auf die Stelle, wo die kräftige Gestalt zum letztenmale sichtbar gewesen war. So blieb er eine Zeit lang in düsterem Nachdenken versunken. Plötzlich zuckte er mit den Achseln und murmelte: Wieder ein philosophischer Cursus abgethan! Er hat nie erfahren, was es heißt, anders handeln zu müssen, als man will! Ich habe Nichts für mich als den redlichsten Willen und das Vertrauen zu Dem, der mir Talent gegeben und Begeisterung für die Kunst in's Herz gelegt hat! Er wird mich nicht hoffnungslos untergehen lassen!

Mit diesem Gedanken suchte er sein Lager auf. Ewalt ging inzwischen nach Hause; nach wenigen Stunden der Ruhe verließ er Paris; sein Weg führt an Ceciliens Hause vorüber; er preßte die Hand an's Herz, um die bittern Gefühle zurückzudrängen, und hüllte sich in seinen Mantel. Des schnelle Dampfroß und günstiger Wind brachte ihn in zwölf Stunden nach London.

Druckfehler.

Seite 20 Zeile 5 und 6 von oben lies: die, statt der.
„ 23 „ 8 von unten lies: Voß, statt Boß.
„ 27 „ 10 „ oben lies nach den Worten keine Note: vom Blatte.
„ 45 „ 7 „ unten lies: da, statt das.
„ 53 „ 16 „ oben lies: entschiedensten, statt entscheidenden.
„ 60 „ 1 „ unten lies: dem Kampfe, statt den Kampf.
„ 61 „ 2 „ oben lies: Vigny, statt Vigey.
„ 63 „ 12 „ oben ist war nach dem Worte: Consorten zu lesen, und nach: vernichtet auszulassen.
„ 68 „ 15 „ oben lies: Frau, statt Fräulein.
„ 68 „ 3 „ unten lies: Geoffrin, statt Géoffrin.
„ 70 „ 4 „ oben ist ein Semikolon (;) nach könnten zu setzen.
„ 88 „ 6 „ oben lies: legitimistischer, statt legitimirter.
„ 93 „ 3 „ oben lies: Symphonie, statt Symphonien.
„ 93 „ 3 „ oben lies: die „Fee Mal", statt der ꝛc.
„ 98 „ 5 „ oben lies: 1853, statt 1852.
„ 108 „ 13 „ oben lies: wie, statt wo.
„ 114 „ 12 „ oben lies: Dormeuil, statt Dorniteuil.
„ 120 „ 11 „ unten lies: a ohne Accent.
„ 127 „ 5 „ unten lies: der Ehren, statt der Ehre.
„ 128 „ 3 „ unten ist die auszulassen.
„ 129 „ 10 „ unten lies: dem, statt den.
„ 139 „ 13 „ oben lies: Habeneck, statt Hubeneck.
„ 145 „ 3 und 5 von oben lies: wenn, statt wann.
„ 161 „ 9 von unten lies: widrigste, statt niedrigste.
„ 210 „ 9 „ unten lies: weniger, statt wenig.
„ 214 „ 5 „ oben lies: wenig, statt einiges.
„ 240 „ 4 „ unten: und auszulassen.
„ 246 „ 2 „ oben lies: Contakt, statt Contrakt.
„ 272 „ 3 „ unten lies: raubte, statt beraubte, und Zeile 4 von unten verwirrte, statt verirrte.
„ 305 in dem Notenbeispiele gehören die beiden Punkte (:) auf die vierte Linie.
„ 380 Zeile 1 von unten lies: Waldhörnern.

Der Verfasser war durch Krankheit verhindert gewesen, bei der Correctur des ersten Bandes mit thätig zu sein. Hierdurch haben sich, bei dem Umstande, daß seine Schrift nicht zu den deutlichen gehört, manche, und darunter sinnentstellende Druckfehler eingeschlichen. Der freundliche Leser möge dieselben nachträglich verbessern, und dafür die Versicherung genehmigen, daß die folgenden Bände vom Verfasser genau corrigirt, gewiß keine erheblichen Fehler enthalten werden.